여행, 길을 잃어도 괜찮아

일러두기

이 책에서는 현지의 생동감을 살리기 위해 중미와 관련된 지명과 단어들을 가능한 스페인어 발음에 가깝게 표기하고자 노력하였다. 다만 우리에게 이미 익숙한 단어들의 경우에는 관용을 존중하여 처음 언급할 때에만 스페인어 원어 발음을 기입한 후, 괄호를 쳐서 원어와 한글 표기법을 병기하였다. 예) 까르나발(Carnaval, 이하 카니발)

멕시코에서 파나마까지
50일간의 중미 여행

여
행
,
길
을
잃
어
도
괜
찮
아

강순규 지음

에디터
editor

Prologue

코니 윌리스Connie Willis를 일약 스타 작가로 만들어 준 『화재 감시원 Fire Watch』이라는 SF소설이 있다. 주인공 바솔로뮤는 미래 사회의 역사학도다. 이 시대의 대학 졸업시험은 타임머신을 타고 과거로 가서 어떤 특정한 역사적 상황을 경험하고 돌아와 시험을 치르는 방식이다.

바솔로뮤는 컴퓨터의 착오로 관심도 없던 '런던 대공습' 당시의 세인트폴 대성당으로 시간 여행을 떠나게 된다. 아무런 준비 없이 1940년 9월, 런던 세인트폴 대성당에 도착한 바솔로뮤에게 주어진 역할은 화재 감시원. 그의 임무는 대성당에 상주하며 독일군 폭격기가 대성당 지붕에 투하한 소이탄(불을 내는 탄)을 재빨리 끄는 일이다. 3개월 남짓 대성당에 머물며 목숨을 걸고 소이탄을 껐던 바솔로뮤는 자연스레 공산주의자인 성당지기 랭비, 지하철역에서 동생과 노숙하던 에놀라, 벤스 존스 노인, 늙은 고양이 톰 등과 인연을 맺게 된다. 하지만 12월 31일, 독일군의 대공습과 함께 성당지기 랭비가 소이탄을 끄는 도중 죽음을 맞는다. 바솔로뮤는 그런 그를 살리려고 아등바등하다가 갑자기 자신의 세계로 소환된다.

온몸이 상처투성이인 바솔로뮤는 시험지를 받아들고 문제를 읽어 내려갔다.

—세인트폴 성당에 떨어진 소이탄 개수는?
—소이탄을 제거하는 데 가장 일반적으로 사용된 방법은?
—처음 화재 감시에 올라갔던 자원자 수는?
—부상자 수는?
—사망자 수는?

바솔로뮤는 곧장 던위디 선생에게 다가가 따졌다. "세인트폴 대성당이 어제 거의 불타 버렸습니다. 그런데 도대체 이 문제들은 어떻게 된 거죠? 사람들이 어떻게 되었는지 묻는 질문이 하나도 없잖습니까?" 던위디 선생의 대답이 가관이다. "자네는 문제에 답을 쓰는 학생이지 질문을 하는 사람이 아닐세." 순간 너무도 화가 난 바솔로뮤는 반사적으로 던위드 선생의 턱에 주먹을 날렸다. 곧바로 조교들에게 이끌려 밖으로 내동댕이쳐졌지만 바솔로뮤는 던위디 선생을 향해 "역사는 빌어먹을 숫자가 아니야! 돈을 주고 하라고 해도 역사가 따위는 하지 않을 거야!"라고 소리쳤다. 다음 날 바솔로뮤에게 성적표가 날아왔다. 학점은 최우수 성적, 1등급이었다. 역사를 통계와 수치로만 인식하던 바솔로뮤는 시간 여행을 통해 진정한 역사에 다가가게 된 것이다.

나 역시 소설 속 주인공이 시간 여행 이전에 그랬던 것처럼 중남미에 대한 관심 자체가 없었다. 막연한 편견에 사로잡혀 있던 나에게 중남미란 그저 위험한 곳일 뿐이었다. 그런데 친한 친구가 휴가 이야기 끝에 멕시코와 아르헨티나를 들먹였다. 대수롭지 않게 생각했는데 다른 친구들과의 여행 이야기 속에서 똑같은 얘기가 또 나왔다. 중남미에 대한 작은 호기심이 생겼다. 그후로 가끔씩 중남미에 관한 소식이 기사에 뜰 때면 클릭을 하면서 조금씩 중남미를 보듬었다. 부정확한 인식의 틈바구니 속에서 두려움과 함께 아지랑이처럼 피어올랐던 중남미에 대한 편견도 시간이 지나면서 조금씩 옅어졌다. 아니, 어느 순간부터는 중남미 관련 정보를 얻는 것이 일상의 즐거움이 되었다. 아마 이때부터 중남미 여행을 가야만 하는 핑곗거리를 본격적으로 찾기 시작했던 듯하다.

그렇다고 무턱 대고 모든 걸 다 내려놓고 중남미로 떠날 만큼 '현실감각'이 없진 않았다. 게다가 중남미는 일상의 소소한 일탈로 가능한 물리적 거리가 아니었다. 결국 오랜 기간 동안 중남미 여행 시기를 놓고 저울질하는 지난한 시간이 이어졌다. 그러던 어느 날, 중남미로 공간 여행을 떠나기로 결심했다.

어른이 되기 전에는 내가 속한 무리에 파묻혀 시류에 따라 살아왔다. 막연한 미래에 모든 걸 저당 잡히고 현실을 옥죄는 그러한 삶. 하지만 나름 쉬지 않고 열심히 달렸는데도 늘 거기서 거기였다. 세월의 무게가 늘어나면서 삶이라는 게 노력한다고 완벽해지는 것도 아니고, 완벽할 필요도 없다는 걸 깨닫게 되었다. 아마 영국에서의 삶이 내게 큰 영향을 준 듯하다.

그렇다고 딱히 어떻게 살고 싶다는 뾰족한 답을 갖고 있는 것도 아니었다. 다만 어느 시점에 대학을 가야 하고, 직장을 다니다 결혼을 해서 부모가 되어야만 '정상성'을 획득하는 그러한 틀에 나를 가두고 싶지 않았다. 사실 100m 달리기 선수처럼 앞만 보고 달린다고 그게 앞이라고 누가 보장할 수 있는가?

생각이 바뀐 것만으로도 조금은 홀가분해졌다. 이전과 달리 주위도 둘러보게 되고 하늘도 한 번 쳐다보면서 이웃의 존재도, 자연의 존재도 온전히 느낄 수 있는 여유가 생겼다. 그러다 일상의 무게가 버거워질 때면 가끔씩 자발적 경로 이탈자가 되어 나에게 박인 인들을 들춰보며 각박한 마음을 위로할 용기도 생겼다. 그 순간 중남미라는 존재가 불쑥 끼어들었다.

이 책은 중남미 여행을 마음에 품게 된 이유부터 시작해서 여행을 했던 중남미 국가들 중, 멕시코에서 파나마까지 중미 6개국의 이야기가 기술되어 있다. 책의 구성은 떼오띠우아깐 문명을 비롯해 메히까와 마야문명 등 중미 지역의 찬란했던 고대 역사가 시간 여행의 주요한 소재로 등장한다. 이와 함께 중남미의 정체성에 있어 슬픈 기원이 된 '1492년' 이후, 이들의 지난했던 저항의 역사도 한 축을 이룬다. 이 외에도 멕시코 피라미드와 이집트 피라미드의 차이, 커피와 마약, 내전과 미국의 간섭, 생태관광, 파나마운하에 도전장을 내민 니카라과운하 등 다양한 이야기들이 여행의 동선을 따라 펼쳐진다. 미진한 부분은 본문 사이사이에 끼워 놓은 〈토미나무의 인문학 산책〉을 통해 보완하였다. 하지만 부족한 부분들이 여전히 눈에 띈다. 그럼에도 불구하고 독자들이 이 책을 통해 중남미에 대한 편견을 조금이나마 내려놓을 수 있다면 그것만으로도 내겐 감사할 이유가 충분하다.

이 책이 나오기까지 하나부터 열까지 세심히 챙겨주셨던 에디터 승영란 대표께 감사의 말씀을 전한다. 내게 스페인어를 열심히 가르쳐 준 엘리 선생님께도 고마움을 전한다. 벌써 4년 넘게 짝꿍과 세계를 여행하고 계신 선생님이 어디에 계시든 늘 건강하기를 소망한다. 그리고 평생 저를 위해 살아오신 할머니께 감사의 마음을 전하고 싶다. 마지막으로 사랑하는 아내, 김지혜에게 이 책을 바친다.

2019년 3월 강순규

CONTENTS

PART 3 México_2

마야의 숨결과 카리브해(9박 10일)

PART 4 Guatemala

야생의 천국, 과테말라(9박 10일)

PART 5 El Salvador & Nicaragua

미국으로부터 자유롭지 못한 엘살바도르와 니카라과(7박 8일)

PART 6 Costa Rica

PART 7 Panamá

PART

1

Hola, 중미

오랜 짝사랑을 만나러 갑니다

"빠따고니아의 노을 진 풍경과 볼리비아의 우유니 소금사막 위로 투명하게 반사된 푸른 하늘이 나를 무아지경으로 몰고 갔다. 더 이상 나의 일상을 추스를 겨를도 없이 그 울림과 완벽하게 하나가 되었다. 드디어 때가 된 것이다."

Root-중미 6개국 50일

멕시코 › 과테말라 › 엘살바도르 › 니카라과 › 코스타리카 › 파나마

여행travel의 어원은 세 개tri의 막대기palium에 사람이나 동물을 꼼짝 못하게 묶어 두는 고대 로마의 고문 기구인 트리팔리움tripalium이라는 라틴어에서 유래한다. 곤경trouble이나 고역travail 등과 같은 단어들도 이 단어에서 파생하였는데, 어떤 의미에선 인류 최초의 여행이라 일컬을 수 있는 사냥도 그렇고 중세 시대, 최초의 여행인 순례도 그렇고 이 모두가 목숨을 건 고통 속에서 이뤄졌기 때문일 것이다. 하지만 어린아이는 사냥을 통해 어른이 되고 구도자는 순례를 통해 참된 영성을 깨닫는다. 마치 체 게바라Che Guevara가 오토바이 한 대로 중남미를 여행하며 의사에서 혁명가로 성장하듯 말이다.

일찍이 여행의 진가를 체험하였던 헤르만 헤세Hermann Hesse는 자신에게 노벨 문학상을 안겨 준 『유리알 유희(Das Glasperlenspiel, 1943)』에서 '여행을 떠날 각오가 되어 있는 사람만이 자기를 묶고 있는 속박에서 벗어날 수 있다'고 기술하였다. 이는 타자와의 만남을 통해 참된 나를 찾아가는 자기 수련의 과정이 바로 여행이라는 의미로 이해해도 무방할 듯하다.

물론 19세기 이후, 여행은 교통의 발달과 함께 여가 활동의 일환으로 차츰 대중화되면서 그 진의가 사뭇 '퇴색'된 경향이 없지 않다. 하지만 중남미라는 장도에 오르기 전, 여행에 관한 인문학적 성찰과 함께 '만권의 독서보다 천리 길 여행이 낫다(讀萬卷書不如行千里路)'는 동양의 고사를 한 번 곱씹어 보는 것도 좋을 듯하다.

10여 년의 짝사랑, 중남미

10여 년 전, 영국에 머물 기회가 주어졌다. 그때는 억지로라도 시간을 만들어 유럽 전역을 미친 듯이 돌아다녔다. 당시 런던에서 베네치아까지 프로모션 상품으로 나와 있는 저가항공을 이용하면 세금 포함해서 왕복 40파운드_{약 8만 원}라는 믿기지 않는 비용으로 다녀올 수 있었으니 생각하고 말 것도 없었다. 언제 다시가 보겠냐는 일념으로 '경제적 동선'을 그려 가며 발 도장 찍는 재미가 나름 쏠쏠했다.

그런 나에게 당시 유럽 친구들이 자주 언급한 곳들이 있었다. 바로 중남미의 메히꼬_{Los Estados Unidos Mecianos, 이하 멕시코}와 아르헨띠나_{República Argentina, 이하 아르헨티나}, 그리고 동유럽의 크로아티아였다. 지금이야 한국 여행객에게 유럽 여행의 필수 코스 중 하나로 자리매김한 크로아티아지만 그 당시 나에겐 낯설기만 한 곳이었다. 영국에 머무는 동안 웬만한 유럽 국가들은 거의 다 돌아다녀 봤음에도 불구하고 아쉽게도 크로아티아와는 끝내 인연을 맺지 못했다. 아니, 정확하게 말하자면 크로아티아의 아름다움이 같은 문화권인 여타 다른 유럽 국가들과 크게 다르지 않았기 때문에 무리수를 두어야 할 명분이 약했던 것이기도 했다.

하지만 멕시코와 아르헨티나는 달랐다. 구체적 근거 없이 '위험한 곳'이라는 편견에 사로잡혀 있던 내게 유럽 친구들의 추천은 사뭇 흥분으로 다가왔다. 그때부터 중남미에 대한 짝사랑이 시작되었다. 하지만 그 먼 중남미까지 가서 멕시코와 아르헨티나만 여행한다는 것은 시간과 수고에 대한 배반으로 느껴졌다. 그래서 반경을 넓혀 호기롭게 중남미 전체를 마음에 품게 되었다.

울림과 공명, 때가 되었다

귀국과 함께 업무에 복귀하면서 만개했던 인생의 봄날은 아련한 기억의 흔적으로 자연스럽게 퇴화되었다. 피오나 공주를 잃은 슈렉처럼 무미건조한 나의 일상은 단조롭게만 흘러갔다. 그러나 주홍글씨처럼 각인된 중남미라는 존재를 마음속에서 지울 순 없었다. 덧없는 일상에 대한 살아 있음의 몸부림일까? 계속 품고만 있기엔 너무 커져 버린 중남미를 어느 순간부터 나도 모르게 만지작거리기 시작했다. 서점을 들락거리며 중남미에 관한 자료들을 가까이하면서 중남미라는 존재는 더욱 구체적인 울림으로 다가왔다. 그러나 현실의 무게 또한 좌시할 수 없던 나는 애써 외면 코드로 일관할 수밖에 없었다.

그러던 어느 날, 양적 팽창이 질적 승화를 일으키듯, 우연히 목도하게 된 빠따고니아Patagonia의 노을 진 풍경과 볼리비아República de Bolivia의 우유니 소금사막Salar de Uyuni 위로 투명하게 반사된 푸른 하늘이 나를 무아지경으로 몰고 갔다. 더 이상 나의 일상을 추스를 겨를도 없이 그 울림과 완벽하게 하나가 되었다. 드디어 때가

모든 여행자들의 로망인 볼리비아의 우유니 소금사막.
나의 중남미 여행을 미룰 수 없게 만든 곳이다.

된 것이다.

귀국 후 틈틈이 중남미 관련 서적들을 즐겨 읽었기에 이제부턴 여행에 필요한 정보들을 찾아보기 시작했다. 한국에서 출판된 여행안내 책자들부터 여행 블로그에 이르기까지 정신없이 섭렵해 들어갔다. 허허로운 벌판에 우뚝 서 있던 허수아비가 갑자기 생기를 얻은 것처럼 여행 자료만 붙들고 늘어지면 삶의 풍요로움이 소리 없이 밀려왔다. 하지만 한국어로 된 여행 책자들은 아쉽게도 나의 기대치에 미치지 못했다. 몇몇 특정 나라와 지역을 선별해서 개괄적 설명만을 하고 있는데도 허술함이 곳곳에서 묻어났다. 아직은 우리에게 낯선 중남미여서 더더욱 그랬던 듯싶다.

반면 여행 블로그들에서 생각 외로 많은 도움을 얻었다. 어느덧 한국 배낭여행의 흐름이 조심스럽게 유럽에서 중남미로 이동하고 있음이 느껴졌다. 하지만 중남미를 여행하는 배낭여행자들의 동선이 너무 획일화되어 있다는 것은 조금 아쉬움으로 다가왔다. 대부분의 여행자들이 멕시코로 들어와 구아떼말라La República de Guatemala, 이하 과테말라와 꾸바República de Cuba, 이하 쿠바를 찍고 비행기를 이용해 꼴롬비아República de Colombia, 이하 콜롬비아로 넘어간 후, 시계 반대 방향으로 이동하면서 아르헨티나나 브라실República Federativa do Brasil, 이하 브라질에서 귀국하는 경향이 강했다.

나 또한 대세를 무시할 만큼 두둑한 배짱을 가지고 있지는 못했다. 그렇다고 그대로 따라 하긴 멋쩍어, 멕시코부터 브라질까지 아메리카 대륙을 관통하고 있는 까레떼라 빠나메리까나

Carretera Panamericana, 이하 팬아메리칸 하이웨이[1]를 따라 단순무식하게 내려가는 것으로 루트를 살짝 비틀었다. 그러다 보니 중미에 속한 엘살바도르República de El Salvador부터 니까라구아República de Nicaragua, 이하 니카라과, 꼬스따리까República de Costa Rica, 이하 코스타리카, 빠나마República de Panamá, 이하 파나마까지의 정보가 턱없이 부족했고 이를 메우기 위해 부득불 외국 가이드북에 의존할 수밖에 없었다. 물론 한글만큼 속도가 나진 않았지만 여행 스케줄을 짜는 데 꽤 많은 도움을 받았다.

내게 맞는 여행 일정 짜기

마음 같아서야 이름 앞에 '유랑'이라는 호를 붙이고 1~2년 정도 여유를 팡팡 뿜어내며 돌아다니고 싶었지만 아쉽게도 나의 가용시간이 그리 길지 못했다. 6개월도 채 안 되는 시간 동안 중남미를 여행하자니 결국 내가 세운 여행 일정에서 몇몇 곳을 들어내야 했다. 제일 먼저 포기한 곳은 중남미 본토를 벗어난 섬들이었다. 먼저 '살아 있는 자연사 박물관'이라고 불리는 에꾸아도르República de Ecuador, 이하 에콰도르의 갈라빠고스Galúpagos와 환경 재앙의 대

---

1   총 길이 3만 마일(약 4만 8000km)의 팬아메리칸 하이웨이는 알라스카에서 아르헨티나의 최남단까지 아메리카의 남북을 관통하는 국제 도로망이다. 단 파나마와 콜롬비아 사이의 광활한 열대우림 지대인 다리엔 구간(Región del Darién)은 단절되어 있다.

빠따고니아의 삐츠로이(Pitz Roy) 가는 길.
자연 앞에 인간이 얼마나 보잘것없는 존재인지,
자연은 얼마나 위대한지 인정할 수밖에 없다.

표적인 사례로 널리 알려져 있는 칠레República de Chile의 이스터 섬Isla de Pascua, Rapa Nui이 바로 그 대상이었다.

물론 다윈Charles Robert Darwin의 진화론에 영감을 주었다는 갈라빠고스와 거대한 모아이Moai 석상이 있는 이스터섬을 포기한다는 것이 못내 아쉬웠다. 하지만 계산기를 두드려 보니 더 이상 망설일 이유가 없었다. 그래도 일정이 빠듯했다. 그래서 과감히 '혁명의 땅' 쿠바와 미인이 많이 산다고 해서 '장모님의 나라'로 불리는 베네수엘라República Bolivariana de Venezuela까지 들어냈다. 그제야 어느 정도 일정에 맞는 여행 동선이 잡혔다. 일단 중미는 멕시코에서 시작해 과테말라, 엘살바도르, 니카라과, 코스타리카, 그리고 파나마까지 6개국을 둘러보는 것으로 정리했다.[2]

멕시코는 고대 유적 탐방에 중심을 두고 꼴로니알Colonial, 식민지 도시 탐방과 낭만의 대명사인 엘 까리베El Caribe, 이하 카리브해의 자연을 둘러보는 것으로 일정을 잡았다. 멕시코의 수도인 씨우닫 데 메히꼬Ciudad de México, 이하 멕시코시티[3]에서 시작한 고대 유적 탐방은 떼오띠우아깐Teotihuacán과 몬떼알반Monte Albán, 욱스말Uxmal, 치첸이쯔아Chichén Itzá, 뚤룸Tulum, 빨렌께Palenque 등으로 이어질 전망이다. 꼴로

---

2 남미는 콜롬비아에서부터 시계 반대 방향으로 브라질까지 8개국 일정으로 확정했다. 하지만 이 책은 중미에 초점을 맞추고 있기 때문에 남미는 생략한다.

3 일반적으로 멕시코인들은 멕시코시티를 메히꼬 혹은 Distrito Federal(연방직할령)의 이니셜을 따서 데 에페(D.F.)라고 부른다.

니알 도시 탐방 또한 이동 동선을 크게 벗어나지 않는 선에서 오아하까Oaxaca, 산끄리스또발 데 라스 까사스San Cristóbal de las Casas, 이하 산끄리스또발, 메리다Mérida 등을 들를 예정이다. 그리고 카리브해의 자연은 '부자들의 바다' 깐꾼Cancún을 들르는 것으로 정리했다.

과테말라에서는 정확히 4곳을 찍었다. 먼저 마야 최대의 유적지인 띠칼Tikal과 과테말라의 숨겨진 보석인 세묵 참뻬이Semuc Champey, 그리고 '영혼의 호수'인 아띠뜰란 호수Lago de Atitlán와 과거 과테말라 총독령의 수도였던 안띠구아 과테말라Antigua Guatemala, 이하 안띠구아가 바로 그것이다.

엘살바도르에서는 딱 하나, 수도 산살바도르San Salvador에 있는 로사리오 교회Iglesia el Rosario에 들렀다가 니카라과로 이동해서 꼴로니알 도시인 그라나다Granada와 오메떼뻬 섬Isla de Ometepe을 가 볼 예정이다.

자연이 아름다운 코스타리카에서는 몬떼베르데Monteverde 국립공원과 마누엘 안또니오Manuel Antonio 국립공원에 포인트를 맞췄다.

마지막 국가인 파나마에서는 교과서에서만 봐 왔던 파나마운하Canal de Panamá부터 들른 후, 곧장 콜롬비아 행 비행기를 타거나, 배를 타고 카리브해의 산블라스 군도El Archipiélago de San Blas를 경유해 콜롬비아로 가는 두 가지 선택지를 준비했다. 물론 이 모든 게 다 나의 희망 사항임을 미리 밝혀 둔다.

출국에 앞서 준비해야 할 몇 가지 것들

제일 먼저 준비할 것은 항공권. 일반적으로 중남미를 가기 위해서는 유럽이나 북미를 경유하게 된다. 물론 첫 목적지가 어디냐에 따라 달라질 수 있다. 보통 멕시코로 들어가는 경우에는 미국이나 캐나다를 경유하는 경우가 대부분이다. 하지만 2017년 7월, 멕시코 직항 노선이 개설되면서 멕시코로 곧장 들어가는 여행객이 점차 늘고 있다. 나의 경우에는 때마침 1월에 캐나다를 경유하는 특가 상품이 있어 상대적으로 저렴한 항공권을 구입했다. 당연한 이야기겠지만 항공권을 구입할 땐 자신의 일정에 맞추기보다는 항공사의 프로모션 일정에 맞추면 좀 더 저렴한 가격대의 항공권을 구입할 수 있다.

여행 기간이 확정되었기에 만약의 사태를 대비해 여행자 보험에 가입한 후, 본격적으로 짐을 꾸리기 시작했다. 중남미를 여행하는 동안 사계절을 다 거쳐야 해서 배낭의 무게가 녹록지 않을 듯했다. 그래도 최대한 가볍게 움직이기 위해 줄일 수 있는 만큼 줄이기로 했다. 일단 필요한 목록부터 작성한 후, 다시 하나하나 점검해 들어갔다.

먼저 증명사진 몇 장과 여권 사본, 자물쇠, 알람시계, 작은 손전등, 손톱깎이, 멀티어댑터(중남미 국가들은 대부분 100V/60Hz를 사용), 가볍고 보온력이 뛰어난 침낭, 세면도구, 우산 그리고 이동할 때 들을 수 있는 MP4 플레이어와 음악들을 챙겼다. 물론 스마트폰 하나로 해결할 수 있는 것이 꽤 많지만 중남미에선 스마트폰 도난 사고가 워낙 잦아 2G폰을 가져가려다 보니 준비물이 조금 더 많아졌다. 옷과 관련해서는 추위와 비바람을 막아 줄 초경량 파카와 얇은 바람막이 방수 재킷부터 챙기고, 계절에 맞춰 옷을 몇 벌 따로 준비했다. 신발은 방수 가능한 등산화 한 켤레와 슬리퍼 하나로 정리했다. 부족한 것은 현지에서 그때그때 조달해야 할 듯하다.

여행을 기록하기 위해 넷북도 하나 새로 장만했다. 기존의 노트북이 있음에도 불구하고 단지 몇 백 그램의 무게 차이 때문에 새롭게 구입한 것이다. 여행 책자는 「론니플래닛lonely planet, 이하 론니」 중미편과 남미편 두 권을 가져가기로 했다. 10년 가까이 여행 때마다 메고 다녔던 아담 사이즈 배낭만으로는 어림도 없어 앞으로 둘러멜 작은 가방을 하나 더 준비했다. 가이드북과 전자제품을 비롯해 중요한 것들은 작은 가방에 넣고, 큰 배낭에는 나머지 짐들을 정리해서 가벼운 것부터 차곡차곡 집어넣었다.

환전은 나라마다 사용되는 화폐가 다 다르기 때문에 신용카드와 약간의 달러만 사이버환전을 통해 교환했다. 숙소는 여행 책자에 전적으로 의존하기보단 현지에 도착해서 직접 둘러보며 정하면 될 듯하다. 가이드북의 내용이 최소 몇 년 전의 사실에 기반하고 있기 때문에 어느 지역에 숙소가 많이 몰려 있는지만 참조할 예정이다.

예방접종과 관련해서는 현지에서 비타민을 매일 복용하며 체력 관리만 잘하면 큰 문제없을 거라는 나만의 '의학 처방'으로 모든 것을 한 방에 정리했다.[4] 비상약은 필요시 현지에서 구입하거나 여행자들에게 얻어도 되기 때문에 특별히 준비하진 않았다. 하지만 고산증이라는 존재가 계속 마음에 걸렸다. 해발 3000~4000m 고지를 한 번도 올라가 본 경험이 없어 어떤 반응이 나타날지 제일 난감한 부분이었기 때문이다. 어떤 여행객들은 비아그라가 고산병에 좋다고 해서 처방진을 받아 약국에서 구입해 가는 경우도 있다고 한다. 아마도 비아그라의 효능 중 하나가 혈관 확장과 이완을 돕기 때문인 듯하다. 하지만 그렇게까지 할 필요가 있을까 싶어 현지에서 직접 부딪히기로 했다. 현지인들은 고산병을 예방하기 위해 꼬까Coca 잎을 상용한다고 하니 정 힘들면 이참에 꼬까의 도움을 좀 받아야 할 듯하다. 그러나 이때까지만 해도 난 무시무시한 베드버그의 존재감과 물파스의 소중함을 숙지하지 못하고 있었다.

7년 만에 홀로 떠나는 배낭여행

공기의 밀도가 일상과 다른 인천국제공항에 도착하자 그제야 앞뒤로 둘러멘 배낭의 모습이 자연스럽게 느껴졌다. 공항 지하에

---

4   남미를 여행할 경우, 우유니 소금사막이 있는 볼리비아에 입국하기 위해서는 비자를 발급 받아야 한다. 이때 황열별 접종은 필수 사항이다.

있는 여행용품 전문점에 잠시 들렀다가 여유롭게 출국수속을 마친 후, 오후 6시 5분에 출발하는 밴쿠버 행 에어캐나다 비행기에 올랐다.

여행을 하면서 가장 좋았던 곳이 어디냐는 질문에 「론리 플래닛」시리즈를 만든 토니 휠러Tony Wheeler가 '공항 출국장'이라고 대답했다고 하던가? 출국 전의 설렘과 긴장감이 바지런한 몸속의 세포들로 하여금 비행기보다 먼저 이륙 준비를 하게끔 부채질하고 있다. 그러고 보니 7년 만에 홀로 떠나는 배낭여행이다.

그러나 짜릿한 설렘과 긴장감은 얼마 지나지 않아 온데간데없이 사라지고 말았다. 기체의 작은 결함으로 인해 출발이 조금 지연된다는 안내방송이 나온 지 1시간이 지났는데도 이륙할 낌새가 보이지 않는다. 캐나다 현지 시각으로 오전 11시 10분에 밴쿠버에 도착하면 다시 오후 1시 5분발 멕시코시티 행 비행기로 환승해야 하는 나로서는 점차 마음이 불안해져 갔다.

이런 나의 마음은 아랑곳하지도 않고 껌딱지처럼 활주로에 딱 달라붙어 있던 비행기는 오후 8시가 다 되어서야 드디어 무거운 본체를 서서히 움직이기 시작했다. 초조한 맘에 지나가던 승무원을 붙잡고 두 장의 항공권을 보여 주며 밴쿠버에서 멕시코시티 행 비행기로 환승해야 할 물리적 시간이 부족하다고 했더니 도착하면 확인해 보자며 애써 웃음을 짓는다. 어쨌든 나의 과실은 아니기 때문에 문제가 생기면 항공사 측에서 대책을 세워 줄 거라는 막연한 믿음을 품고 잠시 눈을 붙였다.

출발한 지 9시간이 넘어서자 밴쿠버 인근의 로키산맥이 그 웅장함을 드러낸다. 이윽고 기내방송이 흘러나왔다. 다행히 기류를 잘 타서인지 현지 시각으로 낮 12시 30분쯤 밴쿠버에 도착할 예정이란다. 이어, 탑승한 승객 중 7명이 멕시코시티 행 비행기로 환승해야 하는데 시간이 촉박하다며 다른 승객보다 이들이 먼저 내릴 수 있도록 양해를 구한다는 기장의 목소리도 들린다.

환승을 위해 주어진 시간은 정확히 35분, 비행기의 문이 열림과 동시에 뛰기 시작했다. 환승임에도 불구하고 밴쿠버공항에서 또다시 검색대를 통과해야 하는 상황. 공항 직원의 여유로움이 나를 더욱 다급하게 만들었지만 다행히 멕시코시티 행 비행기도 20분 정도 출발이 지연되어 잠시나마 숨을 고를 수 있었다. 그제야 나머지 6명의 한국 분들이 시야에 들어왔다. 타국에서 한국인이라는 이유만으로 느껴지는 그 어떤 동질감과 잠시였지만 함께 겪은 '역경' 탓에 어느새 서로가 서로에게 친근감을 뿜어내고 있었다.

마침 항공사 직원이 보여, 만약 지금과 같은 상황에서 환승 비행기를 놓치게 되면 어떻게 되냐고 묻자 살짝 난감한 표정을 짓더니 다음과 같이 설명해 준다.

"일반적으로 운항 정보가 서로 공유되기 때문에 연착이 아주 심하지 않으면 다음 비행기가 조금은 기다려 줍니다. 하지만 시간이 너무 지체되면 어렵습니다. 만약 예상 외로 연착이 길어져

기내에서 바라본
로키산맥.
캐나다가 멀지 않았으며,
그토록 오래 기다려 온
중미 여행이 코앞에
와 있다는 의미이기도 하다.

환승할 비행기를 놓치게 되면 일단 항공사 카운터로 가서 상황을 설명하고 방법을 찾아야 합니다. 단, 연착의 사유가 불가항력적인 이유라면 항공사에 책임을 물을 수 없습니다."

여기서 말하는 '불가항력적인 이유'에는 기상 상태, 공항 사정, 항공기 접속 관계뿐만 아니라 '예상치 못한 정비 사고'도 포함되어 있다. 해석의 여지가 다분해서 쉽게 수긍하기가 어려웠지만, 규정상 항공사의 과실이 아니더라도 정황을 고려해 고객 서비스 차원에서 배려해 주기도 한다는 말에 일단 웃음으로 고마움을 표하고 기내에 오른다.

바모스¡Vamos!, 출발!!!!!

라틴 아메리카와 카리브 국가들

아메리카(América)라는 말의 어원은 이탈리아의 탐험가 아메리고 베스푸치(Amerigo Vespucci, 1454~1512)의 이름에서 유래되었다. 물론 유럽의 입장에서 아메리카 대륙을 처음 발견한 사람은 끄리스또발 꼴론(Cristóbal Colón, 1451~1506)이다. 영어식 이름으로 읽으면 우리에게 익숙한 크리스토퍼 콜럼버스(Christopher Columbus)가 바로 그다. 하지만 그는 죽을 때까지 자기가 도착한 곳이 인도의 어느 한 곳이라 믿었다고 한다. 지금으로서는 상상하기 힘들겠지만 15세기 말만 하더라도 유럽인들의 사고 체계에서 지구란 유럽, 아시아, 아프리카로만 구성되어 있었기 때문에 꼴론의 반응은 당연한 귀결이라 할 수 있다. 당시 유럽인들은 이 세 대륙을 창세기에 나오는 노아(Noah)의 자녀들과 연결시켜, 아시아는 셈(Shem), 아프리카는 함(Ham), 그리고 유럽은 야벳(Japheth)에 의해 시작되었다고 믿었다.

하지만 어디나 이단아는 존재하듯, 아메리카를 네 차례 항해하였던 아메리고 베스푸치는 자신의 경험에 근거해 이곳이 인도가 아닌 '새로운 대륙'이라는 생각을 하게 된다. 베스푸치는 자신의 경험을 기술하며 다음과 같이 말한다. "남위 50도까지 내려갔으며, 새로운 별을 발견했고, 하나의 대륙이며, 낯선 동물이 너무 많아서 그 동물이 모두 노아의 방주 속에 들어갔다고 믿을 수 없을 정도다."

항해에서 돌아온 그는 『신세계(Mundus Novus, 1502)』라는 작은 책자를 발간하게 되는데, 결국 아메리고의 이러한 공로가 인정되어 '신대륙'은 '콜럼버스'가 아닌 '아메리카'가 되었다. '아메리고'가 아니라 '아메리카'가 된 것은 유럽(Europa), 아시아(Asia), 아프리카(Africa) 모두 '~a'로 끝나는 여성형이어서 똑같이 운율을 맞추었기 때문이다. 유럽에 의해서 말이다.

지리적으로 아메리카는 파나마를 기점으로 위쪽을 북중미, 콜롬비아를 시작으로 아래쪽을 남미로 크게 구분할 수 있지만 북미와 중미, 그리고 남미로 구분하는 것이 보편적이다. 이때 문제가 되는 것은 확연히 구분되는 파나마 아래의 남미와 달리 북미와 중미의 경계를 어디에 두냐는 것이다.

일반적으로는 멕시코만(Golfo de México)과 태평양 사이에 위치한 떼우안떼뻭 지협(Istmo de Tehuantepec)을 기점으로 북미와 중미를 나누게 된다. 대표적인 여행 책자인 론니 플래닛의 『중미』편도 여기에 근거해 떼우안떼뻭 지협 이남부터 기술하고 있다. 원주민의 언어에서 유래되어 발음조차 생소한 떼우안떼뻭 지협은 해발고도가 270m를 넘지 않으며 그 폭 또한 220km 정도밖에 되지 않아 16세기 초부터 태평양과 대서양을 연결하는 주요 교통로였다.

멕시코의 지도에서 보자면 멕시코시티 아래, 잘록하게 들어간 부분이 바로 떼우안떼뻭 지협이다. 그러나 이러한 지리적 구분은 멕시코라는 하나의 나라를 북미와 중미로 나누어 버리는 결과를 낳게 된다. 그러다 보니 편의상 멕시코부터 위쪽을 북미, 과테말라에서 파나마까지를 중미로 일컫기도 한다. 1992년 캐나다와 미국, 그리고 멕시코가 맺은 북미자유무역협정(NAFTA) 또한 이러한 범주에서 설정된 것이기도 하다. 하지만 멕시코를 북미에 포함시키기에는 뭔지 모를 부자연스러움이 느껴진다. 언어적으로 볼 때에도 멕시코는 영어가 아닌 스페인어를 사용하고 있고, 역사적 측면에서도 스페인에게 강점당한 비운의 아픔을 공유하고 있기 때문이다.

따라서 아메리카 대륙은 문화적 측면에서 구분해야 한다. 영국의 식민 지배를 받은 앵글로 아메리카(Anglo América)와 스페인과 포르투갈의 지배를 받아 중남미 라틴 문화권이라는 공통의 역사적 배경을 지닌 라틴 아메리카(Latin América)가 바로 그것이다. 하지만 중남미 국가들 중에는 영어와 프랑스어, 그리고 네덜란드어를 사용하는 몇몇 카리브 국가들도 포함되어 있기 때문에 UN을 비롯한 국제기구에서는 공식적으로 '라틴 아메리카와 카리브 국가들(Latin America and the Caribbean Countries)'이라는 명칭을 사용하고 있다.

PART

2

México 1

미국과 중남미의 경계, 멕시코

(7박 8일)

아메리카 대륙에서 제일 많은 세계문화유산을 보유한 나라, 2017년 한 해 동안 약 4000만 명의 해외 관광객이 방문한 세계 6위의 관광 국가, 찬란했던 메히까(Mexica)의 고대 문명과 애니메이션 〈코코(Coco, 2017)〉의 흔적을 따라 나도 모르게 멕시코의 마법에 빠져들어 간다.

Root-멕시코

멕시코시티(떼오띠우아깐) →께레따로→산미겔 →베르날의 돌산→구아나후아또→오아하까(몬떼알반)

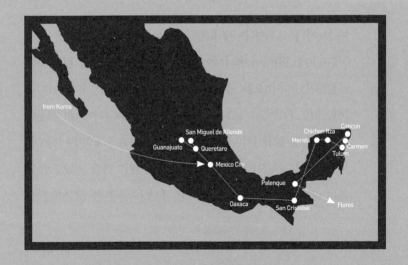

올라, 멕시코!

현지 시각 오후 8시 20분, 해발 2240m에 위치한 멕시코시티의 베니또 후아레스Benito Juárez 국제공항이 내려다보인다. 한라산 정상1950m보다 더 높은 고산지대에 위치해 있으면서도 높은 산들에 병풍처럼 둘러싸여 분지라는 지형적 특성을 지닌 멕시코시티. 기압이 낮아 공기가 희박할 뿐만 아니라 도시가 뿜어내는 유해 물질들로 인해 극심한 대기오염이 만성화된 곳으로 알려져 있다.

조심스럽게 멕시코시티에 첫 발을 내디뎠다. 다행히 우려했던 고산병과 같은 증상은 나타나지 않았다. 가볍게 입국 수속을 마치고 공항 안으로 들어서자 즐비하게 늘어선 환전소들이 이채롭게 다가온다. 멕시코시티의 중심가이자 숙소가 몰려 있는 소깔로Zócalo 광장으로 가려면 지하철Metro이나 메뜨로부스Metrobús, 아니면 가장 손쉽게 공항택시를 이용할 수 있다. 마침 공항 내 환전소 한편에 공항택시 사무실이 눈에 띈다.

택시를 이용하려면 여기서 목적지까지의 승차권을 미리 구입한 후, 공항 앞에 대기하고 있는 공항택시를 이용하면 된다. 이

기내에서 바라본 멕시코시티의 야경. 멕시코의 수많은 불빛이 아시아에서 온 여행객을 반기는 듯하다.

때 주의할 점은 밴 형태의 대형차 요금인지, 소형차 요금인지 꼭 확인해 봐야 한다는 것. 가끔 여행자들을 상대로 대형차 요금을 청구하는 경우가 있기 때문이다. 물론 티켓을 끊지 않고 밖으로 나가 직접 택시를 잡아탈 수도 있다. 하지만 이때는 바가지 쓸 각오를 단단히 해야 한다. 운 좋게도 나는 함께 비행기를 타고 온 대학생의 지인 차를 얻어 탈 수 있어 편하게 공항을 빠져 나올 수 있었다.

어둠이 낮게 깔린 밤, 코끝을 감도는 정제되지 않은 메케한 공기만큼이나 창밖으로 보이는 멕시코시티의 첫 풍경은 대단히 낯설었다. 할리우드 영화에서나 봐 왔던 '밤거리의 여성들'이 스크린을 뚫고 나와, 언젠가부터 느린 화면으로 창밖을 스쳐 지나가

베니또 후아레스국제공항 내에
즐비하게 늘어선
환전소들과 공항택시 사무실.
택시를 이용하려면 공항택시 사무실에서
승차권을 구입해야 한다.

고 있다. 영화적 리얼리티의 현실 재현성 때문일까? 의지와 상관없이 무한정 확장되던 나의 동공이 어느 순간 한 여인의 눈과 정확히 마주쳤다. 내가 탄 자동차가 횡단보도 앞에서 멈춰 선 것이다. 아무런 잘못도 하지 않았는데 도둑질하다 들킨 것처럼 가슴이 철렁 내려앉는다. 순간 경계심이 배가 되면서 자연스레 여기가 멕시코시티라는 사실이 뇌리에 한 번 더 각인된다.

이윽고 한인이 많이 산다는 소나로사La Zona Rosa 인근, 미 대사관 뒤쪽에 위치한 숙소에 짐을 풀었다. 다행히 와이파이가 잡혀 컴퓨터를 켜고 할머니께 전화부터 드리는데 할머니의 목소리에서 떨림이 전해 온다. 걱정하지 마시라고 한층 더 밝은 목소리로 통화를 마친 후, 현지 지도를 펴놓고 숙소를 중심으로 위치부터 파악해 본다. 다행히 소나로사 지역이 중남미에서 가장 큰 도시 공원인 차뿔떼뻭 공원Bosque de Chapultepec과 소깔로 광장 중간쯤에 위치해 있다. 멕시코시티의 주도로인 레포르마Reforma 도로를 따라 20~30분 정도 걸어가면 소깔로 광장에 도착할 듯하다.

자, 이제부터 본격적인 여행의 시작이다.

올라(Hola, 안녕), 멕시코!

하루에 사계절을 모두 체험할 수 있는 곳

멕시코는 한국과 15시간의 시차가 있다. 한국이 1월 1일 오후 1

시라면 멕시코는 그 전날 밤인 12월 31일 오후 10시가 되는 것이다. 다만 4월 첫째 주 일요일부터 10월 마지막 주 일요일까지는 서머타임이 실시되기 때문에 한국과는 14시간의 차이가 난다.

어쨌든 멕시코에서 맞이한 첫날 밤이 한국 시간으로 대낮이다 보니 몸은 피곤해도 잠이 올 리 만무했다. 엎치락뒤치락하다 생각지도 못한 추위에 눈을 떴다. 숙소는 깔끔했지만 난방이 허접했다. 하기야 세계 어디를 가도 우리네 온돌만한 시스템이 있겠냐마는 멕시코의 밤 기온이 예상 외로 만만치 않다.[1] 더 이상 눈을 붙이고 누워 있기가 뭣해서 조용히 거실로 나와 오늘의 일정을 다시 한 번 점검하며 멕시코의 아침을 기다린다.

예상과 달리 멕시코시티의 아침은 평온했다. 넓은 보행로에 촘촘히 늘어선 가로수들은 햇살을 받아 눈부시게 빛났고 살랑살랑 불어오는 미풍은 일상에서 잊고 지내 왔던 대지의 숨결을 느끼게 해 주었다. 스산했던 어젯밤의 그 느낌은 온데간데없이 사라지고 거리에서 마주치는 사람들은 친절한 미소로 머나먼 아시아에서 온 나를 환영해 주는 듯했다.

하지만 내 머리 속에 입력되어 있는 멕시코는 여전히 위험한 곳이다. 일본과 함께 '불의 고리'라고 불리는 환태평양지진대티

---

[1]   열대 지역에 위치해 있지만 고산지대다 보니 멕시코시티의 연평균 기온은 12~16℃로 온화한 편이다. 하지만 일교차가 커서 특히 겨울에는 하루에 사계절을 다 체험하게 된다.

레포르마 도로의
넓은 보행도로.
도로 곳곳에
눈길을 끄는
설치미술 작품들이
전시되어 있다.

Cinturón de Fuego del Pacífico에 속해 있어, 1985년 9월에 발생한 강도 8.1의 대지진으로 수만 명이 죽기도 했다. 중남미의 여타 국가들에 비해 상대적으로 안전하다고는 하지만 1994년 1월, 치아빠스 Chiapas 주에서는 사빠띠스따 민족해방군EZLN, 이하 사빠띠스따의 봉기가 일어나 140여 명이 사망하기도 하였다. 2014년 9월에는 멕시코 서남부에 위치한 이구알라Iguala에서 황당한 사건이 벌어졌다. 차별적인 고용 관행에 항의하던 대학생들을 향해 경찰이 쏜 총에 6명이 사망하였을 뿐만 아니라 연행된 43명의 학생을 마약 갱단에게 넘겨준 것이다.

영국 소재, 국제전략문제연구소IISS에 따르면, 2016년 한 해 동안 멕시코에서 무력 충돌로 사망한 사람이 무려 2만 3000명에 달한다고 한다. 이는 내전으로 5만 명이 사망한 시리아에 이어 세계 2위라는 믿기 힘든 결과다.

지정학적으로 볼 때, 멕시코는 코카인이 미국으로 밀반입되는 길목에 위치해 있다. 멕시코의 4대 수입원 중 하나가 마약인 이

유이기도 하다.[2] 그러다 보니 멕시코에서 발생하는 대부분의 무력 충돌은 개인화기로 무장한 마약 갱단 간의 세력 다툼 속에서 발생하거나 경찰과 군인들이 이들을 소탕하는 과정에서 발발한다. 특히 2007년부터 본격화된 '마약과의 전쟁' 이후, 지금까지 10만여 명이 목숨을 잃었다고 한다. 급기야 지난 2015년에는 마약 수송차를 추격하던 군 헬기를 신흥 마약 조직이 로켓 추진포로 공격하는 어처구니없는 일도 발생하였다.

멕시코 연방 하원이 발간한 보고서에 따르면, 연간 1500만 정의 불법 무기들이 미국으로부터 밀매되고 있다고 한다. 그중에는 대전차 로켓이나 유탄 발사기도 포함되어 있는데, 밀매된 대부분의 무기들은 마약 범죄 무장 조직의 손에 넘어가 저들의 세력을 공고히 하는 데 사용되고 있다.

하지만 멕시코에 사는 한인들은 의외로 이러한 위험성을 피부로 잘 체감하지 못하는 듯했다.[3] 그들은 흔히 이렇게 이야기한다. "해가 떠 있는 동안은 안전하지만 밤에는 위험할 수도 있으니 각별히 주의해야 한다"고 말이다. 여행자의 한 사람으로서 조심 또 조심하며 아로새겨야 할 대목이다.

---

[2] 멕시코의 4대 수입원은 석유와 미국에서 일하는 해외 노동자의 송금, 마약, 그리고 관광이다.

[3] 외교부는 국가별 안전 수준을 고려해 해외여행 경보 단계를 남색경보(여행 유의), 황색경보(여행 자제), 적색경보(철수 권고), 흑색경보(여행 금지) 등 4단계로 분류하고 있다. 멕시코의 경우, 일부 지역만을 여행 유의나 여행 자제 지역으로 지정하고 있다. 외교부 해외안전여행 사이트 www.0404.go.kr 참조

달랑 1500만 달러에 영토의 절반을 빼앗긴 멕시코

이윽고 멕시코시티 시민들의 대표적 휴식 공간인 차뿔떼뻭 공원에 도착했다. 200만 평의 드넓은 공원 안으로 들어서자 1847년 미국에 끝까지 항전하다 이곳 군사학교에서 숨진 6명의 학생을 추모하는 기념비Monumento a los Niños Heroes가 눈에 들어온다.

당시 멕시코는 이 전쟁의 결과로 혹독한 대가를 치르게 된다. 미국과 맺은 '구아달루뻬 이달고 조약Tratado de Guadalupe Hidalgo, 1848' 으로 인해 국토의 상당 부분을 빼앗기게 된 것이다. 이때 멕시코는 텍사스를 비롯해, 캘리포니아, 뉴멕시코, 애리조나, 유타, 네바다, 그리고 콜로라도 일부를 달랑 1500만 달러만 받고 모조리 넘겨야 했다. 물론 수도가 함락된 상태였다고는 하지만 당시 미국에 빼앗긴 땅의 크기가 지금의 멕시코 영토와 맞먹는다고 한다. 게다가 강탈당한 캘리포니아에선 금맥이 발견되어 이듬해인 1849년부터 미국은 본격적인 서부개척시대를 맞이하게 된다. 어디 그뿐인가? 1901년에는 텍사스에서 '검은 황금'이라 불리는 석유까지 쏟아져 나왔다.

멕시코를 침략한
미국에 항전하다 숨진
6명의 학생들을 추모하는 기념비.
항전의 대가로
영토의 절반을 내줘야 했다.

아직도 역사의 아픔이 현재 진행형일 수밖에 없는 멕시코. 그런 그들에게 미국의 '자랑스러운(?)' 대통령 트럼프는 한 치의 망설임도 없이 당당하게 멕시코와의 국경에 장벽을 설치하고, 그 비용을 멕시코가 부담토록 하겠다고 공언했다. 누가 봐도 억장이 무너질 노릇이다. 뽀르피리오 디아스Porfirio Diaz가 언급했듯이 "불쌍한 멕시코여, 신으로부터 너무나 멀리 떨어져 있고, 미국과는 너무 가깝구나(Pobre México, tan lejos de Dios y tan cerca de los Estados Unidos)."

발걸음을 옮겨 차뿔떼뻭 공원 내, 메소아메리카Mesoamérica[4]의 문명을 담아 놓은 국립인류학박물관Museo Nacional de Antropologia으로 향했다. 널따란 안마당patio을 중앙에 놓고, 'ㅁ'자형 2층 건물에 총 23개의 전시실로 구성되어 있는 국립인류학박물관은 멕시코의 대표적인 건축가 라미레스 바스께스Pedro Ramírez Vázquez가 설계하였다.[5]

서구의 유수한 박물관들이 세계 각지에서 약탈한 유물들을 마

---

4 메소(meso)의 어원은 '중간', '중앙'이라는 뜻을 지닌 그리스어의 메소스(mesos)에서 유래하였다. 따라서 메소아메리카란 곧 중미를 가리키는 용어로, 지금의 멕시코 중남부, 벨리세(Belize, 이하 벨레즈), 과테말라, 온두라스(La República de Honduras) 지역을 일컫는다.

5 박물관 구조상, 다른 전시실로 이동하기 위해서는 반드시 박물관 중앙에 위치한 안마당을 거치게 되어 있다. 라미레스 바스께스에 따르면, 관람객들이 안마당을 통해 자신이 원하는 전시관을 쉽게 찾을 수 있도록, 때로는 답답한 실내를 벗어나 바깥 공기를 쐬면서 기분 전환을 할 수 있도록 전시실을 배치했다고 한다.

치 포로수용소처럼 한곳에 모아 놓고 자국의 강대했던 역사를 자랑하고 있는 것과는 달리, 이곳 국립인류학박물관에서 받은 첫 느낌은 멕시코의 역사를 한눈에 볼 수 있도록 자신들의 시조로부터 고대 문명의 뛰어난 유물들을 체계적으로 잘 분류해 놓았다는 것이다. 이에 대해 라미레스 바스께스는 '원주민 문명의 증거물들을 교육적으로 아름답게 전시함으로써 과거 찬란했던 이들의 문명이 멕시코인의 뿌리임을 보여주고자 했다'고 이야기한다.

물론 한 나라의 역사를 잘 정리해 놓았다고 해서 어떻게 세계 유명 박물관들과 비교할 수 있냐고 반문할 수도 있다. 하지만 멕시코의 역사를 조금이라도 이해한다면 이들의 역사가 바로 중미 대륙의 문명을 일컫는 메소아메리카의 역사라는 사실을 기억해야 한다. 그렇기에 어떤 연유로든 아메리카 문명에 관심을 갖게 된다면 한 번쯤은 꼭 들러봐야 하는 곳이 바로 이곳 국립인류학 박물관인 것이다.

그러나 배경 지식이 부족했던 나로서는 응당 박물관 입구 맞은편 중앙에 위치한 메히까관(6전시실)과 메히까관 좌우로 안마당을 마주보고 있는 마야관(9전시실)과 떼오띠우아깐관(4전시실)에 초점이 맞춰졌다. 그중에서도 들어가는 입구부터 "우리의 영광, 우리의 명성 메히까"라는 말이 원주민 언어 Totenyo, Totauhca Mexica와 스페인어 Nuestra Gloria, Nuestra Fama Mexica로 쓰여 있던 메히까관이 무척 인상적이었다. 아스떼까Azteca, 아즈텍로 더 잘 알려져 있는 메

차뿔떼뻭 공원 내에 있는 국립인류박물관.
1964년에 9월에 개관한 이곳 박물관에서 다른 전시실로 이동하기 위해서는
반드시 넓은 안마당을 거치도록 설계되어 있다.

국립인류박물관 입구.
2층 건물에 23개의
전시실이 있다.

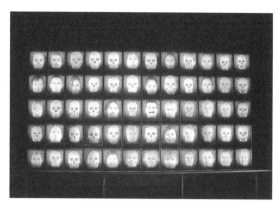

다양한 민족의 얼굴과 해골의 이미지를 합성시켜
보는 각도에 따라 이미지가 다르게 보인다.
인류학이 무엇인지를 간명하게 표현하고 있는 작품이다.

1층 떼오띠우아깐실(4전시실)에 설치된
께찰꼬아뜰 신전 모형.

곤살레스 까마레나.
⟨Las Razas y la Cultura⟩, 1964년.
서로 다른 문명을 꽃피운 인류를
압축해서 표현하고 있다.

히까에서 멕시코 국명이 나왔기 때문일 것이다.

전시된 유물들 중에는 메히까 전시실 입구 안, 맞은편 벽면 정
중앙에 위치한 지름 3.57m, 무게 24톤의 태양의 돌Piedra del Sol[6]의
느낌이 강렬했다. 15세기 말, 거대한 현무암 평판에 새겨진 태양
의 돌은 메히까인들의 우주관과 세계관이 함축된 '인식 체계'이
자 메히까 문명의 달력이다. 많은 사람들이 국립인류학박물관에
서 하나만 보라고 한다면 아마 이걸 찾지 않을까 싶다.

하지만 누군가 나에게 국립인류학박물관에서 무엇이 제일 인
상 깊었냐고 묻는다면 박물관 입구에 들어서자마자 보이는 청동
분수 기둥Paraguas, 우산이라고 서슴없이 답할 것이다. 가로 84m, 세
로 52m의 거대한 지붕을 떠받치고 있는 이 분수 기둥은 치아빠
스의 빨렌께 유적에 있는 생명의 나무árbol de vida, 쎄이바ceiba[7]를 모

---

6   메히까의 믿음 체계를 파괴하고 기독교를 전파하기 위해 스페인 침략자들은
태양의 돌을 멕시코시티 소깔로 광장에 매장해 버렸다. 하지만 1790년 소깔로 광
장의 개보수 과정에서 태양의 돌은 다시 빛을 보게 된다.

국립인류박물관 입구에 들어서면 만나게 되는 거대한 청동 분수 기둥. 생명의 나무 쎄이바를 모티브로 해서 일일이 망치로 두들겨 만들었는데, 11m의 높이에서 떨어지는 시원한 물줄기가 압권이다.

티브로 해서 일일이 망치로 두들겨 만들었다고 한다. 놀라운 사실은 1985년에 발생한 강도 8.1의 대지진에도 끄떡없었다는 것이다. 프랑스 혁명 200주년을 기념해 1989년에 세워진 파리 루브르박물관Musée du Louvre 앞 유리피라미드Pyramide du Louvre와 비교해도 랜드마크로 전혀 손색이 없다고 한다면 나만의 억지일까?

---

7   9층의 지하 세계와 지상 세계, 그리고 13층의 신의 세계로 이루어진 마야의 우주관에서 쎄이바 나무는 신의 세계를 떠받치고 있는 우주목으로 숭상되어 왔다.

벽화의 도시에서 만난 거장들

1521년 에르난 꼬르떼스Hernán Cortés에게 정복당한 멕시코는 줄곧 스페인의 식민지였다. 그러던 1810년 9월 16일, 끄리오요 criollo 출신의 이달고Miguel Hidalgo 신부가 돌로레스 선언Grito de Dolores 을 통해 처음으로 멕시코의 독립을 선포하였다.[8] 그 후 11년이 지난 1821년 8월 24일, 드디어 멕시코는 스페인과 꼬르도바 조약Tratado de Córdoba을 체결함으로써 300년간의 기나긴 식민 시대를 종식하게 된다. 하지만 멕시코의 독립은 중남미에서 태어난 백인인 끄리오요가 식민 시대 최상위층을 독점하였던 유럽에서 건너온 백인peninsular, 반도인을 축출한 '정변'에 불과했다. 새롭게 멕시코의 지배 계급으로 등극한 끄리오요는 당시 가장 앞선 체제라고 여겼던 유럽, 특히 프랑스 같은 나라를 모델로 국가를 운영하게 된다. 당연히 유럽적인 것은 좋은 것이고 원주민과 혼혈은 부정되는 상황 속에서 1910년, 급기야 멕시코혁명이 발발한다.[9]

원주민과 메스띠소mestizo, 원주민과 백인 사이에 태어난 혼혈의 권익 옹호를

---

8   멕시코는 이달고 신부가 스페인으로부터 독립을 선포한 9월 16일을 독립기념일로 정해 기념하고 있다.

9   멕시코혁명의 대표적 인물로는 프란씨스꼬 마데로(Francisco Madero, 1873~1913)와 빤초 비야(Pancho Villa, 1878~1923), 에밀리아노 사빠따(Emiliano Zapata, 1879~1919)를 들 수 있다. 우리에게 동요로 잘 알려져 있는 〈라 꾸까라차(La Cucaracha)〉는 멕시코 혁명기 시절, 스페인 민요 가락에 가사를 붙인 멕시코 민중가요다. 스페인어로 '바퀴벌레'라는 뜻을 지닌 〈라 꾸까라차〉는 혁명 영웅인 빤초 비야와 농민군, 더 넓게는 비참하게 살아가던 멕시코 민중을 일컫는다.

알라메다 공원 입구에 위치한 디에고 리베라 벽화박물관.
심플하면서도 독특한 외관에서 이곳이 미술관임을 짐작케한다.

위해 시작된 멕시코혁명은 차츰 시간이 지나면서 원주민indígena
의 문화와 그들의 생활 방식을 보존하고 부흥시켜야 한다는 흐
름으로 발전하게 된다. 이때 멕시코 벽화운동muralismo은 문맹률
이 80%에 육박했던 멕시코 하층민들의 공감대를 형성함과 동시
에 그들의 의식을 고양시킴으로써 멕시코혁명의 든든한 버팀목
이 된다.

오늘날 멕시코 벽화운동의 3대 거장이라고 일컬어지는 오로스
꼬José Clemente Orozco와 디에고 리베라Diego Rivera, 그리고 시께이로스
David Alfaro Siqueiros의 작품들을 모두 볼 수 있는 곳이 바로 이곳 멕시
코시티다.

차뿔떼뻭 공원 내에 있는 국립인류학박물관을 뒤로 하고 레
포르마 도로를 따라 소깔로 광장 방향으로 가다 보면 알라메다
공원Alameda Central에 위치한 디에고 리베라 벽화박물관Museo Mural
Diego Rivera이 보인다. 이곳에는 리베라의 대표작 중 하나인 가로
15.67m, 세로 4.75m의 대형 벽화인 〈알라메다 공원에서의 어
느 일요일 오후의 꿈(Sueño de Una Tarde Dominical en la Alameda
Central, 1947)〉이 전시되어 있다. 리베라 생전에 그가 가장 좋아
했던 작품으로 알려져 있기도 한 〈알라메다 공원에서의 어느 일
요일 오후의 꿈〉은 스페인의 침략에서 멕시코 혁명에 이르기까
지, 멕시코인들의 삶에 영향을 끼친 이들을 알라메다 공원이라
는 특정 공간에 리베라 자신만의 관점으로 소환시켜 넘으로써

디에고 리베라, 〈알라메다 공원에서의 어느 일요일 오후의 꿈〉. 1947년. 그림 중앙을 보면 멋쟁이 해골 부인 깔라베라(La Calavera Catrina)와 벽화운동의 선구자이자 리베라의 스승인 뽀사다(José Guadalupe Posada, 1852~1913)가 마치 결혼식의 주인공처럼 그려져 있다(죽음의 여신인 깔라베라의 캐릭터는 뽀사다에 의해 만들어졌다). 깔라베라 왼편에는 리베라의 어린 시절 모습과 그런 리베라를 뒤에서 감싸고 있는 프라다 칼로(Frida Kahlo, 1907~1954)가 보인다. 유명한 화가이자 리베라의 아내이기도 한 프라다 칼로는 동양 사상에 심취했었는데, 칼로가 들고 있는 태극 문양이 이를 상징적으로 보여주고 있다. 그림의 맨 왼쪽에는 갑옷을 입고 손에 피를 묻힌 정복자 에르난 꼬르떼스가 있고, 반대편에는 농민군 지도자인 에밀리아노 사빠따도 보인다.

멕시코의 정체성을 이야기하고 있다.[10] 문득 우리나라 홍성담 화백의 걸개그림인 〈세월오월〉이 스쳐 지나간다.

벽화박물관을 나와 알라메다 공원 반대편에 위치한 예술궁전 Palacio de Bellas Artes으로 발걸음을 옮겼다. 궁전 전체가 이태리산 하얀 대리석으로 뒤덮여 있는 이곳은 멕시코 예술과 문화의 중심지로, 멕시코가 낳은 세계적인 화가들의 벽화가 내벽을 장식하고 있다.

1층부터 찬찬히 둘러보며 계단을 오르고 있는데, 자유를 상징하는 프리기아Phrygia 모자를 쓴 여인이 족쇄를 끊고 마치 자유의 여신상을 오마주하듯, 오른손에는 횃불을 들고 양팔을 벌려 날아오르는 듯한 강렬한 모습이 시선을 사로잡는다. 시께이로스의 〈새로운 민주주의(Nueva Democracia, 1945)〉였다. 시께이로스는 길이 12m의 이 벽화를 통해 멕시코가 모든 속박에서 벗어나 해방으로 나아가는, 고통스럽지만 환희에 찬 모습을 표현하고자 했다고 한다. 눈을 뗄 수 없는 역동적인 형상과 강렬한 색채가 시께이로스만의 독자적인 원근법과 어우러지면서 스페인 마드리드에서 봤던 피카소Pablo Picasso의 〈게르니까(Guernica, 1937)〉 그 이상의 전율을 가져다준다.

10　1947년 쁘라도(Prado) 호텔 벽에 그려져 있던 이 벽화는 1985년 대지진 당시 호텔이 무너지면서 지금의 벽화박물관으로 옮겨졌다.

알라메다 공원을 사이에 두고 디에고 리베라 벽화박물관과 마주하고 있는 예술궁전. 흰 대리석
건물에 황금색 돔이 멋스럽다. 이곳은 멕시코 예술과 문화의 중심지로, 멕시코가 낳은 세계적인
화가들의 벽화가 벽면 가득하다.

시께이로스, 〈새로운 민주주의〉, 1945년.
역동성과 강렬한 색채가 보는 이들로 하여금 전율을 느끼게 한다.

3층으로 이루어진 예술궁전은
복합문화공간이다. 1층에는 공연장,
3층에는 국립건축학 박물관이 있으며,
2층 정면과 돔 천장이 특히 아름답다.

시간의 흔적을 간직한 소깔로 광장

다시 발걸음을 소깔로 광장으로 옮겼다. 예술궁전에서 소깔로 광장으로 이어지는 거리가 보행자 전용 구간으로 지정되어 있어 먹거리와 볼거리가 풍성하다. 먹음직스러워 보이는 것들을 하나씩 맛보며 걸었더니 이내 거대한 메뜨로뽈리따나 대성당Catedral Metroploitana과 함께 드넓은 소깔로 광장이 눈에 들어온다. 광장 주위로는 공사가 한창 진행 중이었고, 그 중심에는 대형 멕시코 국기가 휘날리고 있다.

멕시코의 역사를 살펴보면, 멕시코시티는 광대한 떽스꼬꼬Texcoco 호수 한가운데 메히까에 의해 조성된 떼노츠띠뜰란Tenochtitlán이라는 도시였다.

혼돈을 방지하기 위해 간략히 덧붙이자면, 아스떼까는 '흰 땅'이라는 뜻을 지닌 아스뜰란aztlán[11]에서 기원한, 여러 씨족공동체 calpulli[12] 모두를 아우르는 말이다.[13] 메히까인들이 사용했던 나우

---

[11] 아스뜰란은 메히까인들이 살고 있는 떼노츠띠뜰란을 이상화한 장소라는 학설과 실제로 멕시코 북쪽 어딘가에 그러한 장소가 실재했다는 학설이 팽팽히 맞서고 있다.

[12] 메히까의 모든 가족들은 혈연을 중심으로 뭉친 깔뿔리를 형성하게 되며, 이러한 깔뿔리는 중앙정부에 있어 정치와 경제 등 모든 분야를 망라한 가장 중요한 기초 행정 단위를 이루게 된다. 중남미의 정치·사회적 특징이기도 한 깔뿔리는 마야에서는 꾸츠떼엘(cuchteel)로, 잉까에서는 아이유(ayllu)로 불린다.

멕시코 국기.
국기 가운데에 독수리가 없으면
이탈리아 국기가 된다.

소깔로 광장에 위치한 메뜨로뽈리따나 대성당과 옆에 위치한 사그라리오 예배당. 메트로뽈리따나
대성당은 1524년에 건축을 시작해 240년의 세월 끝에 완공된 중남미에서 가장 아름답고 웅장한
건축물 중의 하나이다. 1768년에 완공한 사그라리오 예배당은 섬세한 조각이 돋보인다.

아뜰Náhuatl어로 표기하면 아스떼까이고, 영어식 발음으로 읽으면 우리에게 친숙한 아즈텍Aztec이 된다.

이들의 이주 과정을 상형문자로 기록한 보뚜리니 사료Códice Boturini와 전설에 의하면, 아스뜰란에 살던 아스떼까인들 중 태양의 신이자 전쟁의 신인 우이칠로뽀츠뜰리Huitzilopochtli를 숭배하던 씨족공동체가 있었다. 이들은 자신들의 수호신인 우이칠로뽀츠뜰리의 계시를 받고 약속의 땅으로 가기 위해 아스뜰란을 떠나왔다고 한다. 마치 히브리 민족이 야훼 하느님의 계시를 받고 약속의 땅, 가나안으로 향해 가듯 말이다. 이들은 우이칠로뽀츠뜰리의 신탁에 따라 아스뜰란을 떠난 사람들이었기 때문에 '아스뜰란에 사는 사람들'이라는 뜻을 지닌 아스떼까라는 이름을 버리고, 우이칠로뽀츠뜰리의 또 다른 이름인 메히뜰리Mexitli를 의미하는 - 나우아뜰어로 메히까뜰Mexicatl이라는 - 메히까로 자신들을 지칭하였다.[14] 멕시코의 국명이 바로 여기에서 유래한 것이다.

한편 우이칠로뽀츠뜰리는 날아가는 독수리를 가리키면서 저

---

13 Aztlán(아스뜰란)에서 장소를 가리키는 접미사 'lan'을 빼고 자음과 자음의 충돌을 피하고 발음을 도와주기 위해 첨가된 모음 'e'를 덧붙인 후, 사람을 뜻하는 접미사 '~ca'를 붙이면 Azteca(아스떼까)가 된다.

14 이들 신(神)의 특징으로는 첫째, 기독교의 유일신과 달리 여러 신들이 각자의 고유성을 가지고 활동하는 다신(多神)적 특성을 지니고 있다. 둘째, 전지전능하기보다는 인간적인 희로애락을 공유하는 불완전한 신으로 나타난다. 셋째, 때에 따라 다른 신으로 바뀌는 다면성(多面性)을 가지고 있다. 한 예로 '깃털 달린 뱀'인 께찰꼬아뜰은 인간을 창조한 신이기도 하지만, 새벽에 금성으로 현현할 때에는 뜰라우이스깔빤떼꾸뜰리(Tlahuizcalpantecutli)라는 이름으로 불리고, 그가 다시 바람이 되면 에헤까뜰(Ejecatl)이란 신의 모습으로 나타난다.

독수리가 뱀을 물고 선인장 위에 앉은 곳에 정착하라고 메히까인들에게 계시하였는데, 그곳이 바로 지금의 멕시코시티 중심부인 소깔로 광장이다.[15] 멕시코 국기 중앙에 뱀을 물고 선인장 위에 앉아 있는 독수리 문장은 바로 이 건국신화에서 유래한 것이다. 참고로, 이 문장이 없으면 멕시코 국기는 이탈리아 국기가 된다.

하지만 1521년 스페인의 에르난 꼬르떼스에게 점령당한 후, 떽스꼬꼬 호수 위에 세워진 떼노츠띠뜰란은 철저하게 파괴된다. 드넓은 호수는 흙으로 메워졌고 기존의 화려했던 신전은 대성당 건축의 주춧돌로 사용되었다. 황금을 노린 침략자들은 떼노츠띠뜰란의 심장부인 이곳 소깔로 광장에 대성당과 함께 행정기관과 사법기관을 세우며 헌법 광장Plaza de la Constitución이라 칭했다. 바야흐로 스페인 강점기가 시작된 것이다.

그러나 소깔로 광장은 멕시코인들에게 무척 각별한 장소다. 메히까의 마지막 황제라고 할 수 있는 목떼수마 2세Moctezuma II가 이곳에서 목숨을 잃었는가 하면, 스페인으로부터 독립을 선언한 곳도, 멕시코 최초의 혁명정부가 들어선 곳도 바로 이곳이기 때문이다. 오늘날에는 서울의 광화문 광장처럼 광장 민주주의가 발현되는 곳 또한 이곳 소깔로 광장이다.

15　메히까인들은 이미 터를 잡고 살던 뜰라꼬빤(Tlacopan)과 떽스꼬꼬와 삼각동맹(Triple Alianza, 1431)을 맺고 이곳에 정착하게 된다. 정치적 독립을 근간으로 한 삼각동맹의 주 내용은 삼국 간에는 공물을 바치지 않으며, 전쟁이 발생할 경우에 서로 도와주는 것을 골자로 하고 있다. 하지만 시간이 지남에 따라 삼각동맹의 중심축이 메히까인들이 세운 떼노츠띠뜰란으로 급격히 기울어진다.

달의 여신 꼬욜사우끼의
모형이 전시되어 있는
뗌쁠로 마요르 신전.
스페인에 의해 파괴된
메히까 신전의 잔해와
유물을 볼 수 있다.

　　슬픈 역사를 품에 안고 묵묵히 오늘을 응시하고 있는 소깔로
광장을 넋 놓고 쳐다보다가 아메리카 대륙에서 가장 웅장하다는
메뜨로뽈리따나 대성당과 섬세한 조각이 돋보이는 사그라리오
Sagrario 예배당엘 들러 잠시 머리를 조아린 후, 대성당 뒤쪽에 위치
한 뗌쁠로 마요르Templo Mayor, 대신전로 향했다. 스페인에 의해 파괴된
메히까 신전의 잔해와 유물을 볼 수 있는 마요르 신전은 1978년
지하 공사 도중, 지름 3.25m, 무게 8톤의 '달의 여신' 꼬욜사우끼
Coyolxāuhqui의 석판이 발견되면서 본격적으로 발굴이 시작되었다.

　　지금도 유적 발굴이 진행되고 있는데, 최근에는 대신전 내 우이
칠로뽀츠뜰리를 기리는 곳 입구에서 인간의 두개골 670여 점을
석회로 발라 굳힌 지름 6m의 원통형 해골탑인 촘빤뜰리Tzompantli
와 수천 개의 뼛조각이 발굴되기도 하였다. 이는 당시 메히까인
들이 인신 공양을 했다는 것을 반증하는 증거이기도 하다. 물론

이들의 인신 공양은 인간의 피를 신에게 받침으로써 신들이 힘을 얻어 이 우주를 지속적으로 움직이게 한다는 독특한 종교관에서 비롯된 것이다.[16]

거대한 신들의 도시, 떼오띠우아깐

멕시코시티에서의 마지막 날, 숙소에 큰 배낭을 맡겨 두고 아침 식사도 거르고 거리로 나섰다. 이렇게 아침 일찍 서두르는 것은 멕시코 중앙고원지대에 위치한 떼오띠우아깐의 한낮 뙤약볕이 '죽음'이라는 이야기를 여행 블로그들에서 자주 접했기 때문이다.

멕시코시티에서 북동쪽으로 50여km 떨어진 떼오띠우아깐으로 가기 위해서는 일단 북부 버스터미널Autubuses del Norte로 가야 한다. 숙소에서 가장 가까운 곳에 위치한 인수르헨떼스Insurgentes 역에서 지하철을 두 번 환승한 후, 어렵지 않게 북부 버스터미널에 도착했다. 터미널 안으로 들어서자 수많은 버스업체들이 다닥 다닥 붙어 있다. 어디서 표를 끊어야 할지 몰라 지나가는 사람을

---

[16] 일반적인 정복 전쟁 외에, 자신들이 믿는 신에게 인신 공양을 할 포로를 확보하기 위해 벌인 싸움을 '꽃의 전쟁(Xochiyaoyotl)'이라 부른다. 이 전쟁은 양측 간의 협정에 의해 합의된 시간과 장소에서 동일한 수의 전사들이 벌였던 전투로, 상대를 죽이지 않고 상대의 영토를 침범하지 않는 특이한 형태의 전쟁이다. 하지만 이러한 꽃의 전쟁도 목떼수마 쇼꼬요친(Moctezuma Xocoyotzin, 재위 기간 1502~1521) 시기에 이르면 본래의 의미를 상실하고 대규모 병력을 동원해 치르는 일반적인 전쟁으로 전락한다.

붙잡고 물었더니, 터미널 내 제일 왼쪽 끝에 위치한 버스 창구까지 친절하게 직접 데려다준다. 즉시 버스표를 구입하고는 버스 업체 바로 옆에 있는 8번 게이트에서 짐 검색을 마친 후, 피라미드Pirámides라는 글자가 붙어 있는 버스에 올랐다. 공항도 아닌 버스터미널에서 짐 검색을 하는 것 자체가 이채로웠지만 검색 수준은 거의 요식행위에 불과했다.

기원전 3세기경, 소규모의 농업 공동체들이 연합하여 세운 떼오띠우아깐은 기원후 4~7세기에 급속히 성장하였다. 전성기의 도시 면적이 여의도의 7배에 가까운 약 20km²였으며, 주민의 수는 약 20만 명에 달했다고 한다(어떤 이는 10만 명으로 추정하기도 한다). 나우아뜰어로 '신들의 도시'라는 뜻을 지닌 떼오띠우아깐이라는 이름도 14세기 메히까인들이 이곳을 발견하면서 그 규모에 놀라 붙인 이름이다.

떼오띠우아깐이 이토록 거대한 도시를 이룰 수 있었던 것은 흑요석obsidiana이 인근에 많이 매장되어 있었기 때문이기도 하다. 당시 떼오띠우아깐에는 납작한 몽둥이의 양 옆에 날카로운 흑요

북부 버스터미널에 들어서면 한눈에 들어오는 매표소들. 멕시코시티에서 떼오띠우아깐으로 가려면 이곳 터미널을 이용해야 한다.

석 날을 박아 넣은 마꾸아우이뜰macuahuitl 같은 무기를 만드는 공
방이 무려 400여 곳이나 되었다고 한다. 하지만 7세기 이후 떼오
띠우아깐은 갑자기 역사의 뒤안길로 사라지게 된다.

버스로 한 시간 남짓 걸려 떼오띠우아깐에 도착했다. 양 옆으
로 늘어선 기념품점들을 지나 설레는 발걸음으로 계속 직진을
하자 이내 떼오띠우아깐의 위풍당당한 모습이 그 위용을 드러
낸다. 먼저 정면에 보이는 20m 높이의 께찰꼬아뜰 신전Templo de
Quetzalcóatl을 바라보고 왼쪽으로 꺾으면 달의 피라미드Pirámide de la
Luna, 길이 146m, 높이 46m까지 쭉 뻗어 있는 길이 4km의 죽은 자의 길Calle
de los Muertos, 폭 45m이 나온다. 거대한 규모의 계획 도시였던 떼오띠
우아깐의 유적들은 사람의 등뼈처럼 남북을 관통하고 있는 바로
이곳 죽은 자의 길을 따라 조성되어 있다.

달의 피라미드 방향 오른편에는 현존하는 피라미드 중 아메리
카에서 제일 크다는 태양의 피라미드Pirámide del Sol가 똬리를 틀고
관광객들을 기다리고 있는 모습이 시야에 잡힌다.[17] 길이 230m,
높이 67m의 거대한 규모가 태양의 기운과 마주하기 위해 피라

---

17   아메리카에서 가장 큰 피라미드는 멕시코 촐룰라(Cholula)에 있는 뜰라치왈
떼뻬뜰(Tlachihualtepetl, 길이 400m, 높이 50m)이다. 기원전, 올메까(Olmeca) 시대에
만들어진 뜰라치왈떼뻬뜰은 여러 시대에 걸쳐 증축되었지만 7~8세기 이후 방치
되다가 결국 땅속에 파묻히고 말았다. 이후 스페인 침략자들은 야산처럼 보이는 그
위에 성당을 세웠는데 현재는 피라미드의 밑부분만 발굴된 상태다. 나우아뜰어로
뜰라치왈떼뻬뜰은 '손으로 만든 산'이라는 뜻을 지니고 있다.

떼오띠우아깐 유적지 입구.
2000년도 더 된 찬란했던 유적을
만날 수 있다는 것만으로도 설렜다.

미드를 오르고 있는 사람들의 모습을 콩알만 하게 만들어 버리
고 있다.

떼오띠우아깐의 뷰포인트는 북쪽 맨 끝자락에 위치한 달의 피
라미드. 그곳으로 가기 위해 황량하기 그지없는 죽은 자의 길을
따라 마른 먼지를 일으키며 천천히 걷기 시작했다. 아마도 그 당
시에는 신에게 바쳐질 제물들이 죽음을 향해 끌려오던 길이었을
것이다. 해발 2300m라는 고산지대에서 서서히 존재감을 더해
가는 뙤약볕을 기꺼이 끌어안고 한참을 걸었더니 어느덧 달의
피라미드가 눈앞에 성큼 다가왔다.

달의 피라미드 정상에 올라서면 저 멀리 께찰꼬아뜰 신전과
대광장까지 떼오띠우아깐의 전경이 한눈에 들어온다고 했지만
올라가는 계단이 중간에서 막혀 있다. 붕괴 위험 때문에 2010년
이후부터 중턱까지만 오를 수 있도록 규정을 바꿔 놓았기 때문
이다. 하는 수 없이 달의 피라미드 중턱에 툭 튀어나와 있는 테
라스까지 조심스럽게 기어 올라가 찬란했던 떼오띠우아깐의 흔
적들을 내려다본다. 신화와 전설로 가득 찬 도시가 세월의 무게

태양의 피라미드 정상에서 바라본 떼오띠우아깐의 달의 피라미드 전경.
드넓은 고원에 묻혀 있는 떼오띠우아깐의 고대문명은 수수께끼로 남아 있다.

달의 피라미드 중턱에서 바라본 죽은 자의 길.
떼오띠우아깐의 유적들은 남북을 관통하는 죽은 자의 길을 따라 조성되어 있다.

현존하는 피라미드 중 아메리카에서 제일 큰 태양의 피라미드.
길이 230m, 높이 67m에 이른다.

죽은 자의 길 끝자락에 위치한 달의 피라미드,
떼오띠우아깐의 전경을 한눈에 내려다볼 수 있는 뷰포인트로도 유명하다.

와 함께 드넓은 고원 속에 파묻혀 이제는 고대 문명의 수수께끼
로 남아 있다.

메소아메리카 문명의 기반이 된 옥수수

여행을 준비할 때, 멕시코 피라미드와 이집트 피라미드의 외형
적 차이점을 비교해 놓은 자료를 읽은 적이 있다. 그때의 기억을

더듬으며 떼오띠우아깐의 피라미드를 유심히 쳐다보니 다행히
몇 가지 차이점이 눈에 들어왔다.

이집트 피라미드와 달리 층 구분이 있고, 각 층마다 넓이
2~3m 정도의 테라스와 다양한 조각상들이 장식되어 있는 것이
첫 번째 차이점이다. 두 번째 차이점은 이집트 피라미드가 일정
한 크기의 거대한 돌들만 사용한 반면 이곳 피라미드는 모양과
크기가 제각각인 자연석을 접착제 역할을 하는 회반죽과 섞어
만들었다는 것이다. 세 번째 차이점은 이집트 피라미드와 달리

이곳 피라미드에는 정상까지 사람들이 올라갈 수 있도록 정중앙에 계단을 만들어 놓았다는 것이다. 이는 떼오띠우아깐의 피라미드가 제단의 성격이 강했다는 것을 반증해 주는 것이기도 하다. 마지막 차이점은 피라미드의 위치다. 이집트 피라미드가 대부분 도시와 멀리 떨어진 곳에 건설된 반면 이곳 피라미드는 도시 안에 세워졌다는 것이다. 물론 전문가들의 눈에는 더 많은 것들이 세밀하게 보이겠지만 심미안을 갖지 못한 내가 이 정도 발견해 냈다는 것만으로도 스스로 대견스럽다는 생각에 살짝 뿌듯해졌다.

그런데 정말 수수께끼 같은 사실은 수레를 이용하지 않고 약 250만 톤의 석재와 흙을 이곳까지 직접 운반해 피라미드를 완성했다는 것이다.[18] 그것도 돌도끼와 같은 원시적인 도구들만 가지고 말이다. 외계인이라는 가당치 않은 존재를 논외로 한다면 유추할 수 있는 건 단 하나. 대규모의 노동력이 동원되었다는 것뿐이다.

다행히 아메리카의 비옥한 토양은 원주민들에게 풍요로운 먹거리를 제공해 주었다. 특히 이들의 주식이었던 옥수수의 경우,

---

18   메소아메리카 문명의 모태라고 알려진 올메까의 유물에서 바퀴 달린 동물 인형 장난감들이 여러 점 발굴된 것을 보면, 이들은 오래전부터 바퀴 개념을 알고 있었다. 그러나 일상생활에서는 바퀴를 사용하지 않았는데, 그 이유에 대해선 다양한 추측들이 분분하다. 현재로서는 중남미 대륙에 수레를 끌 만한 말이나 소 같은 대형 초식동물이 서식하지 않았기 때문이라는 주장이 나름의 설득력을 지니고 있다. 다만 남미의 안데스(Andes) 지역에서는 예외적으로 낙타과의 야마(llama)를 이용해 짐을 날랐다고 한다.

씨앗을 심고 50일 정도만 기다리면 옥수수 한 알에서 80~150배, 많게는 무려 800배의 소출을 가져다주었다고 하니 불가능하지만도 않았을 것이다. 당시 이들은 일주일에 하루만 일해도 자신의 가족을 부양하는 데 필요한 옥수수를 얻을 수 있었다고 한다.

이런 측면에서 보자면, 떼오띠우아깐을 포함한 메소아메리카 문명이 옥수수를 기반으로 탄생했다고 해도 억측은 아닐 듯하다. 오죽했으면 옥수수를 신이 죽어 환생한 작물로 여겼겠는가. 어디 그뿐인가. 마야Maya인들의 '성서'라고 할 수 있는 『뽀뽈-부(Popol-Vuh)』[19]에는 신이 인간을 만들 때 옥수수로 창조했다는 이야기가 나오는데 이것이 무엇을 반증하겠는가. 우리에겐 한낱 여름 간식일 뿐인 옥수수가 이들에겐 생명의 근원이자 신앙의 대상이었던 것이다.

멕시코 한인사회의 메카, 께레따로

멕시코는 중남미 국가 중 한인들이 첫발을 내디딘 곳이다. 1903

---

19 '공동체의 책'이라는 뜻을 지닌 『뽀뽈-부』는 1550년경, 마야 끼체(Quiché)족의 누군가에 의해 쓰인 것으로 추정된다. 이 책은 4부로 구성되어 있는데, 1부에서는 최초의 바다와 하늘로부터 세상과 피조물이 창조되는 과정을, 2부에서는 두 쌍의 쌍둥이가 쌓아 올린 신화적 업적들을, 3부에서는 옥수수에서 기원한 인간을, 그리고 마지막 4부에서는 끼체족의 기원과 역사를 다루고 있다. 하지만 원본이 소실되어 지금 전해져 오는 것은 1722년경 도미니크 수도회의 프란씨스꼬 히메네스(Francisco Ximénez, 1666~1729) 신부가 스페인어로 옮긴 번역본이다.

년 하와이 이민에 이어 1905년 1033명의 한인들이 계약 노동자 culi 신분으로 멕시코 유까딴 반도Península de Yucatán[20]에 정착했다고 하니 그 역사가 110년을 넘어서고 있다.

이후 중남미 이민이 본격화된 것은 한국정부가 중남미 국가들과 외교 관계를 수립하게 된 1960년대부터다. 광활한 영토와 풍부한 자연 자원을 소유하고 있어 성장 잠재력이 높았지만 상대적으로 인적 자원과 자본이 부족했던 브라질, 아르헨티나, 빠라구아이República del Paraguay, 이하 파라과이를 중심으로 중남미 한인 이민이 활성화되었다. 당시 우리나라는 개인 소득이 100달러도 채 안되는 최빈국 중 하나였기에 정부의 적극적인 이민정책이 한몫을 하였다.

하지만 멕시코의 한인 수가 증가하게 된 것은 1990년대 중반 이후부터다. 한국의 IMF 사태로 인해 이민이 증가한 것도 하나의 원인이겠지만, 1990년대 말 아르헨티나를 위시한 중남미 국가들 또한 경제위기를 맞게 되면서 상대적으로 경제 상황이 양호했던 멕시코로 다른 중남미 국가로 이민 갔던 한인들이 몰려들었기 때문이다. 물론 1992년 8월에 체결된 북미자유무역협정

20　유까딴 반도는 멕시코의 유까딴 주, 낀따나로오(Quintana Roo) 주, 깜뻬체 (Campeche) 주 외에도 벨리즈와 과테말라의 북부 지역이 여기에 속한다. 지도상으로는 중미에서 대서양을 향해 북동쪽으로 돌출되어 있는 곳이 바로 유까딴 반도다. 16세기 초 스페인 침략자들이 유까딴 반도에 처음 도착해서 여기가 어디냐고 묻자, 마야인들이 "유까딴?(무슨 말이예요?), 유까딴?(¿Yucatán?)" 하고 되물었다고 한다. 이 말을 들은 침략자들이 여기가 유까딴이라고 오해를 해서 생긴 지명이다.

NAFTA 이후, 멕시코 정부가 자본을 가진 외국인 이민을 장려한 것도 큰 원인 중 하나다. 뿐만 아니라 북미자유무역협정으로 인해 1994년 1월부터 캐나다, 미국, 멕시코 3국 간의 관세와 무역장벽이 폐지되면서 미국과 근거리에 있다는 이유로 한국 기업들의 멕시코 진출이 증가한 것도 무시할 수 없는 요인이다.

멕시코시티에서 북쪽으로 210km 정도 떨어진 께레따로Querétaro 주의 주도, 산띠아고 데 께레따로Santiago de Querétaro, 이하 께레따로. 이곳은 멕시코에서 가장 치안이 좋은 도시 중 하나로, 한국 기업들이 상주해 있는 곳이기도 하다. 이런 께레따로에 여행 일정을 변경하면서까지 오게 된 이유는 이곳에 근무하고 있는 후배를 만나기 위해서였다. 덕분에 배낭여행은 잠시 접어두고 후배의 집에서 아름다운 선율과 함께 모닝커피, 샌드위치, 과일 등으로 여유로운 아침을 맞았다.

오늘 후배와 함께 들르기로 한 곳은 께레따로에서 북서쪽으로 63km 떨어진 산미겔San Miguel이다. 16세기에 형성된 도시 배치를 근간으로 꼴로니알 도시의 진미를 은은하게 뿜어내고 있는 산미겔은 해발 1870m의 가파른 경사지에 위치한 내륙분지 도시다. 나에게는 생경한 곳이었지만 알고 보니 멕시코의 독립운동가 이그나씨오 아옌데Ignacio Allende의 고향이기도 하다. 자료에 의하면 이런 그를 기념하고자 1826년부터 그의 성을 도시 이름에 공식적으로 덧붙여 사용함으로써 정식 도시명이 산미겔 데 아옌데San

Miguel de Allende, 즉 '아옌데의 산미겔'로 변경되었단다. 문득 독립운
동가들에 대한 우리의 처우와 비교되면서 잠시 마음이 불편해졌
지만 께레따로에서의 풍요로운 주말 아침이 입가의 미소를 만지
작거리게 한다.

세계에서 가장 아름다운 도시, 산미겔

께레따로를 출발한 지 한 시간이 조금 지났을까? 알록달록한 색
깔의 밀집된 건물들 사이로 톡 튀어나온 핑크빛 성당Parroquia de San
Miguel Arcángel의 첨탑 주위가 한눈에 봐도 산미겔의 쎈뜨로인 듯
했다. 도시 규모가 그리 크지 않아 쎈뜨로 인근에 차를 주차시
켜 놓고 아옌데Allende 공원에 위치한 인포메이션센터(이하 인포)
로 향했다. 상냥한 직원에게서 현지 지도를 한 장 얻어 마음 가
는 대로 발걸음을 옮겨 본다. 고풍스런 돌길과 예쁘게 가꾼 공원
이 화려하고 웅장하면서도 뾰족한 첨탑으로 무장한 식민지 건축
물들과 잘 어우러져 걷는 내내 즐거움을 자아낸다.
　'간판 천국'인 홍콩과 달리, 이곳 산미겔의 간판들은 옆으로 크
게 돌출되어 있지 않고 산미겔의 가게들 정문 주위로 아기자기
하게 포진되어 있다. 느긋한 마음으로 산책하듯, 좁은 도로 사이
로 길게 늘어선 예스러운 건물들 안에 어떤 가게들이 숨어 있나
하나하나 확인해 보는 재미가 나름 쏠쏠하다. 생각 외로 분위기

산미겔의 흔한 골목 뒤로 산미겔의 랜드마크인
산미겔아르깐헬 성당의 첨탑이 보인다.

있는 갤러리나 카페, 그리고 아기자기한 민예품 가게들이 톡톡
튀어나온다.

여행 전문지 「Condé Nast Traveler」와 여행 전문 미디어
「Travel+Leisure」에 의해 세계에서 가장 아름다운 도시(2013년)
와 최고의 여행지(2017년)로 선정되기도 한 산미겔. 예술과 관광
의 도시라는 탄탄한 문화적 기반과 함께 저렴한 생활비와 고산
지대의 쾌적한 기후 덕분에 1980년대 이후 미국과 캐나다 은퇴
자들의 거주지로 각광받고 있는 곳이기도 하다.

어느새 친근해진 산미겔을 뒤로하고 다시 께레따로로 향했다.

전망대에서 바라본 산미겔 전경.
산미겔은 세계에서 가장 아름다운 도시이자 최고의 여행지로 선정되기도 했다.

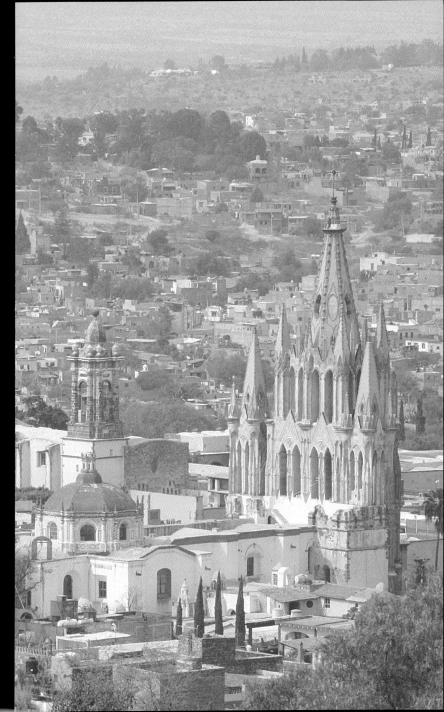

께레따로가 가까워지자 스페인 세고비아의 수도교와 흡사한 아꾸에둑또Acueducto, 수도교의 웅장한 모습이 시야에 들어온다. 총길이 1280m, 높이 23m, 74개의 아치로 이루어진 이 수도교는 도시에 깨끗한 물을 공급하기 위해 1738년에 완공되었다. 전설에 의하면, 후안이라는 기술자가 사랑하던 한 여인을 위해 이 수도교를 만들었는데, 당시 후안은 유부남이었고 그 여인은 수녀였다고 한다. 이 대목에서 살짝 18세기 멕시코 판 막장 드라마의 냄새가 풍겼지만 그 결말은 사뭇 다른 듯했다.

께레따로에 도착하자마자 인포에 들러 현지 지도를 한 장 얻은 후, 쎈뜨로의 골목들과 곳곳에 위치한 공원들을 기웃거려 본다. 산미겔의 소담함과는 달리 나름 도시화된 께레따로였지만 공원들은 아기자기하게 꾸며져 있었고 사람들이 밀집된 곳에선 공연

아옌데 공원에서 바라본 성모수태 성당 (Templo de la Purisima Concepción). 아기자기한 골목과 멋진 조화를 이루고 있다.

산미겔아르깐헬 성당 인근의 멕시코 레스토랑(Maria Xoconostle). 탁 트인 공간에 솔솔 불어오는 바람이 여행의 긴장감마저 녹여 준다.

께레따로 센뜨로에 위치한 헌법(Constitución) 광장.
좁은 도로 사이에 길게 늘어선 옛 건물과 여유로운 도시 분위기가 편안함을 선사한다.

께레따로 센뜨로에 자리 잡은
아르마스(Armas) 광장에서 펼쳐지는
길거리 공연.

도시의 느낌이 묻어나는 께레따로 센뜨로.
곳곳에 공원들이 잘 꾸며져 있었는데,
세네아(Zenea) 정원은 항상 사람들로 붐빈다.

총길이 1280m, 높이 23m, 74개의 아치로 이루어진 꼐레따로의 수도교.
수도교의 야경도 놓칠 수 없는 볼거리이다.

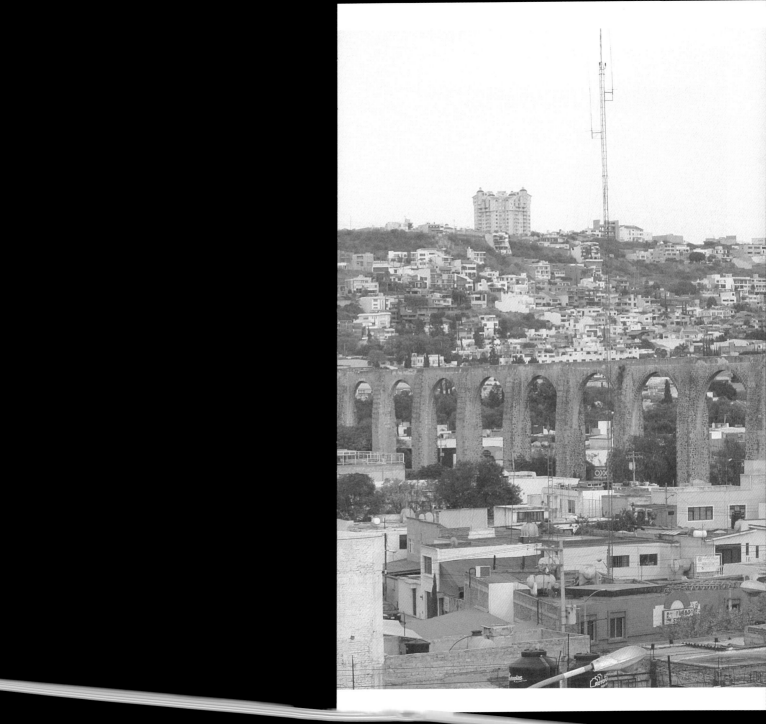

은은한 조명으로
한껏 로맨틱한 분위기를 연출하는
아르마스 광장.
께레따로의 야경을 제대로 보려면
종의 언덕을 추천한다.

들이 펼쳐지고 있다. 께레따로의 중심가를 잠시 스캔한 후, 께레
따로의 야경을 보기 위해 '종의 언덕'El Cerro de Las Campanas[21]으로 향
했다. 세상 모든 것을 삼켜 버린 어둠이 멕시코의 밤을 지배하고
있었지만 그 사이를 비집고 새어 나오는 은은한 조명이 께레따
로의 아름다움을 부각시키기 위해 애쓰고 있는 듯했다. 여행의
첫 주말이 이렇게 달콤하게 흘러가고 있다.

멕시코의 13개 자연유산 중 하나인 베르날의 돌산

여행 중 처음으로 맞이한 일요일 아침, 햇살이 따사롭다. 후배와

---

21   오스트리아의 황제 프란츠 요제프(Franz Joseph I, 1830~1916)의 동생이자 멕시
코의 황제였던 막시밀리아노(Maximiliano I, 1832~1867)가 총살당한 곳이기도 하다.

는 점심쯤 께레따로에서 북동쪽으로 약 59km 떨어진 곳에 위치한 베르날의 돌산Peña de Bernal, 높이 433m엘 들르기로 했다. 께레따로 인근에서 꽤 유명한 관광지인 이곳 베르날의 돌산은 멕시코의 13개 자연유산 중 하나이기도 하다.

늦은 아침을 먹었더니 그다지 배가 고프질 않아 베르날의 돌산에서 점심을 해결할 요량으로 집을 나섰다. 오늘은 후배의 한국인 직장 동료도 함께 가기로 해서 세 명이 차에 올랐다. 인사를 나누며 이런저런 얘기를 나누는데 후배 동료의 전공이 생뚱맞게 이탈리아어라고 한다. 이해를 못하고 있는 내 표정을 보고 후배가 한마디 거든다. 중남미와의 무역이 점차 증가하고 있지만 스페인어를 전공한 한국인이 절대적으로 부족해서 현지에서는 스페인어와 유사한 이탈리아어 전공자를 뽑기도 한단다. 극심한 취업난에 허덕이는 요즘, 기본적인 소양과 함께 영어와 스페인어를 함께 구사할 수 있다면 꽤 선택의 폭이 넓을 거라는 당연한 생각을 이곳에서 처음 하게 된다.

황량한 들판 사이로 시원하게 뚫린 고속도로를 1시간 넘게 달렸을까? 툭 튀어나온 거대한 돌산이 그 존재감을 과시하고 있다. 어떤 자료에는 호주의 에어즈 록Ayers Rock 혹은 Uluru, 높이 348m과 브라질 히우 지 자네이루Río de Janeiro의 빵 지 아수까르Pão de Açúcar, 높이 396m에 이어 세 번째로 '유명한' 돌산이라고 설명되어 있다. 하지만 유명하다는 기준 자체가 모호했다. 다른 자료들을 뒤적거려 봤더

단일 돌로는 세계 최고 높이를 자랑하는 베르날의 돌산.
동네가 작아 어디에서나 큼지막한 돌산이 보인다.

니 영국령에 속한 지브롤터의 바위산Rock of Gibraltar, 높이 426m과 빵 지
아수까르에 이어 세 번째로 '큰' 돌산이라고 기술되어 있다. 그
러나 여기에도 어떤 기준에서 크다는 건지 명확한 설명이 없다.
몇몇 자료를 더 확인한 결과, 단일한 돌monolito로서는 베르날의
돌산이 세계에서 최고의 높이를 자랑한다는 것을 확인할 수 있
었다.
　베르날 돌산 옆에 위치한 자그마한 촌락에 차를 주차시켜 놓

간단한 점심으로 딱 좋은 따꼬.
옥수수나 밀을 갈아 만든 동그랗고 납작한
또르띠야에 고기와 치즈 등
각종 재료들을 올려놓고 살사소스를 곁들여
반으로 접어 먹는 멕시코의 대표 음식이다.

고, 현지 지도를 한 장 얻기 위해 습관적으로 인포로 향했다. 하지만 그곳 직원이 건네준 것은 베르날의 지도가 아니라 께레따로 주 전체가 그려진 지도였다. 베르날의 지도는 없냐고 되물었더니 복사해 놓은 허름한 종이 한 장을 마지못해 건네준다. 너무 오래되어 낡을 대로 낡은 흑백의 베르날 지도는 내용 또한 조잡해서 알아보기가 쉽질 않았다. 동네 자체가 작아 돌산만 바라보고 걸으면 될 듯해서 지도 없이 그냥 천천히 걷기로 했다.

먼저 멕시코 전통 식당에 들러 착한 가격의 따꼬taco로 점심을 해결하고는 여유 있게 돌산으로 발걸음을 옮겼다. 생각 외로 꽤 많은 외국 관광객들이 눈에 띄었지만 산미겔만큼의 감흥은 일지 않았다. 금요일부터 일요일까지 오후 8시에 분수 쇼가 펼쳐진다는 표지판을 발견하고도 우리 모두는 께레따로에서의 맛난 저녁을 선택했다. 마침 후배가 한국인 동료 한 명을 더 불러내어 넷이서 멕시코에서의 경험담을 안주 삼아 저녁을 채웠다. 배낭여행의 정체성이 점차 희미해져 갔지만 빠져나오기 싫은 풍요로움의 덫이다.

계곡을 따라 형성된 특이한 지형의 구아나후아또

달걀과 만두가 들어간 라면을 김치와 함께 입안으로 밀어 넣자 고향의 존재감은 더욱 옅어졌다. 오늘은 월요일, 후배는 주말의 여유로움을 뒤로하고 다시 일터로 돌아가야 했고, 나는 디에고 리베라의 고향이기도 한 구아나후아또Guanajuato에 잠시 들렀다가 멕시코시티를 경유해 야간버스로 오아하까까지 내려가야 한다.[22] 이제 다시 본격적으로 나만의 배낭여행이 시작된 것이다.

어젯밤 후배가 챙겨 준 소소한 여행용품들로 인해 더욱 빵빵해진 큰 배낭은 후배의 차에 놓아두고 작은 가방 하나만 둘러멘 채 께레따로 터미널 안으로 들어섰다. 그러나 오전 8시발 구아나후아또 행 버스가 막 출발한 탓에 선택의 여지없이 9시 30분 버스를 기다려야 하는 상황. 께레따로에서 북서쪽으로 약 150km 떨어진 구아나후아또의 쎈뜨로까지 3시간 정도 소요된다고 가정

---

22 멕시코에는 멕시코시티와 각 주요 도시를 연결하는 철도가 부설되어 있지만, 기차가 낡고 서비스가 좋지 않아 일반인들은 거의 이용하지 않는다. 반면 고속도로가 잘 발달되어 있어 웬만한 이동은 버스를 이용한다.

하면 왕복 6시간은 잡아야 한다. 문제는 이곳 터미널에서 오후 6시에 후배를 다시 만나야 했기 때문에 구아나후아또에서의 체류 시간이 3시간도 채 안 된다는 것이다. 오전 8시 버스를 놓친 게 못내 아쉬웠지만 배낭여행자의 본분을 잊고 안이함의 덫에 빠진 나의 잘못인데 누구를 탓하겠는가.

해발 고도 2084m에 위치한 구아나후아또는 지형 자체가 워낙 험준해서 인근에 살던 따라스꼬Tarasco 사람들은 '개구리 언덕'이라는 뜻의 쿠아낙스 후아또Quanax-juato로 불렀다고 한다. 하지만 이곳에 정착하게 된 스페인 사람들이 이를 잘못 알아듣고 구아나후아또라고 부르기 시작하면서 지금의 도시명이 만들어졌다. 이런 불모지 땅에서 1548년 은광이 발견되면서 구아나후아또는 인근의 멕시코시티와 쿠바의 아바나Havana에 이어 중미에서 세 번째로 큰 거대도시로 성장하게 된다.

그러나 구아나후아또는 스페인의 전형적인 꼴로니알 도시와는 상이한 모습을 띠고 있다. 일반적으로 스페인의 식민 도시는 도심 중앙에 광장을 두고 그 주변에 대성당과 시청 등의 행정기관, 그리고 주거지역 순으로 스페인식 건축물을 바둑판 모양으로 배치하는 게 특징이다. 하지만 구아나후아또는 굽은 계곡을 따라 형성된 특이한 지형 때문에 독특한 구조를 하고 있다.

그중에서 제일 인상적이었던 것은 도심의 교통체증을 방지하기 위해 지하의 옛 수로를 도로로 개조해서 마치 지하차도처럼

나를 당황하게 했던 구아나후아또의 지하차도.
교통체증을 해소하기 위해 옛 수로를 개조해서 만들었다.

구아나후아또의 랜드마크인 대성당 앞으로
구아나후아또의 중심인 라빠스 광장이 이어진다.

활용하고 있다는 점이다. 자신들의 불리한 여건을 독창적으로 승화시킨 측면에서 문득 브라질의 꾸리찌바Curitiba가 떠올랐지만 특별한 정보 없이 이러한 구조를 처음 접한 나로서는 꽤나 당황스러웠던 곳이기도 했다.

구아나후아또 터미널에 도착하자마자 5km 떨어진 쎈뜨로로 가기 위해 시내버스로 갈아탔는데 기사가 떨어뜨려 준 곳이 다름 아닌 지하차도 안이었기 때문이다. 그런 나를 향해 버스기사는 지상으로 올라가 왼쪽으로 가면 평화 광장인 라빠스 광장Plaza de la Paz이 나온다며 스페인어로 친절하게 설명해 준다. 대충 직감으로 알아듣고 좁은 골목을 헤집고 안쪽으로 들어섰더니 블로그에서 본 익숙한 장면이 눈앞에 펼쳐진다.

가끔은 여행을 온 건지 숙제를 하는 것인지 헷갈리기도 하지만, 여행에서는 상황에 따른 유연성이 필요할 때가 있다. 나에겐 지금이 바로 그때다.

구아나후아또에서 내게 허락된 시간은 고작 3시간. 버스터미널에서 가져 온 현지 지도를 펼쳐 들고 이제껏 숨겨 두었던 초인적 본능을 최대치로 끌어올려 빠르게 움직였다. 먼저 라빠스 광장 앞, 구아나후아또의 랜드마크인 대성당Basilica Colegiata de Nuestra Señora de Guanajuato을 끼고 오른쪽으로 가면 너무 인위적으로 꾸며 놓아 살짝 눈살을 찌푸리게 했던 우니온 정원Jardin de la Unión이 나온다. 우니온 정원 바로 앞에는 산디에고 교회Templo de San

Diego와 고대 그리스 양식을 본뜬 후아레스 극장Teatro Juárez이 있는데, 후아레스 극장을 끼고 왼쪽으로 돌면 푸니꿀라르funicular, 케이블카타는 곳이 보인다. 시간이 빠듯했기에 문명의 이기를 활용해 거대한 삐뻴라[23] 기념비Monumento al Pipila가 있는 전망대까지 단숨에 올랐다.

밝은 파스텔 톤의 점묘화 느낌이 묻어나는 구아나후아또의 작은 집들이 태양을 독점한 선 굵은 몇몇 건물들과 멋진 조화를 이루며 부산의 감천문화마을과는 또 다른 이채로움을 자아내고 있다. 아무리 시간에 쫓겨도 이 순간만큼은 구아나후아또를 온몸으로 느끼고 싶어 큰 숨을 들이키며 구아나후아또의 전경을 잠시 바라본다.

물론 연구자가 아닌 여행자로서 구아나후아또의 이면을 가늠하기란 쉽지 않다. 하지만 드러난 현상만 가지고도 간단한 추론은 가능할 듯했다. 예컨대 낙후되거나 슬럼화가 많이 진행된 지역일수록 주거지의 색이 어두울 가능성이 높다. 지방정부가 도시를 구성하는 건물들을 방치하거나 집주인이 경제 상황이 좋지 않아 페인트 값이라도 아끼려 하기 때문일 것이다. 하지만 구아나후아또의 올망졸망한 집들이 이렇게 생기를 뿜어낼 수 있는 것은 집집마다 고유한 삶의 향기를 간직한 이들이 하루하루를 행복하게 살아내고 있기 때문이지 않을까 조심스레 짐작해 본다.

---

23 광부였던 삐뻴라는 독립전쟁 때 횃불을 들고 정부군 요새로 돌격한 독립투사다.

치즈 조각 형태를 띤 우니온 정원은
구아나후아또의 대표적인 만남의 장소이다.

그리스 신전을 모방한 후아레스 극장,
우니온 정원 맞은편에 위치해 있다.

삐뻴라 기념비가 있는 전망대에서 바라본 구아나후아또의 전경.
파스텔 톤의 점묘화 느낌이 묻어나는 작은 집들과 유럽풍 건물이
멋진 조화를 이루는 아름다운 곳이다.

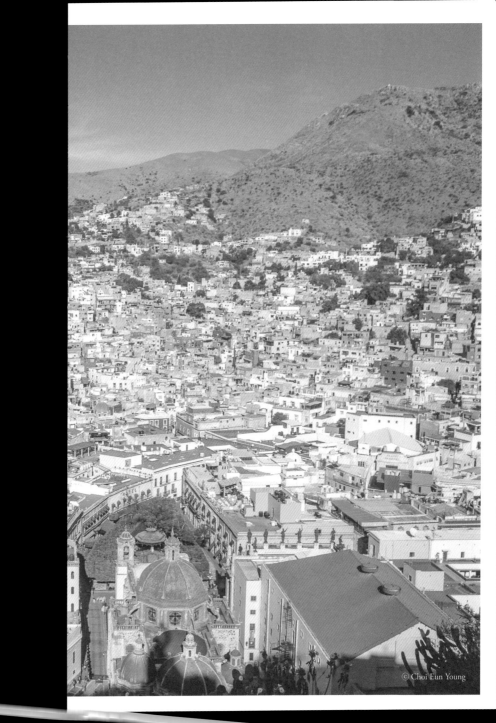

© Choi Eun Young

멕시코판 로미오와 줄리엣

전망대에서 내려와 돈끼호떼 박물관Museo Iconográfico del Quijote[24] 으로 향했다. 하지만 월요일이 휴관이라는 것만 확인하고 바로 꼼빠니아 데 헤수스 교회Templo de la Compañía de Jusus와 1732년에 설립된 구아나후아또 대학으로 바삐 움직였다. 유럽에 있으면서 소위 난다 긴다는 성당들을 너무 많이 봐서 기독교 유산엔 큰 감흥이 일진 않았지만 라빠스 광장 인근에 대학이 붙어 있다 보니 다른 도시에서 체감하지 못한 생동감이 느껴진다. 대학 바로 지척에는 디에고 리베라의 생가Museo Casa Diego Rivera가 있었지만 여기도 월요일은 휴관이다. 덕분에 조금의 시간적 여유가 생겼다. 발걸음을 돌려 슬픈 사랑이야기가 전해 내려오는 '키스의 골목Callejón del Beso'으로 향했다.

사람 한 명 간신히 지나갈 수 있는 좁은 골목을 사이에 두고 부유한 집안의 딸인 아나와 가난한 광부였던 까를로스가 2층 테라스에서 밀애를 나누며 서로의 사랑을 키워 갔다. 하지만 이들의 관계를 알게 된 아나의 아버지가 결국 자신의 딸을 죽이게 된다

---

24   매년 10월, 구아나후아또에서는 쎄르반띠노 국제페스티발(Festival Internacional Cervantino)이 열린다. 1952년 구아나후아또 대학 광장에서 『돈끼호떼』의 저자인 쎄르반떼스(Miguel de Cervantes Saavedra, 1547~1616)의 연극을 무대에 올린 것이 효시가 되어, 지금은 중남미의 대표적인 축제로 자리매김하였다. 하지만 구아나후아또와 쎄르반떼스와의 직접적인 인연은 없다.

는 멕시코판 로미오와 줄리엣 이야기가 탄생된 곳이다(둘 다 죽였다는 설도 있다). 그러나 지금은 좁다란 골목 안, 붉은색이 칠해져 있는 네 번째 계단 위에서 키스를 해야만 불운을 피하고 영원한 사랑을 얻을 수 있다는 이야기로 재탄생되어 여행객들의 발걸음이 끊이질 않는 관광 명소가 되었다.

'불쌍(不雙)하다'는 말의 어원이 '짝(雙)이 없다(不)'는 말에서 유래되었다고 했던가. 홀로 여행을 온 나로서는 커플들의 행동들을 부러운 눈으로 쳐다보며 염장을 찔린 곳이 바로 이곳이다.

박물관 입구에 서 있는 돈끼호테 동상.
이곳이 돈끼호테 박물관임을 알려주고 있다.
돈끼호테의 작가 쎄르반떼스와 구아나후아또는
직접적인 관계는 없지만 해마다 가을이면
돈키호테를 사랑하는 사람들로 북적인다.

멕시코판 로미오와 줄리엣의 이야기가
전해 내려오는 키스의 골목.
좁디좁은 골목 네 번째 계단에서 키스를 해야
영원한 사랑을 얻을 수 있단다.

1500여 년간 문명의 중심지였던 몬떼알반

멕시코시티에서 남동쪽으로 약 462km 떨어진 오아하까에 도착한 것은 오전 6시경. 도시를 잇는 장거리 버스의 내부는 편안했지만 너무나 빵빵한 에어컨 탓에 버스에서 하차한 후에야 조금씩 몸이 해동되는 느낌이다. 다시 로컬버스로 갈아타고 오아하까의 중심인 소깔로 광장으로 들어서자 대성당Catedral de Nuestra Señora De La Asunción이 그 위용을 자랑하며 아침을 열고 있다.

　여행 블로그들에서 많은 사람들이 추천했던 숙소로 찾아가 짐을 푸는데 때마침 아침식사 시간이다. 어떤 음식들이 준비되어 있는지 숙소 식당을 둘러봤더니 싱싱한 과일과 함께 꽤 먹음직

동트기 전의
오아하까 버스터미널.
환한 불빛이
여행자들을 반기는 듯하다.

새벽녘의 오아하까.
도시의 중심인
소깔로 광장에 들어서자
대성당이 제일 먼저
눈에 들어온다.

스러워 보이는 것들이 눈에 띈다. 내가 가진 쿠폰은 내일 아침용이었기에 지금 사용할 수 있는 식권을 추가로 구입해 든든하게 아침을 먹고 난 후에야 오늘의 메인 일정으로 잡은 몬떼알반으로 발걸음을 옮겼다.

해발 1555m의 오아하까에서 서쪽으로 약 9km 떨어진 곳에 위치한 몬떼알반은 1500여 년 동안 올메까Olmaca, 사뽀떼까 Zapoteca, 그리고 믹스떼까Mixteca 문명의 중심지였다. 스페인 침략자들이 처음 이곳을 발견했을 당시, 흰 꽃으로 뒤덮여 있어서 '하얀 산'이라는 뜻의 몬떼알반으로 불리게 되었다고 하지만 하나의 추측일 뿐이다.

오아하까의 미나Mina 거리에서 오전 8시 30분에 출발하는 첫차를 타고 몬떼알반에 도착하자, 해발 1940m 정상에 위치한 몬떼알반의 드넓은 터가 보는 이로 하여금 시원함을 더해 준다. 미세먼지 없는 상쾌한 공기를 들이마시며 유적지 안으로 들어서자, 푸른 잔디 위로 거대한 신전과 무덤들이 시야에 잡힌다. 이어 구기장Juego de Pelota과 얕은 돋을새김으로 새겨진 비문 등도 눈에 띈다.

몬떼알반 유적지의 입구.
몬떼알반 유적은
10%도 채 발굴되지 않아
대부분의 유적들이
땅속에 잠들어 있다.

 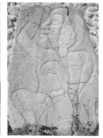 

돌을새김으로 새겨져 있는 몬떼알반 비문들.
마치 춤을 추는 사람의 형상을 하고 있어서 '춤추는 사람들(Danzantes)'이라고 알려져 있지만,
인신공양에 쓰일 전쟁포로들의 고문 받는 모습을 새긴 것이라는 주장도 있다.

해발 1940m 정상에 자리한 몬떼알반 유적지.
떼오띠우아깐보다는 규모가 작지만 탁 트인 터에 세워진 거대한 신전이
구름과 닿을 듯 말 듯 한 폭의 그림을 연상케 한다.

놀라운 것은 이 넓은 터를 수레나 동물의 힘을 빌리지 않고 오롯이 인간의 힘만으로 산을 깎아 만들었다는 것이다. 마침 멕시코시티에서 왔다는 대학생들과 이야기를 나누다가 떼오띠우아깐과 몬떼알반 중 어디가 더 낫냐는 우문을 던지자 모두가 이구동성으로 몬떼알반이라고 답한다. 규모는 거대했지만 황량한 느낌을 떨쳐 버릴 수 없었던 떼오띠우아깐과는 달리 구름과 맞닿을 듯한 몬떼알반의 푸르름이 이들의 마음을 앗아간 듯했다.

숙소에서 봤던 여행자와 마주쳐 서로 눈인사를 나누고는 가벼운 마음으로 몬떼알반을 한 바퀴 쭉 둘러본다. 아직 몬떼알반 유적의 10%도 채 발굴되지 않아 대부분의 유적들이 아직 땅속에 잠자고 있고, 발굴된 유물들의 주요한 것들은 대부분 오아하까의 산또도밍고 문화박물관Centro Cultural Santo Domingo에 소장되어 있어, 오전 11시가 되자 몬테일반에 대한 '파악'이 어느 정도 끝나 버렸다.

쎈뜨로로 출발하는 12시 버스를 기다리며 주위에 늘어선 기념품 가게들을 기웃거리고 있는데 아까 마주쳤던 그 여행자와 또다시 만났다. 프랑스에서 온 앤소피라는 친구다. 이제 막 대학을 졸업하고 2월부터 독일 프랑크푸르트에 있는 재무회사에서 일을 하게 되었는데 잠깐의 짬을 이용해 여행을 왔단다.

앤소피에게 대뜸 뚤레Santa Maria de Tule 마을에 가 봤냐고 물었더니 아직 가 보지 않았단다. 그러면서 자신은 오늘 오후에 오아하까 외곽에 위치한 미뜰라Mitla와 이에르베 폭포Hierve el Agua를 들를 계획인데 가 봤냐고 되묻는다. 오늘 아침에 오아하까에 도착해서 들른 곳이라고는 여기 몬떼알반이 전부라고 했더니, 괜찮으면 함께 가잖다. 이번 여행에서 처음으로 동행자가 생겼다.

2000년의 흔적을 간직한 뚤레나무

오아하까 시내로 내려오자마자 앤소피와 함께 미뜰라 행 버스에 바로 몸을 실었다. 나름 분주하게 움직였는데도 오아하까에서 약 44km 떨어진 미뜰라에 도착한 것은 오후 3시경. 현지인들에 의하면 1시간 남짓 걸린다는 거리였지만 오지랖 넓은 버스는 출발한 지 2시간이 지나서야 우리를 미뜰라에 내려 주었다.

일단 미뜰라 유적지부터 들르기 위해 길을 물었더니 삼륜 오토바이에 지붕을 씌워 놓은 '뚝뚝Tuk-tuk' 같은 것을 타고 10분 정도 가면 된단다. 요금도 10뻬소peso면 가능하다고 해서 지나가던 뚝뚝을 얼른 잡아탔다. 그런데 목적지에 도착하자 운전기사가 우리에게 각각 10뻬소씩을 요구한다. 어이가 없다는 듯, 양손을

삼륜 오토바이에 지붕을 씌운 뚝뚝.
미뜰라의 대표적인 이동수단이다.

살짝 들어 올리며 앤소피가 한마디 던진다. "그래, 우린 여행자니깐!" 얼마 되지 않는 돈 때문에 마음 상하기 싫어 순순히 10뻬소씩을 지불하고는 뒤도 돌아보지 않고 미뜰라 유적지로 향했다.

나우아뜰어로 믹뜰란Mictlan이라고 불리는 미뜰라는 '죽은 자들의 장소El Lugar de los Muertos'라는 뜻을 지니고 있다. 지명에서도 드러나듯이 이곳은 종교의 중심지다. 하늘과 땅, 뱀 등을 형상화한 기하학적 문양의 부조가 인상적이었지만 몬떼알반에 비하면 그다지 눈길을 끌 만한 유적지는 아니었다.

열심히 가이드북을 쳐다보고 있던 앤소피가 17세기에 건축된

모자이크 기법으로
돌을 작게 잘라 만든
미뜰라 유적의 벽 문양.

미뜰라 유적지의
돌들로 만든
산빠블로 성당.

이곳 산빠블로 성당Parroquia de San Pablo Apostól이 미뜰라 유적의 돌들로 세워졌다는 대목에서 살짝 흥분을 한다. 그런 게 어디 한두 개겠냐마는 앤소피의 선조들과도 무관하지 않은 입 아픈 설명을 이곳에서 늘어놓기 뭣해서 가볍게 미뜰라 유적지를 한 바퀴 둘러본 뒤 미뜰라 시내로 되돌아왔다. 물론 이번에는 앤소피가 직접 나서서 뚝뚝 기사로부터 각각 5뻬소씩이라는 다짐을 받아 낸 후 뚝뚝에 올랐다.

바삐 움직였는데도 벌써 오후 4시가 넘었다. 앤소피와 나는 이에르베 폭포 대신 수명이 2000년이 넘었다는 뚤레나무Árbol del Tule를 보러 가기 위해 뚤레 마을로 방향을 잡았다. 마침 정차되어 있는 택시가 한 대 보여 가까이 다가갔더니 택시 뒷좌석에는 이미 여행자 커플 한 쌍이 다정하게 앉아 있다. 앤소피가 자진해서 뒤에 타겠다고 해서 편하게 앞좌석에 앉았다. 하지만 택시기사는 출발할 생각은 않고 휘파람만 불어 대더니 잠시 후, 지나가던

멕시코 사이프러스 나무인 뚤레나무는 지름이 14.05m로, 약 30명이 두 팔을 뻗어 둘러싸야만 거우 껴안을 수 있는 세계에서 가장 굵은 나무 중 하나이다.

현지 아주머니 한 분을 더 합승시키려고 하는 게 아닌가. 그것도 내가 앉아 있는 앞좌석에 말이다. 경차 크기의 낡은 택시에, 그것도 앞좌석에 운전사 외에 두 명이? 불가능하다고 고개를 절레절레 흔들었지만 기사 왈, 여기 멕시코에서는 가능하단다. 다행히 그 아주머니는 20분 정도 지나 어딘가에서 먼저 내렸다.

뚤레 마을에 도착하자 앤소피가 미안하다며 말을 건넨다. 당황스럽긴 했지만 현지 문화를 제대로 경험한 것도 좋은 추억이어서 머쓱한 느낌을 웃음으로 대신하고는 뚤레나무가 있는 곳으로 향했다. 멀리서 봤을 땐 그 크기가 실감나지 않았지만 높이 42m에 둘레가 58m, 무게가 무려 630톤에 달하는 뚤레나무에 가까이 다가서자 2000년을 한자리에 버티고 서 있는 육중한 세월의 무게가 나를 압도하며 형언하기 힘든 그 어떤 신성함마저 자아내고 있다. 현지인들에게 '거인El Gigante'이라고도 불리는 이 나무는 나우아뜰어로 아우에우에떼Ahuehuete라고 한다. '물가에 사는 노인'이라는 뜻의 이 말은 아마도 나무의 품종 자체가 물가나 늪지에서 잘 자라기 때문인 듯했다.

낭만과 예술의 도시, 오아하까

간만에 침대와 하나가 된 후, 느지막하게 오아하까 거리로 나섰다. 웅장하고 화려한 유럽의 바로크양식이 토착 건축 문화와 잘 어우러져 이들 메스띠소만의 아름다움을 발산하고 있는 오아하까. 바삭거리는 햇살과 여기저기서 들리는 음악소리가 늦은 아침을 열고 있는 나를 반갑게 맞아 주는 듯했다.

먼저 멕시코에서 가장 아름다운 광장 중 하나로 손꼽히는 소깔로 광장으로 가서 산또도밍고Santo Domingo 성당 너머까지 이어져 있는 알깔라Macedonio Alcalá 보행자 전용도로를 따라 주위를 기웃거려 본다. 오아하까가 낳은 유명 화가인 루피노 따마요Rufino Tamayo를 기념이라도 하듯, 여기는 완전히 갤러리 천국이다. 오아하까를 방문하는 여행객이라면 알깔라 거리에 늘어선 갤러리들 중 눈에 띄는 가게에 들어가 여유롭게 그림들을 구경한 후, 근사한 카페에서 차 한 잔 하는 것도 여행의 소소한 재미일 듯하다.

알깔라 거리를 지나 오른쪽으로 조금 더 걸어갔더니 버스터미널Terminal ADO이 시야에 들어온다. 소깔로 광장에서 곧장 걸으면 30분 남짓 소요될 거리다. 안으로 들어서자 낯익은 얼굴이 보인다. 멕시코시티로 가는 오후 2시 버스를 기다리고 있던 앤소피

오아하까의 중심 거리인
알깔라 거리.
온통 갤러리 천국이다.

알깔라 거리 곳곳에서 만날 수 있는 갤러리들.
다양한 작가의 다양한 작품들을 만나며 여유있게 호사를 누릴 수 있다.
참고로, 루피노 따마요(1899~1991)는 오아하까가 낳은 대표적인 유명 화가이다.

다. 살짝 다가가 놀래 주었더니 활짝 웃는다. 재잘재잘 말은 많았지만 재미난 친구였다. 오아하까에 여행 온 첫날부터 현지인에게 목걸이를 강탈당했는데도 오아하까에 대한 기억이 괜찮았나 보다. 가까이 다가와 프랑스식 비쥬bisous로 인사를 건넨다. 어색했지만 최대한 자연스럽게 앤소피와 작별 인사를 나누고는 산끄리스또발 행 버스표를 예매하기 위해 매표소로 갔다. 버스는 모두 3편. 오후 7시와 오후 9시에 출발하는 버스는 일반버스였고, 오후 8시에 출발하는 버스는 우등버스ADO GL다. 오아하까에서 동쪽으로 약 606km 떨어진 산끄리스또발까지는 장거리 이동인만큼 조금이라도 더 편안한 버스를 타야겠다는 생각에 우등버스를 택했다.

이제 오늘의 하이라이트라고 할 수 있는 산또도밍고 성당과 문화박물관으로 가야 할 차례. 발걸음을 옮기는 도중, 골목 안쪽으로 후아레스의 집 Casa Juárez이라는 간판이 시야에 잡힌다. 멕시코시티의 공항 이름이 베니또 후아레스였던 생각이 떠올라 다가가 봤더니 역시 내 예상이 맞다. 이곳 오아하까가 사뽀떽Zapotec 원주민 출신 대통령이었던 베니또 후아레스Benito Juárez의 고향이었던 것이다. 그리고 보니 오아하까의 정식 도시명 또한 오아하까 데 후아레스Oaxaca de Juárez, 즉 '후아레스의 오아하까'였다.

"타인의 권리를 존중하는 것이야 말로 평화다(El respeto al derecho ajeno es la paz)"라는 기치를 내걸고 멕시코의 경제 부흥과

멕시코 26대 대통령인
베니또 후아레스(1806~1872)가
유년시절을 보냈던 집.
평범한 가정집 같은 분위기였다.

민주주의 확립을 위해 애썼던 멕시코의 영웅 후아레스. 그런 그를 기리기 위해 그가 죽은 1872년부터 도시명을 후아레스의 오아하까로 채택했다고 한다. 하지만 후아레스 대통령이 유년시절을 보냈다는 그의 집은 나의 흥미를 끌기에는 너무나 평범했다.

이윽고 오아하까에서 가장 아름답다는 산또도밍고 성당에 도착했다. 교회 앞 광장에는 사람 형상을 한 100여 개의 조각이 도열해 있었고, 푸르디푸른 하늘은 교회와 아름답게 조화를 이루고 있다. 일단 교회로 발걸음을 들여놓았다. 1608년에 건립된 바로크양식의 산또도밍고 성당 내부가 온통 황금 장식으로 둘러싸여 있어 그 화려함이 바티칸의 성베드로 성당San Pietro Basilica 못지않다. 하지만 '죄 없는' 원주민들을 희생시켜 완공한 산또도밍고 성당의 이면을 생각하자 갑자기 먹먹한 슬픔이 짙게 배어들었다. 아마 유럽에서 건너온 침략자들은 웅장하고 화려한 성당을

오아하까에서 가장 아름다운 성당으로 알려진 산또도밍고 성당.
1507년부터 1608년까지 100여 년에 걸쳐 건축된 건물이다.
특이 2개의 종루가 아름다운 조형미를 뽐내고 있다.

예술의 도시답게 곳곳에서 멋진 작품들을 만날 수 있다.
산또도밍고 성당 앞에도 사람 형상을 한 100여 개의 조각들이
여행자들의 시선을 사로잡는다.

바로크양식의 걸작으로 평가받고 있는 산또도밍고 성당의 화려한 내부,
성당 내부가 온통 황금으로 장식되어 있다.

수도원 건물을
박물관으로 개조한
산또도밍고 문화박물관.
1층 특별관에서는
사진전이 열리고 있었다.

문화박물관 2층에는
오아하까의 유물들이 상설 전시되어 있다.
몬떼알반이나 미뜰라 등지에 있던
고대 유물부터 오아하까의 지역문화사를
한눈에 볼 수 있도록 꾸며놓았다.

건립해 자신들의 '고귀한 신앙'을 확증하고자 했을 것이다. 하지만 일본의 소설가 엔도슈사쿠遠藤周作는『깊은 강(深い河, 1993)』에서 다음과 같이 말한다.

"신이란 당신들처럼 인간 밖에 있어 우러러보는 게 아니라고 생각합니다. 그것은 인간 안에 있으며 더군다나 인간을 감싸고 수목을 감싸고 화초도 감싸는 저 거대한 생명입니다. … 신은 존재라기보다 손길입니다."

이어 성당 바로 옆에 붙어 있는 문화박물관으로 향했다. 과거 수도원이었던 박물관 1층은 현대 사진작가들의 사진들이 전시되어 있었고, 2층은 몬떼알반이나 미뜰라 등에 있던 고대유물들로부터 시작해서 오아하까의 지역문화사를 한눈에 볼 수 있도록 깔끔하게 전시해 놓았다. 하지만 내 눈에는 모든 게 다 거기가 거긴 듯해서 한 바퀴 쭉 둘러보고는 곧바로 밖으로 나왔다.

오아하까에서의 마지막을 커피 한 잔의 여유로움과 함께하고 싶어 알깔라 거리에 점찍어 두었던 근사한 커피숍으로 들어갔다. 여유로움과 풍요로움이 묻어나는 낭만의 도시 오아하까에서의 이틀이 주마등처럼 지나간다.

슬픔을 간직한 중남미

'라틴 아메리카와 카리브 국가들'이라는 용어를 사용할 때, '라틴 아메리카'라는 표현 이면에 숨겨져 있는 제국주의적 의도를 간과해서는 안 된다. 19세기 초, 스페인이 아메리카 대륙에서 물러나자 프랑스가 미국의 남하를 저지하고 고대 로마제국의 라틴적 요소를 강조함으로써 프랑스 자국의 지배권을 확립하기 위해 사용한 용어가 바로 라틴 아메리카이기 때문이다. 라틴 아메리카의 또 다른 표현으로는 이베리아 (Iberia)와 아메리카의 합성어인 '이베로 아메리카(Ibero América)'라는 용어도 있다. 과거 중남미 사회가 이베리아 반도의 스페인과 포르투갈의 식민지였고, 이들의 문화에 절대적 영향을 받았기 때문에 사용되는 표현이다.

하지만 이러한 개념들은 아메리카 대륙에 살고 있던 원주민들을 투명 인간으로 치부해 버리는 결과를 야기한다. 그래서 차베스(Hugo Chávez, 1954~2013)는 '인도 아메리카(Indo América)'라는 용어를 주창했다. 이는 제국주의적 야욕이 담긴 라틴 아메리카와 식민지 역사를 떠올리게 하는 이베로 아메리카 대신 1492년 끄리스또발 꼴론이 '신대륙'을 발견하기 이전부터 이곳에서 줄곧 살아왔던 원주민 인디오(Indio)에게 무게 중심을 두어 표현한 것이다. 하지만 '인디오'라는 용어 자체도 이곳을 인도라고 착각했던 유럽의 편견에 의해 형성된 담론임을 잊지 말아야 한다.

이해를 돕기 위해 중남미 역사를 조금만 거슬러 올라가 보자. 아메리카 대륙의 주인이었던 원주민들은 유럽에서 넘어온 백인들과, 그리고 백인들에 의해 아프리카에서 끌려온 흑인들과 뒤섞이게 되면서 다양한 혼혈을 낳게 된다. 이들 중 원주민과 백인의 혼혈은 메스띠소(Mestizo), 흑인과 백인의 혼혈은 물라또(Mulato), 원주민과 흑인의 혼혈은 삼보(Zambo)로 불리게 된다. 하지만 시차를 두고 이들이 다시 뒤섞이면서부터 점차 그 구분은 모호해지기 시작한다. 한 예로, 이들이 여러 차례 서로 뒤섞이면서 뗀뗴넬라이레(Tentenelaire)라고 불리는 집단이 생겨나는데, 그 의미는 '허공에 뜬', 즉 '근본이 없는'이라는 뜻을 내포하고 있다. 이런 뗀뗴넬라이레가 다시 물라따(물라또의 여성형)와 만나 자녀를 낳으면 '널(te) 이해하지 못하겠어(No entiendo)'라는 뜻을 지닌 노뗀띠엔도(Notentiendo)라고 불리게 된다.

이에 대해 갈레아노(Eduardo Hughes Galeano, 1940~2015)는 『거꾸로 된 세상의 학교(Patas arriba : la escuela del mundo al revés, 1998)』에서 혼혈이 곧 유전적 저주임을 보여 주기 위한 분류라고 지적한다. 다시 말해 혼혈로 인한 '백인의 몰락' 정도에 따라 중남미 사회에서 차지하는 그들의 위치를 규정하기 위해 이러한 단어들을 만들어 냈다는 것이다. 하지만 다른 측면에서 보면, 유럽에 의한 수탈과 함께 500여 년이라는 긴 세월이 흐른 지금, 굳이 어느 한쪽에 방점을 찍어 이들의 정체성을 주장한다는 것 자체가 무의미하다는 것을 반증하는 것이기도 하다.

멕시코시티의 뜰라뗄롤꼬(Tlatelolco) 광장은 스페인 식민지 이전의 유적들과 식민지 시대에 지어진 산띠아고(Santiago de Tlatelolco) 성당, 그리고 독립 이후에 세워진 현대식 건물들이 함께 공존한다고 해서 삼문화 광장(Plaza de las Tres Culturas)이라고도 불린다. 여기에 세워진 비문에는 멕시코의 정체성과 관련한 글이 다음과 같이 새겨져 있다.

"1521년 8월 13일, 꾸아우떼목(Cuauhtémoc)이 사력을 다해 방어했지만 뜰라뗄롤꼬는 에르난 꼬르떼스의 수중에 떨어졌다. 그 사건은 승리도 아니고 패배도 아니었다. 그것은 오늘의 멕시코를 형성하는 메스띠소의 고통스런 탄생이었다."

따라서 우리가 중남미 역사의 현실을 올바르게 직시하고자 한다면 이렇게 혼재되어 있는 그 자체를 중남미의 슬픈 정체성으로 인정해야 한다. 멕시코의 대문호 까를로스 푸엔떼스(Carlos Fuentes, 1928~2012) 또한 『용감한 신세계(Valiente Mundo Nuevo, 1990)』의 서문에서 "우리는 다민족, 다문화로 이뤄진 대륙이기에 '인도-아프로-이베로 아메리카 (Indo-Afro-Ibero América)'라고 부르는 게 가장 완벽하다"라고 밝힌 바 있다. 하지만 언어의 경제성을 고려할 때, 의도는 좋지만 너무 길고 사용하기가 여간 불편한 게 아니다. 따라서 이 책에서는 이데올로기적 의미를 최소화하면서도 언어의 경제성을 고려해 중남미(la América Central y del Sur)라는 지리적 단어로 표기하였다. 물론 멕시코를 포함해서 말이다.

PART

3

México 2

마야의 숨결과 카리브해

(9박 10일)

끝없이 펼쳐진 열대우림과 눈부시게 빛나는 카리브 해변, 정글과 바다의 틈바구니 속에 똬리를 튼 마야의 유적지와 휴양지, 다양한 문화유산과 자연유산이 함께 어우러져 이들만의 독특한 공간과 색채를 연출하고 있다.

Root-멕시코

산끄리스또발 →메리다(욱스말) →치첸이쯔아 →빨라야 델 까르멘→뚤룸·깐꾼 →빨렌께

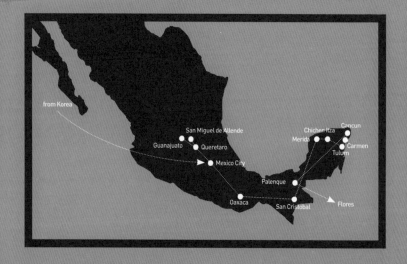

여행자들이 사랑하는 산끄리스또발

오아하까에서 어젯밤 8시에 출발한 버스는 새벽 공기를 가르며 오전 7시가 되어서야 해발 2200m에 위치한 산끄리스또발에 도착했다. 오는 길이 꼬불꼬불해서 살짝 고생을 했지만 오늘부터는 배낭 속에 잠자고 있던 여행 책자가 드디어 빛을 발할 수 있다는 이유 하나만으로 마음에 여유가 생긴다.[1]

일단 내일 저녁에 출발하는 메리다 행 야간버스표부터 예매한 후, 책자에 추천되어 있는 숙소로 향했다. 도미토리는 없지만 각 방마다 와이파이가 지원되고 아침 식사가 풍성하다고 적혀 있다. 물론 샤워실과 화장실은 공용이다. 때마침 식사 시간이어서 식비를 별도로 지불하고 정갈한 영국식 아침 식사[2]로 속을 든든히 채웠다. 그러고는 체크인이 가능한 낮 12시까지 리셉션 앞마당에서 햇살을 벗 삼아 인터넷 삼매경에 빠져들었다.

낮 12시가 다가오자 주인장이 숙소로 안내를 해 준다. 방에는 침대와 간이 책상 외엔 아무것도 없었지만 나름 깔끔함이 묻

---

1   론니 『중미』편에는 멕시코의 정보가 멕시코시티 아래, 잘록하게 들어간 떼우안떼빽 지협 이남인 유까딴 반도와 치아빠스 주로 국한되어 있다. 이를 근거로 떼우안떼빽 지협 이북을 PART·2에서, 그리고 이남을 PART·3에서 다룬다. 멕시코의 분량이 다른 중미 국가들보다 현저히 많은 것은 멕시코의 면적이 다른 중미 국가들의 총면적보다 4배 정도 크기 때문이다.

2   빵이나 감자와 함께 베이컨, 소시지, 달걀프라이가 주가 된 영국식 아침 식사. 잉글리시 브랙퍼스트(English breakfast)에는 구운 버섯과 구운 토마토, 소스를 넣어 조리한 콩 등이 커피나 과일 주스와 함께 나온다.

어났다. 따뜻한 물로 샤워를 하자 몸이 노곤해지면서 아득한 피로감이 허기와 함께 몰려왔다. 뭐라도 먹어야겠다는 생각에 일단 밖으로 나섰다. 숙소 인근의 나지막한 언덕 Cerro de Guadalupe 위로 금테를 두른 구아달루뻬 성당 Iglesia de Guadalupe[3]이 보여, 잠시 올라가 산끄리스또발의 전경부터 스캔해 본다. 오아하까에 비하면 확연한 시골이다.

순간, 다음 목적지인 메리다로 오늘 출발하는 야간버스를 타고 곧장 떠나고 싶다는 생각이 스쳐 지나갔다. 하지만 내가 파악한 정보에 의하면, 산끄리스또발은 사빠띠스따 운동의 상징적 공간이자 여행자들이 무척 사랑하는 곳이다. 특별히 여행자의

---

3   멕시코인들의 정신적 요람이자 국모로 숭상되는 구아달루뻬 성모는 1531년 멕시코시티 북쪽, 떼뻬약(Tepeyac) 언덕에서 발현했다. 1945년 교황 삐오 12세(Papa Pio XII, 1876~1958)에 의해 아메리카의 수호성인으로 공인된 구아달루뻬 성모는 유럽인들에 의해 묘사되어 온 파란 눈에 하얀 얼굴이 아니라 갈색 피부를 가진 멕시코 원주민의 모습을 하고 있다. 이는 메히까인들이 섬겼던 대지의 여신이자 생명과 죽음의 신 또난친(Tonantzin)이 기독교의 성모마리아와 만나 토착화된 한 형태이기 때문이다(성모마리아가 나타난 떼뻬약 언덕 또한 원래 또난친을 경배하던 곳이었다). 당시 성모마리아는 '뱀을 무찌른 여인'이라는 뜻의 꼬아딸호뻬(Coatalxope)라는 이름으로 자신의 성당을 지으라고 했는데, 이후 성모의 이름은 음성학적으로 꼬아딸호뻬와 비슷한 스페인어, 구아달루뻬로 불리게 되었다.

구아달루뻬 성당에서 바라본
산끄리스또발 전경.
다닥다닥 붙어 있는 집들이
영락없는 산동네 모습이다.

산끄리스또발의 언덕 위에 위치한
구아달루뻬 성당.
멕시코인들이 국모로 받드는
구아달루뻬 성모를 모신 곳 중 하나다.

산끄리스또발에서
흔하게 만날 수 있는
과일가게.
싱싱하고 값싸고
맛도 훌륭하다.

시선을 끌 만한 볼거리는 없지만, 많은 여행자들이 멕시코의 다른 어떤 여행지보다 이곳에서 오랜 시간을 보낸다고 한다. 갑자기 그 이유가 궁금해졌다.

조그마한 과일가게가 눈에 들어와 낯익은 과일들로 배를 채웠는데도 어딘지 모르게 몸이 살짝 가라앉는 느낌이다. 11시간가량 계속 버스만 타고 와서 그런가 싶어 숙소로 돌아와 축 늘어져 있었더니 나중에는 좀이 쑤셔 견딜 수가 없었다. 결국 점퍼 하나 걸치고 구아달루뻬 거리Real de Guadalupe를 따라 라빠스 광장Plaza de la Paz으로 무거운 발걸음을 내디뎠다.

광장은 오후 6시에 열린다는 공연 준비로 어수선했다. 공연까지는 아직 시간적 여유가 있어 일단 광장 인근의 골목길로 발걸음을 돌렸다. 의외로 예쁜 집들과 발코니들이 톡톡 튀어나온다. 얼마 지나지 않아 예상치 못한 태권도 도장까지 발견했다. 반가운 마음에 사범이 한국 분인가 싶어 살짝 훔쳐봤더니 현지인이 열심히 아이들을 가르치고 있다. 도장 안에는 멕시코 국기와 함

독특하게 채색된 산끄리스또발 대성당과 공연 준비에 어수선한 라빠스 광장.
노란색 파스텔 톤의 대성당이 파란 하늘, 흰 구름과 어우러져 그림처럼 다가온다.

광장 인근의 골목길에서
만난 산끄리스또발의
아기자기한 예쁜 집들.

께 정겨운 태극기가 걸려 있었고 태권도를 배우는 아이들의 뒷모습에선 살포시 한국의 어린이들이 오버랩되었다. 낯선 도시에서 맞닥트린 익숙한 풍경에 잠시 잊고 있던 공간의 그리움이 스쳐 지나간다.

해가 뉘엿뉘엿 기울면서 날이 조금씩 어두워지기 시작했다. 광장에선 이미 공연이 시작되었다. 운집한 인파들 사이로 비집고 들어가 자리를 잡았지만 공연에 집중하기에는 스피커에서 나오는 소리가 자꾸 귀에 거슬렸다. 음향 담당자가 있긴 했지만 밸런스 조절이 제대로 되지 않는 듯했다. 그 순간 갑자기 어딘가에서 사이렌 소리가 반복해서 들려왔다. 공연에 집중하지 못하고 있던 나는 소리의 근원지로 발걸음을 옮겼다. 놀랍게도 라빠스 광장과 대각선으로 마주하고 있는 마르소 광장Plaza 31 de Marzo에서 '소방의 날'과 같은 행사를 진행하고 있었다. 많은 인파들 앞에서 불난 자동차를 소방차가 직접 끄는 시연까지 하면서 말이다. 게다가 광장 앞 대성당Cathedral de San Cristóbal에서는 소규모 미사까지 진행되고 있다.

산끄리스또발에서
우연히 찾아낸 태권도 도장.
낯선 곳에 익숙한 풍경을
만나는 기분이 이런 것이구나
새삼 깨닫게 된다.

미겔 이달고(Miguel Hidalgo)의 밤거리.
건물에서 뿜어져 나오는 조명이
은은한 분위기를 연출한다.
여행자들이 많이 머무는 도시인 만큼
거리 공연도 빼놓을 수 없는 즐거움이다.

도떼기시장만큼 어수선했지만 직감적으로 그다지 위험한 곳
은 아니라는 게 느껴졌다. 살며시 경계심을 풀고 어두워진 골목
을 촘촘히 밝히고 있는 예쁜 가게들을 향해 발길 닿는 대로 거닐
어 본다. 주위가 어두워질수록 산끄리스또발의 여유로움이 더욱
선명해지는 듯했다.

라깐도나 정글 선언, 이제 그만!

북미 3개국 간의 자유무역협정NAFTA이 발효된 1994년 1월 1일

바로 그날, 멕시코에서 가장 고립되고 가난한 치아빠스 주의 라 깐도나 밀림la Selva Lacandona에서 사빠띠스따의 봉기가 발발한다. 이들은 산끄리스또발을 포함한 인근 6개 마을을 점령한 후, '이제 그만¡Ya basta!'이라고 외치며 멕시코 정부를 향해 선전포고를 하였다. 하지만 사빠띠스따 봉기의 주목적은 국가권력을 장악하는 것이 아니라 원주민 착취 중단과 그들의 권익을 옹호하는 것이었다.[4] 사빠띠스따의 〈라깐도나 정글 선언(Declaración de la Selva Lacandona)〉의 첫머리는 다음과 같이 시작한다.

> "우리는 500년 투쟁의 산물이다. 처음에는 노예제도에 맞서 싸웠고, 독립전쟁 중에는 스페인과 맞서 싸웠으며, 그 다음에는 북아메리카 제국주의에 흡수되지 않으려고 싸웠고, 또 그 다음에는 우리의 헌법을 선포하고 우리 땅에서 프랑스 제국을 쫓아내기 위해 싸웠다. 그 후에 개혁법의 정당한 적용을 거부하는 뽀르피리오 디아스의 독재 정권에 맞서서 싸웠으며, 여기서 우리는 우리처럼 가난한 사람인 비야와 사빠따 같은 지도자를 탄생시켰다.

---

4   일반적으로 '사빠띠스따'라고 하면, 검은색 스키 마스크를 쓰고 총을 하늘 높이 쳐든 채 환호를 내지르는 게릴라들을 떠올리기 쉽다. 하지만 사빠띠스따의 활동가인 디아나 다미안(Diana Damian)은 1998년 한국을 방문해서 다음과 같이 말했다. "사빠띠스따가 지향하는 사회는 공정하고 정당한 사회입니다. 노동과 교육, 보건과 복지에 대해 이전보다 훨씬 공정한 기회가 주어지는 사회, 민주적인 절차를 통해 민중이 자유롭게 정부를 세우고, 정부의 형태를 스스로 선택할 수 있는 사회입니다. 이는 사빠띠스따뿐 아니라 멕시코 전체 민중, 나아가 세계의 민중이 지향하는 사회라고 봅니다."

우리는 지금껏 우리를 총알받이로 사용해 우리나라의 부를 약탈해 가려는 세력에 의해 가장 기초적인 것조차 거부당했다. 그들은 우리가 아무것도, 정말 아무것도 가진 것이 없어도 아랑곳하지 않았다. 우리에겐 교육은커녕 우리 머리를 가릴 만한 지붕도, 갈아먹을 땅도, 일자리도, 의료 시설도, 식량도 없을 뿐만 아니라, 우리의 정치적 대표자를 민주적으로 자유롭게 선출할 수 있는 권리도 없고, 외국인으로부터 자유로운 독립도 없고, 우리 자신과 우리 아이들을 위한 평화와 정의도 없다. …"

중남미에서 '고립되고 가난한 지역'이란 안타깝게도 '원주민의 비율이 높다'는 뜻을 내포하고 있다. 실제로 치아빠스 주의 인구 중 1/3이 마야인이다. 그렇기에 중남미에서 원주민으로 태어난다는 것은 억압과 차별의 대상이자 가난과 질병, 천대와 굴종의 인생이 시작되었다는 사회적 낙인을 의미한다.

프랑스의 철학자 피에르 부르디외Pierre Bourdieu는 『구별짓기(La Distinction, 1979)』에서 '과거에는 혈통이 신분을 결정했다면 지금은 사회적 지위와 교육에 따른 문화적 취향과 소비성향이 신분을 구별 짓는다'고 지적하였다. 하지만 불행히도 중남미 사회는 아직도 그 '과거'가 지금까지 이어지고 있는 중이다.

이러한 배경하에 등장한 사빠띠스따 봉기는 1996년 멕시코 정부와 원주민의 권리 보호를 주 내용으로 하는 '산안드레스 협정Acuerdos de San Andrés'을 맺음으로써 표면적으로 일단락되었다. 하지만 사빠띠스따는 여기에 머물지 않고 2005년 '또 다른 캠페인 Otra Campaña'을 통해 국제 시민사회와 끊임없이 소통하면서 그들의 외연을 더욱 넓혀 갔다. 최근에는 자유, 정의, 민주주의를 인간 존엄성의 세 가지 요소로 정의하고, 신자유주의라는 '나쁜 체제' 아래에서 소외받고 착취당하는 모든 이들을 위해 총칼이 아닌 담론 투쟁을 전개해 나가고 있다.[5] 참고로 사빠띠스따라는 명칭은 멕시코 혁명에 참가하였던 농민 혁명군의 지도자 에밀리아노 사빠따Emiliano Zapata의 이름에서 유래하였다.

힐링에 더 없이 좋은 곳, 산끄리스또발

다음 날 아침, 또다시 리셉션 앞마당에 진을 치고 커피 한 잔을 주문하자 숙소 주인장 데니가 웃으며 다가왔다. 상냥한 목소리로 "유네스코 세계문화유산으로 지정된 몬떼베요 호수Laguna de Montebello와 마야인들이 사는 원주민 마을 차물라San Juan Chamula와 시나깐딴San Lorenzo Zinacantán이 산끄리스또발 인근에 있어요"라며 살며시 나의 호기심을 부추긴다. 물론 원주민 마을에 관심이 없는 건 아니지만 그곳이 사빠띠스따 자치구라는 말에 '언어 장애'

---

5   사빠띠스따에게 자유란 그것이 어떤 길이든 자기가 원하는 길을 선택할 수 있는 것을 뜻하며, 정의란 각자에게 걸맞은 가치를 되돌려주는 것이고, 민주주의란 다채로운 생각들이 적절한 합의를 보는 것을 의미한다.

를 가진 배낭여행자로서 머뭇거려졌다. 결국 오늘 아침도 잉여롭게 컴퓨터를 붙들고 늘어졌다.

하지만 하루 종일 이렇게 있을 수만은 없는 노릇. 산끄리스또발의 두 전망대 중 구아달루뻬 성당이 있는 언덕은 어제 들렀기 때문에 오늘은 광장 남서쪽에 위치한 산끄리스또발 언덕 Cerro de San Cristóbal 으로 더딘 발걸음을 내디뎠다. 올라가는 길이 샌프란시스코의 롬바드 거리 Lombard Street 처럼 지그재그로 이루어져 있어, 가볍게 땀을 뿌리며 계단을 올라갔더니 내려다보이는 올망졸망한 시가지가 시원함을 더해 준다.

점심은 지나가다 맞닥뜨린 노점에서 따꼬와 망고주스로 저렴하게 해결하고 산끄리스또발의 중심인 광장으로 향했다. 그런데 갑자기 무릎 관절에서 이상 신호가 느껴졌다. 좁은 골목길 옆 보행도로가 골목마다 단절되어 있는 바람에 이집트 카이로 수준의 높디높은 보도 턱을 계속 오르락내리락했던 게 화근인 듯했다. 사람을 배려하지 않는 산끄리스또발 보행도로를 안주 삼아 혼자

지그재그로 난
산끄리스또발 언덕으로
올라가는 독특한 계단.
누가 이런 기발한
발상을 했을까?

구시렁대며 걷다 보니 어느새 라빠스 광장이다.

대부분의 꼴로니알 도시가 그렇듯, 이곳 산끄리스또발도 바둑판 모양의 도심이 광장을 중심으로 형성되어 있다. 하지만 이곳 산끄리스또발의 중앙광장은 대성당, 라빠스 광장, 마르소 광장, 그리고 아치공원Parque De Los Arcos으로 사분되어 있다는 점이 특이했다.

이제는 마지막으로 라빠스 광장 북쪽으로 올라가 볼 차례. 다행히 광장에서 산또도밍고 성당Templo de Santo Domingo까지 보행자 전용도로Av 20 de Noviembre가 설치되어 있어 보행이 자유로워졌다. 레스토랑, 카페, 극장, 서점, 가게 등이 몰려 있어 대부분의 여행객들도 이곳에 진을 친 듯 보행자거리는 사람들로 북적거렸다. 주위에 늘어서 있는 알록달록한 건물들 중 원주민이 만든 수공예품 가게들을 구경하며 느긋하게 걷다 보니 어느덧 산또도밍고 성당이 지척이다.

성당 주위 공원에는 마야의 흔적들로 가득한 노점상들이 포진해 있었고, 그 길을 따라 1시 방향으로 조금 더 걸어 들어가자 생각지도 못한 대규모의 공영시장mercado municipal이 눈앞에 펼쳐진다. 과일과 먹거리 위주의 식자재들이 대부분이었지만 산끄리스또발의 크기를 고려할 때 그 규모가 엄청나다. 전통 의상을 입은 원주민들의 모습도 어렵지 않게 눈에 띈다. 광장에서 시작된 보행자 전용도로가 산또도밍고 성당을 거쳐 공영시장으로 이어지는 바로 이곳이 산끄리스또발의 하이라이트인 듯했다.

라빠스 광장에서 산또도밍고 성당까지
보행자 전용도로로 이루어져 있는 11월20일거리.
늘 여행자들로 붐빈다.

산끄리스또발에서 마주하게 되는
좁은 차도와 인도, 그리고 일렬로 주차된 차량들.
오래된 도시의 느낌 그 자체이다.

산끄리스또발의 거리 풍경.
달콤한 맥주를 파는 이동 수레와
산끄리스또발의 작은 책방이 시선을 끈다.
산또도밍고 성당 옆에는 좌판을 편
관광객 대상의 기념품 가게들이 즐비하다.

산끄리스또발의
대규모 공영 시장(José Castillo Tielemans).
시상이 큰 만큼 먹는 것에서부터
입는 것까지 온갖 생필품이 나와 있다.

이틀간 느린 걸음으로 산끄리스또발을 어슬렁거리며 둘러본 결과, 이곳 산끄리스또발에서만 느껴지는 그 어떤 특유의 자유로운 분위기와 곳곳에 배어 있는 원주민의 전통문화, 그리고 저렴한 물가가 여행자들의 발걸음을 붙잡는 동인이 아닐까 조심스레 추측해 본다. 뒤늦은 생각이지만 이곳 산끄리스또발에서는 어떤 목적을 두기보단 모든 것을 다 내려놓고 여행에서 지친 몸과 마음을 힐링한다면 더없이 좋은 곳이 아닌가 싶다. 물론 난 오아하까가 서른, 마흔다섯 배 더 좋다는 데 내 인생과 왼쪽 팔목을 걸 것이다.

한민족사의 슬픈 애환이 깃든 에니껭

앞서 기술했듯이 중남미 이민사는 1905년 1033명의 한인들이 계약 노동자의 신분으로 멕시코 유까딴 반도에 정착하면서부터 시작된다. 당시 일본 영사였던 가토 모토시로加藤本四郎가 기록한 보고서에 의하면 남자 702명, 여자 135명, 아이 196명이 떠났다고 적혀 있다. 이들은 1905년 4월 11일, 영국 기선을 타고 제물포항(지금의 인천)을 떠나 5월 9일에 태평양 연안의 살리나끄루스Salina Cruz 항에 도착한 뒤, 다시 기차와 배를 번갈아 타면서 최종 목적지인 유까딴 반도의 메리다에 5월 14일에 도착했다.

하지만 이들 대부분은 아씨엔다Hacienda[6]라는 대농장에서 에네껜henequén[7] 노동에 투입되어 거의 노예와 다름없는 생활을 시작하게 된다.[8] 이들의 계약 기간은 4년. 그러나 이들은 끝내 고국으로 돌아올 수 없었다. 그 당시 힘없는 조선은 1905년 11월 17일 을사조약乙巳條約과 1910년 8월 29일 경술국치庚戌國恥를 당하게 되면서 35년간의 일제강점기로 접어드는 불행한 시점이었기 때문이다. 결국 4년이라는 계약 기간이 끝났음에도 불구하고 조국의 국운이 저물자 이들 대부분은 멕시코 전역으로 흩어지게 된다. 이들 중 일부는 또 미국과 쿠바로 건너가 정착하면서 고국의 독립을 위해 적극적으로 나서게 된다.[9]

---

6 중남미 대토지 소유제는 방대한 중남미의 영토를 관리하기 위해 스페인 왕실이 만들었던 '엔꼬미엔다(Encomienda) 제도'에서 시작되었다. 엔꼬미엔다는 일정한 토지와 그 지역에 살고 있는 원주민의 노동력을 위탁 관리인 '엔꼬멘데로(Encomendero)'에게 양도하는 제도로, 지역마다 아씨엔다(Hacienda), 파센다(Fazenda), 에스딴씨아(Estancia) 등으로 불렸다.

7 에네껜은 선박용 밧줄의 원료가 되는 용설란의 일종이다. 19세기 말, 국제 무역의 증가로 선박용 밧줄의 수요가 급증하게 되면서 에네껜 산업은 메리다를 중심으로 한 유까딴 지역에 많은 부를 안겨 주게 된다. 당시 사람들은 이러한 에네껜을 '초록빛의 금(oro verde)'으로까지 불렀다.

8 일본인이 포함된 이민 브로커들의 함정에 빠져 멕시코로 이주한 한인 계약 노동자들은 생계를 유지할 수 있는 최소한의 보수를 받으며 하루 12시간의 노동 시간 동안 1000장의 에네껜 잎을 따야 했고, 실적이 좋지 않을 때에는 채찍질을 당했다.

9 경계인으로서의 힘든 삶을 이어 갔지만 이들은 독립군을 양성하기 위해 1910년 숭무(崇武)학교를 설립하는가 하면, 해방 직전까지 상해임시정부 등에 독립 자금을 지원했다.

에네껜 노동자라는 의미에서 '애니깽'으로 불린 이들의 고단한 삶은 장미희 주연의 〈애니깽(1996)〉이라는 영화로도 만들어졌고, 김영하의 장편소설 『검은 꽃(2003)』 또한 이들 애니깽을 소재로 하고 있다. 한편 중남미 첫 한인 정착지인 메리다에는 이들의 애환이 서려 있는 조그마한 한인이민박물관Museo Conmemorativo de la Inmigración Coreana도 있다.

산끄리스또발에서 1시 방향으로 746km 떨어진 메리다까지 정확히 14시간 30분이 걸렸다. 이번 여행 중 버스 이동으로는 최장 시간이다. 도착 시각 오전 8시 50분, 햇살이 살짝 따갑게 느껴지는 눈부신 아침이다.

이곳에서의 주요 일정은 메리다에서 남쪽으로 약 82km 떨어진 마야의 대표적 유적지 욱스말을 들르는 것이다. 터미널 직원에게 어디서 티켓을 예매하면 되냐고 물었더니 퉁명스럽게 따메Tame로 가란다. 주위를 한 바퀴 헤맨 후에야 메리다의 버스터미널이 1등석 버스터미널인 까메Came와 바로 건너편에 마주한 2등석 버스터미널인 따메로 나뉘어져 있다는 것을 알게 되었다.

당연히 숙소부터 정한 후에 짐을 풀고 욱스말로 갈 예정이다. 하지만 숙소에 들르기 전에 욱스말로 가는 차량 시간부터 확인

메리다의 1등석 버스터미널인 까메.
까메 건너편에는 2등석 버스터미널인 따메가 있어
가끔 여행자들을 헷갈리게 한다.

해야 할 듯해서 곧바로 따메로 향했다. 마침 따메 안에 있는 인포 직원의 영어 실력이 유창하다. 이참에 욱스말을 오가는 차량 시간부터 내일 들를 치첸이쯔아 시간표 등 궁금한 것들을 모조리 물어보았는데도 웃음을 잃지 않고 친절하게 대답해 준다. 멕시코 여행 중 정신적으로 쌓였던 묵은 체증이 확 뚫리는 순간이다.

일단 오전 10시 40분에 욱스말 가는 버스가 있다는 것을 확인했으니 빨리 숙소부터 정해야 한다. 여행 책자에 소개되어 있는 숙소 중 대광장Plaza Grande 바로 앞에 위치한 숙소로 곧장 달려가 짐을 풀었다. 마침 아침 식사 시간이어서 눈치껏 숟가락 하나 살짝 올려 투숙객들과 함께 식사를 마친 후, 경쾌한 발걸음으로 욱스말 행 버스에 올랐다.

메리다 숙소의 아침 식사.
배낭여행을 하려면
무조건 잘 먹어야 한다.

욱스말 유적지 입구의
버스 정류장.
안으로 100m쯤 걸어 들어가면
유적지 입구가 나타난다.

내륙 밀림의 언덕에 위치한 욱스말에 도착한 시간은 정확히 낮 12시, 버스를 내린 곳에서 바로 오른쪽으로 꺾어 100m 정도 들어가자 욱스말 유적지 입구가 보인다. 여타 다른 멕시코의 유적지보다 상대적으로 인적이 드물어 마야의 흔적을 오롯이 느낄 수 있는 곳인 듯했다.

욱스말의 마법사의 피라미드와 문화의 중심지, 메리다

고전기 마야 문명Cultura Mayas del Clásico, AD 4~9세기경이 쇠퇴한 이후에도 약 1세기가량 더 번영을 누렸던 욱스말. 입구로 들어서자 밀림의 바다 위로 우뚝 솟은 높이 35m의 마법사의 피라미드La Pirámide del Adivino가 그 위용을 자랑하고 있다. 전설에 의하면, 알에서 태어난 난쟁이가 하루 만에 지었다고 해서 '난쟁이 피라미드Pirámide del Enano'라고도 불린다. 외교관이자 여행가인 스티븐스John L. Stephens가 쓴 『유까딴 여행에서 생긴 일(Incidents of Travel in Yucatán, 1843)』에는 이와 관련된 이야기가 다음과 같이 기술되어 있다.

> "자녀가 없는 한 노파가 우연히 알을 발견하여 집으로 가져 왔는데 그 알에서 아이가 태어났다. 1년이 지나자 이 아이는 말도 하고 걷기도 했지만 성장이 멈춰 난쟁이가 되고 만다. 하지만

노파는 이 아이가 장차 왕이 되리라는 것을 알고 욱스말의 왕에게 보내 겨루기를 시켰다. 욱스말의 왕은 이 난쟁이에게 세 가지 불가능한 시험을 냈다. 첫 번째가 하얀 돌길을 직선으로 건설하는 것이었다. 하지만 노파의 도움을 받은 난쟁이는 욱스말에서 이웃 도시인 카바Kabah까지 하얀 돌길을 놓는 데 성공했다. 화가 난 왕은 두 번째로, 해가 뜨기 전까지 이 세상에서 제일 높은 신전을 짓지 못하면 죽을 것이라고 엄포를 놓았다. 집으로 돌아온 난쟁이는 겁에 질려 울었지만 노파는 그를 다독인 후 잠들게 했다. 다음 날 아침 난쟁이가 눈을 뜬 곳은 세상에서 가장 높은 피라미드의 정상이었다. 거대하고 아름다운 피라미드를 본 왕은 더욱 화가 나서 야자나무coyol 열매를 가져와 상대의 머리를 내리치는 내기를 제안했다. 노파는 미리 난쟁이의 머리에 옥수수 가루를 발라 주었고, 왕은 그 단단한 열매를 난쟁이의 머리에 힘껏 내려쳤지만 난쟁이는 옥수수 가루 덕분에 아무렇지도 않았다. 왕의 신하들이 보고 있었기에 왕은 난쟁이에게도 기회를 허용할 수밖에 없었다. 난쟁이는 그 열매를 이용해 결국 왕을 죽이고 새로운 통치자가 된다."

이와 함께 놓치지 말아야 할 건축물로는 지평선 위로 금성이 내려앉은 지점을 정확히 직선으로 바라보게 건축된 '통치자의 궁전Palacio del Gobernador'이다. 건물 가운데의 장식이 스페인 총독의 휘장을 닮았다고 해서 붙여진 이름이다. 특히 통치자의 궁전은

대피라미드 위에서 내려다본 욱스말의 전경.
밀림 속에 마법사의 피라미드, 통치자의 궁전, 수도원 등
다양한 건축물들이 위용을 자랑하고 있다.

욱스말 유적지 입구.
비교적 조용하기 때문에
마야의 흔적을
온전히 만끽할 수 있다.

난쟁이 피라미드라고도
불리는 마법사의 피라미드.
높이 35m의
거대한 규모이다.

마야 건축 양식인
뿌욱 양식의 백미로
일컬어지는 통치자의 궁전.
밋밋한 하단과 달리
상단에는 기하학적인
무늬와 정교한 조각들로
장식되어 있다.

밋밋한 하단과는 달리, 상단이 기하하적인 무늬와 정교한 조각들로 장식되어 있어 마야 건축 양식인 뿌욱Puuc 건축의 백미로도 꼽힌다. 이 외의 건축물로는 사각형의 수도원Cuadrángulo de Las Monjas과 구기장, 비둘기의 집El Paloma과 대피라미드Gran Pirámide 등이 있다. 하지만 욱스말의 가장 인상적인 건축물은 누가 뭐래도 모서리가 둥근, 통통한 느낌의 마법사의 피라미드다. 앞서 본 떼오띠우아깐의 장엄한 피라미드와 달리 곡선의 미학 때문일까? 마법사의 피라미드는 볼수록 정감이 간다.

내일 아침에는 치첸이쯔아로 이동해야 했기에 잠시라도 메리다를 느끼고 싶어 서둘러 메리다 행 버스에 올랐다. 2등석 버스터미널인 따메에 도착하자마자 익숙하게 1등석 버스터미널인 까메로 가서 내일 오전 9시 15분에 출발하는 치첸이쯔아 행 버스표부터 예매했다. 그러고는 곧장 메리다 대광장으로 향했다.

유까딴 반도의 문화 중심지로 불린다는 말이 부끄럽지 않게 메리다 대광장에서 느껴지는 분위기는 시골 마을 산끄리스또발과는 사뭇 달랐다. 낮보다 밤이 더 아름다운 이곳에 어둠이 내리자 메리다 대광장은 더욱 아름다운 자태를 드러냈다. 어딘가에서 귀에 익숙한 흥겨운 멜로디가 흘러나왔다. 고개를 돌렸더니 챙 넓은 모자와 멕시코 전통 승마복인 차로charro를 말끔히 차려입은 마리아치Mariachi[10]들이 기타와 바이올린, 그리고 트럼펫을 가지고 멕시코의 낭만을 연주하고 있다. 그러고 보니 광장 곳곳

낮보다 밤이 더 아름다운 메리다.
대광장을 중심으로
다양한 공연들이 메리다의 주말 밤을
화려하게 수놓는다.

밤의 끝자락에서 마주한
멕시코 현대무용.
어렵게만 느껴졌던
현대무용이 한순간 훅 들어오며
몰입도를 높였다.

에서 펼쳐지고 있는 다양한 공연과 행위 예술들이 메리다의 주말 밤을 화려하게 수놓고 있다.

　더 어두워지기 전에 몇몇 곳이라도 들를 요량으로 광장 북쪽, 미술관으로 이용되고 있는 주정부 청사El Palacio de Gobierno de Yucatán 부터 들렀다. 그리고는 고대 마야 신전의 돌들로 지어진 대성당 Cathedral de San Ildefonso을 찍고 바로 옆에 위치한 현대미술관으로 빠르게 움직였다. 하지만 아쉽게도 미술관의 관람 시간이 지나 버렸다. 그나마 위안이 된 것은 대성당과 현대미술관 사이에 있는 야외 공연장에서 오늘 오후 9시부터 공연이 열린다는 정보를 입수한 것이다. 아직 공연 시작까지 여유가 있어 대광장을 중심으로 펼쳐지고 있는 다양한 길거리 공연들과 함께 주말의 호사를 누려 본다.

　뉘엿뉘엿 시간은 흘러 공연을 보러 가야 할 시간, 이미 많은 사람들이 야외 공연장을 가득 메우고 있다. 나도 한쪽에 자리를 잡고 관람 준비를 마쳤는데, 아쉽게도 오늘 공연이 그 난해하다는 현대무용이었다. 그런데 예상 외로 몰입도가 높다. 화려한 조명과 신나는 음악에 몸을 맡긴 무용수들의 열정적인 퍼포먼스에 순간 훅 빠져들었다.

10　멕시코의 상징이기도 한 마리아치는 기타, 비올라, 바이올린, 기타론(guitarrón, 베이스 음역 담당), 트럼펫 등으로 구성된 멕시코 전통 기악합주단을 일컫는다. 이들 마리아치의 음악은 멕시코 문화의 근간으로 인정받아 2011년 유네스코 인류무형문화유산으로 등재되었다.

마야 문명의 정수, 쿠쿨깐 피라미드

오전 7시에 일어나 숙소에서 차려 놓은 아침 식사로 하루를 연다. 내가 묵은 숙소의 장점은 딱 두 가지, 풍성한 아침 식사와 대광장 바로 앞에 위치한 접근성인 듯했다. 고양이 세수를 하듯, 물로 간단하게 '고양이 샤워'를 하고는 배낭을 메고 숙소를 나섰다. 숙소 바로 앞 차로는 공연무대 설치 준비로 막혀 있었고, 대광장 안 공원에선 일요 벼룩시장 준비로 분주하다. 하루 정도 더 머물면서 마야박물관El Gran Museo del Mundo Maya까지 들르면 좋겠다는 생각이 스쳐 지나갔지만 이미 표를 예매한 터라 모든 걸 깔끔하게 접고 치첸이쯔아 행 버스에 올랐다.

목적지까지는 133km, 약 2시간이 소요된다고 해서 가이드북을 꺼내 들고 치첸이쯔아 다음 행선지에 대한 고민을 시작했다. 깐꾼으로 갈지, 뚤룸으로 갈지, 아니면 쁠라야 델 까르멘Playa del Carmen, 이하 까르멘으로 갈지 한참을 들여다보다가 까르멘으로 낙점했다. 위치상 깐꾼과 뚤룸 중간에 있을 뿐만 아니라 바로 코앞에 바다도 있어 이곳을 베이스캠프 삼아 양쪽을 다 들를 요량으로 결정한 것이다.

일정을 잡다 보니 어느새 치첸이쯔아에 도착했다. 유적지로 들어서기 전에 다음 행선지인 까르멘으로 가는 버스표도 예약해야 했고, 배낭도 맡겨야 하는 상황. 많은 인파들 사이에서 살짝 헤매다 보니 버스 간이 매표소가 시야에 잡힌다. 오후 2시 35분과 오후 4시 30분에 출발하는 버스 중, 오후 2시 35분 버스표를 예매하고는 반대편에 있는 짐 보관소에 배낭을 맡겼다.

'우물가 이쯔아의 집'이라는 뜻을 지닌 치첸이쯔아. 이곳은 유까딴 북부 해변에서 생산되는 소금을 마야 지역 내부로 가져가는 무역로를 열면서 11세기 유까딴 북부의 최대 도시로 성장하게 된다. 이들의 뛰어난 문명을 간략히 소개하면 다음과 같다.

고전기 마야 문명이 쇠퇴기에 접어든 10세기부터 유까딴 반도의 중앙 석회암 지대에선 치첸이쯔아가 세워지고 있었다. 멕시코 중앙고원지대에서 영화를 누렸던 똘떼까Tolteca 문명과 기존의 고전기 마야 문명이 융합되어 탄생한 치첸이쯔아는 똘떼까 문명의 웅장한 건축술과 마야 문명에서 나타나는 화려한 장식이 조화를 이루며 새로운 건축 양식을 탄생시키게 된다.

물론 이들의 뛰어난 천문학과 수학의 수준도 간과해서는 안 된다. 특히 동서남북의 방위[11]와 역법에 근거해, 도시 중앙에 위풍당당하게 자리 잡은 높이 30m의 9층 계단식 건물인 쿠쿨깐 피라미드Pirámide de Kukulcán[12]는 그 자체가 고도의 천문학과 수학을 품

---

[11] 마야의 세계관에서 동쪽과 서쪽은 태양이 뜨고 지는 움직임을 나타내며, 북쪽은 하늘을, 그리고 남쪽은 지하세계를 상징한다.

[12] 스페인인들은 쿠쿨깐 피라미드를 '성(城)'이라는 의미를 지닌 엘 까스띠요(El Castillo)라고 부른다.

고 있다. 한 예로, 피라미드 정상으로 올라가는 네 방향의 계단 숫자가 각각 91개씩인데 이를 다 합하면 364개가 되고, 여기에다가 맨 위에 있는 쿠쿨깐(께찰꼬아뜰의 마야 이름) 신전까지 더하면 태양력의 1년을 뜻하는 365라는 숫자가 나온다. 그리고 낮과 밤의 길이가 같아지는 춘분과 추분의 일몰 때가 되면 쿠쿨깐 신전의 각 모서리에서 께찰꼬아뜰 신이 뱀의 꼬리를 너울거리며 피라미드를 타고 하강하는 그림자 효과가 나타나는데, 당시 사람들은 이 현상을 보고 씨앗을 뿌리고 수확을 했다고 한다.

지금으로부터 약 500년 전, 코페르니쿠스Nicolaus Copernicus는 『천체의 회전에 관하여(De Revolutionibus Orbium Coelestium, 1543)』에서 지동설을 주창하였지만 엄밀한 의미에서 그의 이론은 프톨레마이오스Klaudios Ptolemaios의 지구중심설을 태양중심설로 대체시킨 정도에 불과했다. 이러한 연유로 토머스 쿤Thomas Kuhn은 코페르니쿠스를 "최초의 근대 천문학자이면서도 마지막 프톨레마이오스 천문학자였다"라고 평가하기도 하였다.

그런데 마야인들은 코페르니쿠스보다 500년이나 앞선 시기에

치첸이쯔아 유적지 입구.
치첸이쯔아는 11세기 유까딴 북부의
최대 도시로 성장하기도 했다.

마야문명의 정수, 쿠쿨칸 피라미드. 뛰어난 천문학과 수학,
방위와 역법에 근거해 세운 높이 30m의 9층 계단식 건물이다.

치첸이쯔아 유적지 입구에
늘어선 노점상들.

앙증맞은 기념품들과
독특한 직조의 천들이
이곳이 마야의 유적지임을
말해 주고 있다.

이미 지구가 태양의 주위를 돌고 있다는 것을 알고 있었다. 게다가 위도와 경도의 개념, 일식과 월식, 그리고 금성을 포함한 별자리들의 이동 법칙을 거의 정확하게 이해하고 있었다.[13] 그러한 그들이 자신들의 빼어난 지식을 바탕으로 만든 것이 바로 쿠쿨깐 피라미드인 것이다.

어디 그뿐인가? 건축적인 측면에서도 쿠쿨깐 피라미드는 아름

---

13 현대 과학이 측정한 달의 주기는 29.53059일인데 반해, 마야인들이 측정한 주기는 29.53086일이었다. 이뿐만이 아니다. 마야인들은 태양의 공전 주기를 365.2420일로 파악했는데 이는 오늘날의 365.2422일과 비교해도 일 년에 17.28초밖에 차이가 나질 않는다. 이들의 천문학적 지식은 당대의 어떤 문명과 비교해도 가히 최고 수준이라고 말할 수 있다.

다움의 모범 답안이라고 할 수 있다. 물론 나의 주관적인 느낌이지만 한국의 석탑들을 찾아다니다 경주에서 석가탑과 대면했을 때처럼, 더할 것도 덜할 것도 없이 기하학적으로 완벽하다는 느낌을 이곳 쿠쿨깐 피라미드에서도 받았다. 물론 떼오띠우아깐의 태양의 피라미드에 비해 크기는 절반 이상 작았지만 그 정교함이나 예술적 감각은 치첸이쯔아의 랜드마크를 넘어 마야 문명의 정수라고 해도 과찬이 아닐 듯했다.

알면 알수록 신기하고 신비한 쿠쿨깐 피라미드는 치첸이쯔아 입구에 쭉 늘어선 노점상들을 따라 100m쯤 걸어 들어가면 1시 방향으로 푸른 초원 위에 그 위용을 자랑하고 있다. 혹 멜 깁슨의 영화, 〈아포칼립토(Apocalypto, 2006)〉[14]를 본 사람이라면 영화 속에 등장하는 피라미드가 바로 쿠쿨깐 피라미드라는 것을 기억하면 좋을 듯하다. 하지만 영화의 내용을 사실로 받아들여서는 안 된다. 영화는 영화일 뿐!

---

14   영화 〈아포칼립토〉는 마야 문명의 지배자들이 자신들의 허영심을 만족시키기 위해 화려한 건축물들을 만들면서 수많은 사람들을 의미 없이 잔인하게 죽였음을 고발하는 이야기다. 멜 깁슨은 미개하고 낙후된 마야 문명이 내적으로 붕괴될 수밖에 없는 이유와 그 과정을 스펙터클한 영상미를 통해 보여줌으로써 한편으론 서구 침략의 정당성을 옹호하고 있다. 영화의 서두에서 "모든 위대한 문명은 외세에 정복당하기 전에 내부로부터 붕괴되었다"라는 윌 듀란트(Will Durant, 1885~1981)의 말을 인용함으로써 그러한 의도를 더욱 명확히 하고 있다.

치첸이쯔아에서 마주한 삶과 죽음

쿠쿨칸 피라미드를 마주하고 8시 방향으로 중남미 최대 규모의 구기장Gran Juego de Pelota이 보인다. 가로 96.5m, 세로 30m, 높이 8.5m의 경기장 양쪽 내벽을 유심히 쳐다보면 중앙 상단에 뱀 두 마리가 서로 몸을 꼬아 원을 이루고 있는 표시석이 하나씩 달려 있음을 발견할 수 있다. 일종의 골문이라고 할 수 있는 이 표시석 중앙에는 지름이 30cm쯤 되는 구멍이 하나 뚫려 있다.

이 구기장에서 진행된 '삐쯔pitz'[15]라는 공놀이는 두 팀이 마주 서서 경기장의 중간 지점에 위치한 높이 8m의 표시석 안으로 고무나무 진액으로 만든 공을 집어넣는 경기다.[16] 규칙은 지역마다 조금씩 다르긴 하지만 손이 아닌 어깨와 무릎, 엉덩이만을 이용해 공을 집어넣어야 한다. 그런데 삐쯔는 단순한 공놀이 이상의 의미를 지니고 있다. 삐쯔는 태양과 달의 운행이 지속되고 낮과 밤의 순환이 순조롭게 이루어지기를 기구하는 희생 제의이자 옥수수의 발아와 다산을 기원하는 신성한 종교의식의 일환이었다. 그렇기에 왕과 귀족이 참여하는 국가적인 제전일 경우에는 경기에서 이긴 선수의 목이 베어져 신의 제물로 바쳐졌다고 한다(지

---

15 마야어로 삐쯔(pitz)는 '공'을 뜻하는 삐(pi)와 '놀다'라는 뜻의 찌(tzi)로 구성되어 있다. 스페인어로는 마야 공놀이(Juego de Pelota Maya)로 불린다.

16 이들의 공놀이는 메소아메리카 문명의 모태라고 할 수 있는 올메까 시대까지 거슬러 올라가기 때문에 적어도 3000년 이상의 역사를 지니고 있다.

'삐쯔'라는 공놀이가 벌어졌던 구기장.
가로 96.5m, 세로 30m, 높이 8.5m로 중남미 최대 규모를 자랑한다.

경기장 벽 8m 높이에
붙어 있는 삐쯔의 골문.
삐쯔는 3000년 이상의
역사를 지닌 공놀이이자
신성한 종교의식의 일환이었다.

는 쪽이 신에게 바쳐졌다는 설도 있다).[17]

마야인에게 죽음이란, 나고 자라서 다시 씨앗이 되는 옥수수처럼 부족과 신을 위해 자신을 바치고 다시 태어나는 일련의 과정이었기에 경기에 참여한 전사들은 승리를 위해 사투를 벌였다고 한다. 하지만 개똥밭에 굴러도 이승이 좋다고, 천박한 자본주의와 100%의 싱크로율을 자랑하는 나로서는 되바라진 의구심을 지울 수 없었다. 그런데 8m 높이 위에 달린 저 조막만한 구멍 안으로 과연 공이 들어가긴 하는 것일까?

다시 발걸음을 옮겨 쿠쿨깐 피라미드와 구기장 사이로 나 있는 북쪽 샛길로 들어서면 '성스러운 샘'이라는 뜻을 지닌 지름 60m, 깊이 35m의 쎄노떼Cenote Sagrado와 만나게 된다. 석회암 지대로 뒤덮인 유까딴 반도의 지질학적 특성상, 이곳에 내리는 비는 강으로 모여들지 않고 땅속으로 빠르게 흡수된다. 이때 지하로 흐르는 물줄기로 인해 지반이 약해진 땅이 함몰되어 생긴 우물이 바로 쎄노떼다. 유까딴 반도에는 이러한 쎄노떼가 3000개 이상 있는 것으로 추정되고 있다. 당시 사람들은 이 샘을 비의 신 차끄Chaac가 머무는 시발바Xibalba, 지하 세계로 들어가는 통로라고

---

17 대구기장 벽면에는 경기자의 목이 잘리고, 그 잘린 목에서 피 대신 여섯 마리의 뱀과 하나의 수련이 솟아오르는 장면이 돋을새김으로 새겨져 있다. 이 돋을새김은 당시 이들의 공놀이가 '삶과 죽음의 제전'임을 증명하는 데 결정적인 영향을 미쳤다.

여겼다. 그래서인지 고대 마야인들은 가뭄으로 인해 옥수수 묘목이 타들어 갈 때면 이곳에서 기우제를 지내며 어여쁜 처녀와 온갖 보석들을 제물로 바쳤다고 한다.

을씨년스럽기만 한 쎄노떼 이야기는 한낱 허무맹랑한 입소문이 아니다. 마야 문명을 탄압하는 데 앞장섰던 디에고 데 란다 Diego de Landa 주교의 『유까딴 사물기(Relación de las cosas de Yucatán, 1566)』에 보면 이러한 내용이 자세히 기록되어 있다. 이를 근거로 1904년에는 미국 영사인 하버트 톰슨 Edward Herbert Thompson이, 1967년에는 멕시코국립고고학회가 직접 발굴을 시도하여 향료 단지들과 토기 항아리들, 그리고 수많은 유골들을 수습하였다. 하지만 어여쁜 처녀의 인신 공양은 거짓인 것으로 확인되었다.

지금까지 밝혀진 사실들을 중심으로 덧붙이자면, 인신 공양의 재물로는 보통 시장에서 사거나 납치한 고아들이 바쳐졌다. 당시 어린아이 한 명의 몸값이 작은 옥이나 돌로 만든 목걸이 5~10개 정도였다고 한다. 인신 공양 의식은 동틀 무렵에 시작되었지만, 해가 중천에 뜰 때까지 쎄노떼 내부에 살아남은 사람

지하 세계로 들어가는
통로로 여겨졌던 쎄노떼.
고대 마야인들은 가뭄이 들면
이곳에서 기우제를 지냈다.

이 있다면 그(녀)를 신의 세계에 갔다 온 사람으로 여겨 신처럼 예우했다는 기록도 있다.

쿠쿨깐 피라미드를 중심에 두고 시계 방향으로 노점상들을 따라 걷다 보면 쿠쿨깐 피라미드 바로 뒤쪽 오른편에 위치한 전사의 신전Templo de los guerreros과 마주하게 된다. 이곳은 전쟁의 승리를 기념하는 신전이다. 전사들의 모습이 조각된 기둥들이 호위무사처럼 신전을 옹위하고 있다고 해서 '천 개의 기둥 신전Grupo de las mil Columnas'으로도 불린다. 이곳에서 가장 인상적이었던 것은 신전 중앙 계단 꼭대기에 요염한 자태로 비스듬히 누워 있는 인

쿠쿨깐 피라미드 뒤편 오른쪽에 위치한 전사의 신전.
전쟁의 승리를 기념하는 신전으로, 전사들의 모습이 조각된 기둥늘이 신전을 옹위하고 있다.

간과 신의 중간 상태인 차꼬물Chac Mool의 조각상이었다. 천하를 호령하는 듯한 차꼬물의 배 위에는 아마도 인간의 심장이 놓였을 걸로 추측된다.

마지막으로 치첸이쯔아 남쪽에 위치한 똘떼까 문명과의 만남 이전의 마야 유적인 천문대El Caracol와 귀족들이 살았을 것으로 추정되는 수녀원Casa de las Monjas, 사슴의 집Casa del Venado, 붉은 집Casa Colorada 등까지 간략하게 섭렵한 후, 시간에 맞춰 까르멘 행 버스에 올랐다.

이보다 더 좋을 수 없는 빠라이소 해변

숙소 인근의 월마트Walmart에서 구입한 한국 라면으로 까르멘에서의 아침을 열었다. 한국 음식을 먹지 않을 땐 생각나지 않던 김치가 오늘따라 그리워진다. 하지만 조금만 달리 생각하면 해물이 듬뿍 들어간 라면만으로도 충분히 행복한 아침이다. 누군가 말했다. 인간들이 모든 것을 다 팽개치고 행복만 쫓아다니자 조물주가 인간의 마음속에 행복을 숨겨 놓았다고 말이다.

며칠 강행군을 한 탓에 오전은 느긋하게 숙소에서 쉬다가 오후 2시쯤, 생수와 간단한 요깃거리를 챙겨 들고 뚤룸 유적지로 향했다. 숙소 주인장이 뚤룸 유적지 옆에 위치한 빠라이소 해변Playa Paraíso이 정말 아름답다며 극찬을 해서 빠라이소를 되뇌며 뚤룸

행 꼴렉띠보_{colectivo}에 올랐다.

15인승 봉고를 가리키는 꼴렉띠보는 여기서 꽤 유용한 교통수
단이다. 버스와 택시 중간쯤이라고나 할까? 하지만 꼴렉띠보의
특징은 수시로 출발하지만 사람이 다 차지 않으면 시동도 걸지
않는다는 점이다.

다행히 까르멘과 뚤룸 사이를 오가는 사람이 많아 내가 탄 꼴
렉띠보는 지체 없이 출발했다. 고속도로의 제한속도가 80km인
데도 꼴렉띠보는 서서히 속도를 올리더니 평균 120km의 속도
로 시원하게 내달린다. "멕시코의 고속도로에 단속 카메라를 설
치하면 사람들이 몰래 떼어 가기 때문에 그런 것 자체가 없다"고
했던 께레따로의 후배 말이 떠올라 입가에 웃음을 머금어 본다.

까르멘에서 출발할 때에는 날씨가 흐렸지만 뚤룸으로 갈수록
맑아지더니 뚤룸 중심가에 도착하자 내리쬐는 햇볕의 강도가 장
난이 아니다. 너무 더운 탓에 자전거고 뭐고 처음 세웠던 계획을
모두 접고 곧장 빠라이소 해변으로 가는 택시를 잡아탔다. 택시
는 이내 큰 도로 옆, 샛길로 들어서더니 시속 140km의 미친 속

도로 질주하기 시작했다. 덕분에 10분도 채 되지 않아 빠라이소 해변에 도착했다. 숙소 주인장의 자신감 넘치는 얼굴 표정과 지명 자체가 벌써 빠라이소(천국) 해변이었기에 괜찮은 곳일 거라고 짐작은 했지만 눈앞에 펼쳐진 빠라이소 해변의 진풍경은 내가 무엇을 상상하든 그 이상이었다. 푸른 하늘 아래 펼쳐진 설탕 같이 부드러운 하얀 모래와 야자수, 그리고 그 너머로 넘실대는 에메랄드빛 바다가 나의 머리를 온통 하얗게 만들었다. 게다가 전 세계의 미녀, 미남을 여기에 다 모아 놓은 듯한 빠라이소의 캐스팅 또한 압권이었다.

뚤룸의 빠라이소 해변.
케스팅에서부터 바닷물 색,
부드럽고 하얀 모래,
높게 자란 야자수가 상상 이상의
감동을 주었다.

그냥 다 좋았다. 뭐 하나 시비 걸게 없는 완벽한 빠라이소 해변.
울창한 야자수 너머 에메랄드빛의 맑고 투명한 바다가 이 세상이 아닌 듯했다.

바다에서 자랐지만 바다 수영을 마친 후의 찝찝함과 뒤처리 때문에 어른이 되면서부터 늘 관망 자세로만 일관해 온 나에게 수영복을 가져오지 않은 것이 이처럼 후회스럽게 느껴졌던 순간은 없었던 듯하다. 마음 같아선 그냥 이대로 풍덩 빠져 보고도 싶었지만 희미하게 남아 있는 이성적 판단이 애써 나를 가로막는다. 하는 수 없이 그 느낌이라도 카메라에 담아 보려 했지만 부족한 나의 사진 기술과 제한적 기능을 가진 이놈의 똑딱이 카메라가 끝내 거부를 한다.

깐꾼보다는 뚤룸이 대세

쭉 머물러 있고만 싶었던 빠라이소를 뒤로 하고 카리브해와 마야 문명이 조화를 이루고 있는 뚤룸 유적지로 향했다. 빠라이소 해변 바로 앞에 있는 도로를 따라 10분 정도 걸었더니 뚤룸 유적지의 팻말이 보인다. 유적지 입구로 들어서자 어디서 많이 본 녀석이 사람을 겁내지도 않고 여유롭게 거닐고 있다. 너구리과의 꼬아띠 coati, 긴코너구리였다. 주머니에서 과자를 꺼내 줬더니 날름 받아먹고는 내 손만 빤히 쳐다보는 게 무척 귀엽다.

다시 발걸음을 옮겨 뚤룸 유적지 안으로 들어섰다. 마야어로 '벽'이라는 의미를 지닌 뚤룸은 치첸이쯔아보다 더 늦은 시기에 카리브해의 가파른 절벽 위에 세워진 도시다. 해변을 따라 바다 뚤룸 유적지 입구.
빠라이소 해변 도로를 따라
10분 정도 걸으면 도착할 수 있다.

여행자들이 건네는 과자를
넙죽넙죽 받아먹는 너구리과의 꼬아띠.

카리브해의 가파른 절벽 위에 세워진
뚤룸 유적지. 카리브해와 마야 문명이 빚어내는
멋진 조화를 감상할 수 있다.

를 바라보고 'ㄷ'자 모양의 5m 두께의 석벽으로 둘러싸여 있는데, 폭이 약 170m, 남북의 길이가 380m 정도 된다. 물론 군사적 성격을 배제할 수 없지만 고기잡이배의 무사 귀환을 위한 등대의 기능도 담당했다고 한다. 푸른 잔디 위에 흩뿌려진 마야의 강렬한 흔적들과 기암절벽, 그리고 12m 아래로 펼쳐진 하얀 백사장과 에메랄드빛 바다가 빠라이소와는 또 다른 감흥을 자아낸다.

뚤룸의 유적지를 돌아보고 나니 오후 5시가 훌쩍 넘었다. 숙소로 돌아가기 위해 뚤룸 유적지 앞에서 꼴렉띠보를 탔는데 마침 이곳에서 관광 가이드로 일하는 훌리오라는 친구가 운 좋게 내 옆자리에 앉았다. 서로 인사를 나눈 후, 이런저런 얘기들을 나누는데 훌리오가 내게 유익한 정보들을 쏟아 낸다.

"깐꾼은 쇼핑을 하고 근사한 레스토랑에서 식사를 하는 거 외엔 그다지 매력이 없어. 깐꾼보다는 역시 뚤룸이 대세지. 토미 네가 오늘 빠라이소 해변과 뚤룸 유적지를 들렀다면 내일은 꼭 아쿠말Akumal과 얄쿠Yalku엘 가 봐야 해. 분명 후회하지 않을 거야. 아쿠말에서 스노클링을 하면 바다거북도 볼 수 있어. 외국 관광객들은 100달러 이상씩 주고 해상공원인 셀아Xel-Há 같은 곳엘 가잖아? 하지만 얄쿠는 그 가격의 1/10인 100뻬소만 내면 돼. 내가 보장해. 진짜야."

본래 계획은 내일 잠시 깐꾼엘 들렀다가 야간버스를 타고 빨렌께로 넘어가는 것이었는데 우연히 만난 훌리오 때문에 망설여지기 시작했다. 이윽고 꼴렉띠보는 까르멘에 도착했고, 훌리오가 차비로 30뻬소만 내는 것을 보고 나도 따라 30뻬소만 냈더니 기사가 놀란 눈으로 나를 쳐다본다. 손으로 훌리오를 가리킨 후, 한번 웃어주고는 재빠르게 내렸다. 훌리오가 재차 나에게 강조한다. "꼭 가 봐. 정말 좋아!"

숙소에 돌아와서도 머릿속엔 온통 '아쿠말'과 '얄쿠'라는 지명으로 가득 차 있어 빨렌께가 끼어들 자리가 없다. 갈까? 말까?

카리브해의 숨겨진 낙원, 얄쿠

결국 훌리오의 제안대로 아쿠말과 얄쿠를 들르기 위해 까르멘에서의 체류 기간을 하루 더 연장했다. 아침에 숙소를 나서며 주인장에게 아쿠말에 간다고 하자 거북 이야기를 꺼낸다. 마야어로 아쿠말이 '바다거북의 서식지'라는 뜻을 지니고 있기 때문인 듯했다.

까르멘에서 37km 떨어진 아쿠말은 뚤룸으로 가는 도중에 있었기에 어제처럼 뚤룸 행 꼴렉띠보를 타고 아쿠말로 향했다. 20분가량 지나자 기사가 아쿠말이라며 30뻬소를 요구한다. 피식 웃으며 25뻬소만 건넸더니 아무 말도 하지 않는다. 길을 건너

200m 정도 걸어 들어가자 아쿠말의 입구가 보인다. 그러나 빠라이소 해변의 여운이 채 가시지 않아서인지 아쉽게도 어제만큼의 감흥은 일지 않았다. 나는 1의 망설임도 없이 '아쿠말의 왕관'이라고 불리는 얄쿠로 발걸음을 옮겼다. 아쿠말 해변에서 약 2km 떨어진 얄쿠를 향해 천천히 걷고 있는데 곳곳에서 마주치는 20km 속도 제한 거북 표지판이 꽤나 귀엽다. 거북처럼 천천히 달리라는 의미와 아쿠말의 상징인 거북을 함께 표시해 놓은 듯했다.

문명과 다소 거리감이 묻어나는 얄쿠에 도착하자 입장료가 미화로 9달러, 현지 돈으로는 110뻬소란다. 표를 끊고 안으로 들어섰더니 별천지가 펼쳐진다. 천연 석회암 위로 지하수와 바닷물이 만나 하늘을 담아내고 있는 얄쿠의 풍광은 카리브해의 숨겨진 낙원이라고 표현해도 허언이 아닐 듯했다. 사실 훌리오의 말에 반신반의했기 때문에 웬만해선 물에 들어가지 않을 거라며 다짐하고 왔는데 얄쿠 앞에서 그러한 나의 생각이 깔끔하게 무너졌다.

혹시나 하는 맘으로 수영복은 챙겨 왔기 때문에 다시 매표소로 돌아가 사물함을 하나 빌려 소지품을 넣고는 물속에 들어갈 채비를 마쳤다. 그런데 물에 발을 담그자마자 또다시 매표소로 향할 수밖에 없었다. 눈앞에서 자유롭게 노닐고 있는 열대어들을 빤히 들여다보면서 어찌 스노클링을 선택하지 않을 수 있겠는가. 결국 수경과 숨대롱까지 빌리고 나서야 만반의 준비를 끝냈다. 얼마 만의 수영인가? 작년 가을, 친구들과 베트남 하롱베

'아쿠말의 왕관'이라는 뜻의 얄쿠 입구.
얄쿠는 카리브해의 숨겨진 낙원 같다.

아쿠말 해변에서 얄쿠로 가는 길 곳곳에
세워져 있는 20km 속도 제한 거북 표지판.

천연 석회암 위로 지하수와 바닷물이 만나 하늘을 품은 알쿠.
결국 물속 열대어들을 보며 스노쿨링을 할 수밖에 없었다

이 선상에서 하루를 묵을 때도 수영은 하지 않았는데 말이다.

1년 내내 거의 파도가 없다는 이곳 얄쿠의 수심은 낮은 곳이 1.8m, 깊은 곳이 4.5m에 이른다. 하지만 군데군데 큰 돌들이 있어 스노클링을 하다가 지친 몸을 어렵지 않게 기댈 수 있다. 뿐만 아니라 밀림지역이다 보니 뭍으로만 나오면 울창한 망글레 mangle, 맹그로브 숲으로 인해 어디서든 그늘을 만날 수 있다. 더 놀라운 건 이 모든 게 자연 그대로란 것이다. 굳이 인위적인 것을 찾는다면 사물함과 샤워실, 벤치 등 약간의 편의시설과 함께 물에 들어가고 나갈 때 안전을 위해 간이 계단이 놓여 있다는 것 정도가 전부였다.

수경을 끼고 숨대롱을 물고 수면 아래로 내려가자 이름도 모르는 열대어들이 아시아에서 온 나를 보고 놀라 재빨리 도망가고, 움직이지 못하는 산호초들만 자기 자리를 지키고 있다. 그리 사람도 많지 않아 카리브해의 자연을 온몸으로 만끽하며 쉼을 구할 수 있는 천혜의 장소가 바로 이곳인 듯했다.

카리브해의 보석, 깐꾼

카리브해의 일출을 보고 싶은 맘에 캄캄한 새벽 5시에 눈을 떴다. 그렇게 소란스러웠던 도심은 쥐죽은 듯 조용했고 바람이 세차게 불었지만 찬바람은 아니었다. 해변에서 두 눈을 부릅뜨고

까르멘에서 맞이한 카리브해의 일출. 내가 상상했던 카리브해의 일출은 아니었지만 따뜻한 기운이 잠시의 피곤함을 녹여 준다.

한 시간쯤 기다렸을까? 수평선 너머 붉은 기운이 감돌기 시작했다. 하지만 내 맘도 몰라주는 야속한 구름들이 수평선 쪽에서 사이좋게 옹기종기 몰려 있다. 하늘이 도와주지 않는 걸까? 조마조마한 마음으로 한참을 기다렸는데도 기대했던 태양은 나오질 않고 이미 날이 어느 정도 밝아 버렸다. 하는 수 없이 일출에 대한 기대를 접고 뒤돌아서려는데 갑자기 태양이 하늘로 치솟아 오른다. 내가 상상했던 드라마틱한 카리브해의 일출은 아니었지만 따뜻한 기운이 온몸에 퍼지면서 잠시의 피곤함이 눈 녹듯 사라진다.

숙소로 돌아오자 일출의 약발이 다 되었는지 금세 피곤해졌다. 침대에 잠깐 등을 붙였는데 벌써 오전 9시다. 3일째 아침을 라면과 함께 열고 있다. 첫날은 라면에 해산물을, 둘째 날은 거기에다 계란을, 그리고 오늘은 생선까지 하나씩 더 추가해 끓여봤다. 그런데 뭔가 딱 2% 부족하다. 물이 달라서 그런 것일까?

오늘은 깐꾼엘 들렀다가 까르멘에서 약 756km 떨어진 치아빠스 주의 빨렌께로 넘어가야 한다. 일단 마실 음료와 과일들을 챙겨 깐꾼 행 꼴렉띠보에 올랐다. 1시간쯤 지나자 멕시코시티 이후 처음으로 거대한 건물들이 시야에 잡힌다. 하지만 내가 탄 꼴렉띠보는 계속 직진을 하더니 깐꾼의 쎈뜨로인 아데오 버스터미널 건너편에 멈춰 섰다. 깐꾼의 해변을 보기 위해서는 이곳 쎈뜨로에서 다시 로컬버스를 타고 거대한 건물들이 밀집되어 있는, 호텔존Zona Hotelera이라 불리는 깐꾼 섬으로 가야 한다. 오후 7시 15분에 출발하는 빨렌께 행 야간버스를 까르멘에서 타야했기에 지체 없이 호텔존으로 가는 R1 버스에 올랐다.

'카리브해의 보석'이라고 일컫는 깐꾼은 고대 마야어로 '뱀의 보금자리'를 뜻한다. 실제로 바다에서 바라보면 섬의 모양이 정말 뱀의 형상을 하고 있다. 연중 수온이 섭씨 26~29도인 깐꾼은 스노클링, 카약, 요트 등 각종 해양레포츠의 천국이다. 뿐만 아니라 아름다운 산호초 군락과 다양한 열대 해양생물들로 인해 전세계 다이버들에게 각광을 받고 있는 곳이기도 하다.

그러나 1960년대만 하더라도 깐꾼은 채 100명도 되지 않는 마야의 후손들이 낚시와 채집으로 살아가던 작은 어촌에 불과했다. 그러던 깐꾼이 지정학적 조사를 통해 국제 휴양지 건립의 최

뱀의 형상을 하고 있는 깐꾼.
멕시코 최대의 휴양지로, 왜 깐꾼에 열광하는지 알 것 같다.

© Cancun Visitors Bureau

적지로 선정되면서 멕시코 정부에 의해 지금의 모습으로 개발되었다고 한다. 아마도 그 시기가 1970년대 초반인 듯하다.

멕시코 최대의 휴양지 깐꾼은 한국인들에게도 매력적인 여행지로 손꼽힌다. 이러한 한국인들의 관심에 부흥이라도 하듯, 2012년 9월에는 일본과 중국에 이어 아시아에서 3번째로 멕시코관광청 사무소가 서울에 개소했다. 게다가 2017년 7월부터는 멕시코 직항 노선이 개설되어 미국이나 캐나다로 우회하지 않고 갈 수 있게 되었다.

물론 한국과의 거리 때문에 쉽게 움직일 수 있는 곳은 아니지만 유럽이든 어디든 공항까지 가기가 힘들어서 그렇지 비행기만 타면 다 도착하는 곳들이지 않는가. 열흘 정도의 시간만이라도 자유롭게 사용할 수 있다면 깐꾼을 거점으로 치첸이쯔아와 뚤룸의 유적지까지, 꽤 괜찮은 루트인 듯싶다.

깐꾼의 서점을 샅샅이 뒤지다

멕시코 법에 의하면, 누구나 해변을 자유롭게 이용할 수 있게끔 그 권리를 인정하고 있다. 하지만 산호섬을 따라 성벽처럼 해변을 둘러싸고 있는 150여 개의 초호화 호텔과 리조트로 인해 깐꾼의 아름다운 바다를 보러 온 가난한 여행객들은 해변으로 들어가는 출입구를 찾지 못해 당황하기 일쑤다. 제일 쉽게 해변으로 들어갈 수 있는 방법은 그 많은 호텔 중 한 곳에 머물며 깐꾼을 즐기는 것이다. 하지만 배낭여행자에게 있어 그런 호사는 가당치도 않은 일이기에 경비원들의 눈을 피해 살짝 호텔을 경유하는 것도 하나의 방법이다.

하지만 배낭여행족들을 한눈에 알아보시는 눈썰미 좋은 경비총각들을 피하기가 여간해선 쉽지 않다. 설상가상으로 대부분의 호텔에서는 투숙객들을 식별하기 위해 팔찌까지 나눠 주고 있으니 말이다. 그렇다고 해변으로 들어가는 입구가 전혀 없는 것은 아니다. 수시로 이런저런 정보들을 수집한 나로서는 영화 〈마스크(The Mask, 1994)〉의 촬영지이기도 한 꼬꼬봉고CoCo Bongo 앞에서 내려 그 옆으로 나 있는 샛길을 통해 어렵지 않게 깐꾼의 해변에 발을 디딜 수 있었다.

제일 먼저 나의 시선을 사로잡은 것은 더없이 푸르른 깐꾼의 바다 색깔이었다. 하늘과 맞닿은 곳에서 뿜어 나오는 짙은 푸르름이 순백의 모래사장과 가까워질수록 연파랑으로 변환되어 마치 푸른색 명도표를 보는 듯했다. 게다가 산호초가 부서져 생긴 솜사탕처럼 부드러운 백사장은 카리브 해변을 끼고 20km 이

영화 〈마스크〉의 촬영지인 꼬꼬봉고.
배낭여행자들이 맘 놓고 깐꾼 해변으로
들어갈 수 있는 샛길이 바로 옆에 있다.

상 쭉 뻗어 있었고, 초호화 리조트와 호텔들은 뚤룸이나 까르멘에서 느낄 수 없는 도시화된 세련됨을 더해 주었다. 물론 캐스팅 또한 뚤룸 못지않다.

대신 예상할 수 있듯이 이곳 물가는 상상을 초월한다. 그 때문에 깐꾼으로 오는 배낭여행자들은 대부분 깐꾼 섬에서 11km 정도 떨어진 쎈뜨로에 거처를 정한 후, 한 푼이라도 아끼기 위해 불편하더라도 대중교통을 이용해 깐꾼의 해변으로 오게 된다.

한참을 넋 놓고 깐꾼의 해변만을 응시하다가 뜨거운 햇살을 피할 요량으로 그늘진 곳을 찾아 움직였다. 손에 들고 있던 거추장스러운 과일과 음료부터 깔끔하게 정리한 후, 태양을 피해 가며 해변을 거닐다가 다시 깐꾼 쎈뜨로 행 버스에 올랐다. 문제는 여기서 발생했다. 얄쿠에서의 수영으로 인해 체력이 소진되었음에도 불구하고 일출을 보기 위해 새벽 댓바람부터 설쳤더니 몸 상태가 엉망이었던 게 화근이었다. 결국 쎈뜨로로 돌아오는 버스 안에서 에어컨의 달콤함에 젖어 살짝 졸다가 그만 여행 책자를 놓고 내린 것이다.

시계는 오후 2시를 넘어섰지만 가이드북 없이 중미를 돌아다니기에는 역부족이겠다 싶어 깐꾼의 서점을 찾아 나섰다. 상대적으로 규모가 큰 깐꾼에서 가이드북을 구입하지 못한다면 다음 목적지인 빨렌께에서도 그렇고, 멕시코보다 발전 속도가 더딘 과테말라에서는 더더욱 어려울 것이라는 게 나의 순간 판단

간꾼의 드넓은 백사장과 그 너머로 보이는 푸르른 카리브해. 쪽빛에서 에메랄드빛까지 다양하게 변하는 바닷물의 향연을 만끽할 수 있다.

이었다. 먼저 쁠라사 아메리까스Plaza Americas라는 대형 몰로 가서 그 안에 있는 두 개의 서점을 다 뒤졌지만 론니 『중미』편이 보이질 않는다. 혹시 론니 다음으로 꽤 많은 여행자들이 이용하는 「풋프린트(Footprint)」 시리즈의 『중미(Central America & Mexico Handbook)』편이라도 있는지 확인해 봤지만 없단다.

직원 중 한 명이 간디Gandhi라는 서점을 소개해 줘, 다시 물어물어 찾아갔다. 서점 안으로 들어서자 론니 시리즈만 따로 분류해 놓은 코너가 시야에 들어온다. 잠시 안도의 한숨을 돌린 후, 『중미』편을 찾는데 어찌된 일인지 그 많은 론니 책 중에서 정확히 『중미』편만 없다. 직원에게 물었더니 『중미』편은 곧 새 버전이 나올 예정이어서 재고가 없단다. 풋프린트『중미』편은 있냐고 물었더니 그 책의 존재 자체를 알지 못했다. 내가 안쓰러워 보였는지 직원이 다른 서점에 전화를 돌려 론니『중미』편 재고 확인을 해 줬지만 역시 없단다.

하는 수 없이 여행 책자를 구입하는 것은 뒤로 미루고 숙소로 되돌아왔다. 그래도 미련이 남아 까르멘에 있는 서점까지 찾아가 봤지만 역시 보이질 않는다. 조금 불편하더라도 지금의 상황을 있는 그대로 받아들여야 된다고 내 자신을 다독이면서 약 12시간이 소요되는 빨렌께 행 버스에 올랐다.

빨렌께의 전설적인 왕, 빠칼

오전 6시 45분, 멕시코의 마지막 여행지인 빨렌께에 도착했다. 버스에서 내려 허름한 아데오 버스터미널 안으로 들어서자 변변한 지도 한 장 보이질 않는다. 다행히 빨렌께 마을 자체가 아주 작아서 지도 없이도 다닐 수 있을 것 같았다. 주위 사람들에게 쎈뜨로 가는 길을 물었더니 기다렸다는 듯 이구동성으로 바로 앞 도로에서 오른쪽으로 쭉 올라가면 중앙공원 Parque Central이 보인다고 얘기해 준다. 모두들 아시아에서 온 내가 신기한가 보다.

중앙공원 앞 주도로인
베니또 후아레스.
나의 멕시코 여행은
베니또 후아레스로 시작해
베니또 후아레스로 끝이 났다.

빨렌께 마을의 중심인
중앙공원 입구.

이들이 가르쳐 준 방향대로 우회전해서 걷자 이내 갈림길이
나왔다. 모든 길이 다 연결되어 있을 듯해서 왼쪽 방향으로 틀었
더니 마침 이 길이 빨렌께의 중앙공원으로 이어지는 주도로다.
도로명도 어느 순간 내게 너무 익숙해져 버린 베니또 후아레스
였다. 멕시코시티의 공항 이름 역시 베니또 후아레스였지 않는
가. 나의 멕시코 여행은 이렇게 베니또 후아레스에서 시작해서
베니또 후아레스로 끝난다는 생각에 웃음이 나왔다.

일단 중앙공원 인근에 위치한 숙소에 짐부터 풀고 나서 주인
아저씨가 일러 주는 생생한 정보를 토대로 고대 마야의 도시 빨

렌께로 향하는 꼴렉띠보에 올랐다. 10분 정도 달렸을까? 차가
잠시 멈춰서더니 어떤 사람이 다가와 국립공원 통행료를 걷으며
손목에 띠를 하나 둘러 준다. 다시 차는 5분 정도 더 달려 빨렌께
유적지 앞에 도착했다. 이번에는 통행료가 아닌 입장료를 지불
한 후에야 빨렌께 유적지에 들어설 수 있었다.

마야 문명의 젖줄인 우수마씬따 강Río Usumacinta 중부 유역의 열
대우림에 둘러싸인 빨렌께는 마야인들에게 '위대한 물'이라는
의미의 라캄아Lakamha로 불렸다. 기원전 100년경부터 사람들이
거주했지만 지금 남아 있는 유적들의 대부분은 기원후 615년, 12
세의 나이에 왕좌에 올라 무려 68년을 통치하였던 빨렌께의 전
설적인 왕 빠칼K'inich Janaab' Pakal과 그의 아들 칸 발람K'inich Kan Balam II
시대에 축조된 건축물들이다.

당시 열두 살이라는 어린 나이에, 소아마비를 앓아 한쪽 다리
까지 불편했던 빠칼이 왕위를 계승하자 인근의 강대국 깔라크물
Calakmul과 그 동맹국들의 침범이 끊이질 않았다고 한다. 하지만

빠칼은 이에 굴하지 않고 내부적으로 귀족 계급을 정착시켜 정치와 군사 체계를 정비해 나갔다. 그런 다음 주위 나라들을 하나씩 복속시켜 나가면서 동쪽의 최대 강국인 띠칼과 동맹을 맺어 나라를 안정시켰다. 나아가 빠칼은 자신에게 우호적인 나라들과는 무역로를 공유하는 등 활발한 상업 활동을 통해 자국을 부강하게 만들었다.

1784년 스페인 선교사에 의해 발견되기 전까지 정글로 뒤덮여 있던 빨렌께에서 나의 관심을 끈 것은 팔순을 바라봤다는 빠칼의 나이였다. 물론 오늘날의 관점으로 보면 팔순이 뭐 그리 대단한 일도 아니다. 1970년대 이후, 위생적인 상하수도 시설이 보급되고 더 나은 주거 환경과 오염되지 않은 음식물이 공급되면서 이제는 초고령 사회를 걱정해야 하는 시대에 살고 있기 때문이다. 하지만 마야의 시간이 지배하는 이곳 빨렌께에서 빠칼의 나이는 나의 상상력을 자극하기에 충분했다.

소아마비를 앓은 어린 빠칼이 자신의 의지와 상관없이 왕위에 오른 후 자신의 운명을 받아들이기까지, 자국에서 진정한 왕으로 인정받기까지, 그리고 인근 강대국들의 침략을 막아내고 자국을 부강하게 만들기까지 그의 역경이 추체험nacherleben을 통해 고스란히 전해져 오는 듯했다.

한참을 빠칼의 생애에 빠져 있다가 문득 이런 의문이 들었다. 봄날도 한철이듯, 삶이란 결국 죽음을 향해 나아가는 것이다. 빠

십자가의 신전에서 내려다본 빨렌께의 전경.
마야의 시간이 지배하는 빨렌께는 10세기 들어
갑자기 사라진 문명의 수수께끼이다.

칼은 죽음을 마주하며 과연 무슨 생각을 했을까?

마야의 3대 유적지, 빨렌께

빠칼 왕을 시작으로 기원후 7~8세기경에 최고의 전성기를 구가하였던 빨렌께. 당시 15km에 걸쳐 수백 개의 건축물들이 존재했을 것으로 추정되고 있다. 하지만 10세기 들어 갑자기 버려진 도시가 되면서 당시의 규모를 쉽사리 짐작하기는 어렵다. 아쉽게도 많은 건물들이 아직 복원되지 않았기 때문이다.

빨렌께의 대표적 유적으로는 아메리카 대륙에서 발견된 최초의 피라미드형 무덤인 비문의 신전Templo de las Inscripciones을 언급하지 않을 수 없다.[18] 오솔길을 따라 광장으로 들어서면 오른쪽으로 보이는 25m 높이의 건물이 바로 비문의 신전이다. 1952년 이곳 지하에서 발견된 20톤 무게의 석관에는 빨렌께의 역사가 마야 문자로 새겨져 있었다. 비문의 신전이라는 이름 또한 여기에서 유래한다. 발굴 당시, 도굴을 방지하기 위해 맹독이 발라져 있던 석관 안에는 생명의 상징인 비취 모자이크 가면을 쓰고 비취 팔찌와 반지를 낀 빠칼 왕이 누워 있었다고 한다.

---

[18]　비문의 신전에서 발굴된 해골과 석관, 무덤 등으로 인해 '아프리카 피라미드는 무덤이고, 아메리카 피라미드는 신전'이라는 주장은 힘을 잃게 되었다.

빠깔 왕이 안치되어 있던 비문의 신전.
아메리카 대륙에서 발견된 최초의 피라미드형 무덤이다.

현존하는 마야 문명의 유일한 석탑이 있는 궁전.
궁전 중앙에 15m 높이의 4층 석탑이 자리하고 있다.

비문의 신전과 앙상블을 이루고 있는 궁전El Palacio 또한 놓치지 말아야 할 빨렌께의 대표적인 건축물이다. 광장 정면에 위치한 궁전은 세월의 무게만큼 상당 부분 훼손되었지만 궁전 중앙에 위치한 15m 높이의 4층 석탑은 현존하는 마야 문명의 유일한 석탑이다. 현재까지 이 석탑은 천체 관측용이었거나 망루의 일종으로 추정되고 있다. 이 건축물들을 다 둘러본 후, 오솔길을 따라 십자가의 신전Templo de la Cruz이 있는 곳으로 올라가면 밀림 속에 웅크리고 있는 비문의 신전과 궁전을 한눈에 조망할 수 있다.

흔히들 마야의 3대 유적지라고 하면 과테말라의 띠칼과 온두라스의 꼬빤Copán, 그리고 이곳 빨렌께가 언급된다. 하지만 이미 떼오띠우아깐, 몬떼알반, 욱스말, 치첸이쯔아, 뚤룸을 거쳐 온 나에게 그리 큰 반향을 일으키지 못했다. 만약 빨렌께 유적을 먼저 경험하였다면 분명 다른 반응이 나왔겠지만 말이다.

오늘은 내일 이동할 교통편을 예약하는 일 말고는 특별한 일정이 없어 여유롭게 움직였다. 빨렌께의 유적지를 느긋하게 둘러본 다음, 멕시코 국경을 넘어 과테말라의 플로레스Flores로 가는 교통편과 비용을 알아보기 위해 마을 중심가에 위치한 현지 여행사들을 찾아 나섰다. 예상대로 업체마다 부르는 가격이 모두 제각각이다. 다른 말로 하자면 흥정이 가능하다는 뜻이기도 하다. 마침 인상 좋아 보이는 아저씨가 근무하는 여행사에서 조금 더 저렴한 비용으로 플로레스 행 교통편을 해결했다.

그러자 목에 걸린 가시처럼 가이드북 생각이 다시 꿈틀거리기 시작했다. 혹시나 하는 막연한 희망을 품고 시내 중심가를 샅샅이 뒤져 봤지만 아쉽게도 빨렌께에는 서점 자체가 없다는 사실만을 확인할 수 있었다. 괜스레 마음이 무거워졌다. 기분도 전환할 겸 숙소로 돌아와 샤워를 하려는데 생뚱맞게 샤워기의 수도꼭지가 냉온수 구분 없이 하나다. 살짝 틀어 봤더니 열대지방이어서 그런지 미온수가 나왔다. 샤워를 마친 후, 개운한 맘으로 나른한 몸을 잠시 침대에 누이며 한참을 멍하게 천정만 응시하다가 배낭을 정리하기 위해 일어났다.

내일 아침이면 멕시코와 작별하고 과테말라로 이동해야 한다. 여행 책자가 없다 보니 불편한 점이 많지만 책 한 권이 사라지자 예상 외로 배낭의 무게가 꽤 가벼워졌다. 이참에 가이드북 없이 중미를 여행하는 호기로운 생각을 잠시 품어도 봤다. 하지만 멕시코나 과테말라와는 달리 엘살바도르에서 파나마까지의 정보가 워낙 부족해서 바로 꼬리를 내릴 수밖에 없었다. 분명 어딘가에서 여행 책자는 구입할 수 있겠지만 책 안에 깨알같이 써 놓은 나의 메모와 다시 마주할 수 없다는 사실이 무척 아쉬웠다.

갑자기 비가 억수같이 쏟아진다. 돌이켜보니 감사하게도 멕시코에서의 여정 동안 날씨 복은 있었던 듯하다.

중남미의 다양성과 동질성

중남미 대륙은 멕시코에서 아르헨티나에 이르기까지 33개의 독립국(중미 8개국, 카리브 13개국, 남미 12개국)과 남미 북동부 및 카리브해의 영국·미국·프랑스·네덜란드령 식민지로 이루어져 있다. 중남미 본토의 경우, 포르투갈어를 사용하는 브라질을 제외하면 대부분의 나라들(18개국)이 스페인어를 사용하고 있다. 하지만 그 밖의 나라들은 영어(카리브 12개국), 프랑스어(아이티), 네덜란드어(수리남)를 사용하고 있기도 하다.

경제적 측면에서 보자면, 중남미 사회는 공적개발원조(ODA)의 기준에 근거해 중소득국(MICs)으로 분류할 수 있다. 하지만 그 안을 조금만 유심히 들여다보면 단일 작물에 국가 경제의 존망을 걸고 있는 '바나나공화국' 온두라스와 같은 나라가 있는가 하면, 이미 경제협력개발기구(OECD)에 가입한 멕시코나 칠레와 같은 나라도 있고, 대통령 탄핵과 부패 스캔들로 인해 잠시 경제 침체 국면에 빠졌지만 2017년 국내총생산량(GDP)이 세계 8위인 브라질 같은 나라도 있을 만큼 다양한 스펙트럼이 존재한다는 것을 확인할 수 있다.

지형과 자연 또한 다양성을 자랑한다. 멕시코의 드넓은 평원과 함께 카리브해의 아름다운 바다가 펼쳐지는가 하면, 남미 대륙에는 험준한 안데스산맥과 '지구의 허파'라 불리는 아마존(El Amazonas)이 버티고 있다. 게다가 모든 여행자의 로망이라 할 수 있는 볼리비아의 우유니 소금 사막과 '바람의 땅'으로 알려진 빠따고니아, 그리고 빙하에 이르기까지 중남미 대륙의 풍요로운 자연 세계는 이들의 찬란한 문화유산과 어우러 져 차츰 우리의 이목을 집중시키고 있다.

이렇게 다양한 모습을 간직한 중남미이지만 이들만의 서글픈 동질 성 또한 간과해서는 안 된다. 오랜 역사에도 불구하고 불평등의 상징인 1492년 이후, 중남미 사회는 유럽에 의한 착취와 수탈의 식민 통치를 겪으면서 철저히 유럽에 종속된 사회경제 구조로 고착화되었다. 물론 나폴레옹(Napoleon Bonaparte, 1769~1821)의 1808년 스페인 침공 이후, 중남미에서 스페인의 입지가 약화된 틈을 이용해 대부분의 중남미 국가 들이 독립을 쟁취하게 된다.

하지만 중남미 국가들의 '독립'은 엄밀한 의미에서 볼 때, 유럽에서 건너온 서양인 '뻬닌술라르(Peninsular)'와 중남미에서 태어난 서양인 '끄 리오요(Criollo)'의 갈등 사이에서 중남미 토착 서양인인 끄리오요가 승 리한 것에 불과했다. '독립'을 쟁취한 끄리오요들은 프랑스혁명의 영향 을 받아 공화제를 채택하고 모든 인간은 태어날 때부터 법 앞에서 평등 하다는 프랑스의 헌법 조항을 자신들의 헌법에 명시하였다. 하지만 법 적 차별의 종식이 실질적 차별의 종식을 의미하는 것은 아니었다. 오히 려 백인에 가까울수록 계급이 높아지고 피부색이 검을수록 계급적으로 낮아지는 현상은 더욱 강화되었다.

희생의 중심에 서 있던 중남미 원주민들의 입장에서 보자면, 자신 들을 지배하던 세력이 유럽에서 건너온 백인에서 중남미에서 태어난 백 인으로 바뀌었다는 것, 그 이상도 그 이하도 아니었던 것이다. 게다가 독립 이후에도 중남미 사회는 19세기 유럽의 신흥 제국들과 20세기 미국으로 대표되는 외세로부터 끊임없는 간섭과 지배를 받게 된다. 그럼에도 불구하고 오늘날 중남미 사회는 인구 6억 명의 내수 시장을 바탕으로 최근 10년간 연평균 5%대의 경제성장을 거듭하며 아시아를 잇는 '제2의 신흥시장'으로 부각되고 있다. 하지만 아쉽게도 여러 가지 이유들로 인해 이러한 경제성장이 원주민들의 실질적인 빈곤 감소와 소득 불균형 개선으로 이어지지는 못하는 듯하다.

PART

4

Guatemala

야생의 천국, 과테말라

(9박 10일)

고대 마야 문명의 본거지 띠칼, 쳐다보는 것만으로도 마음 설레는 세묵 참뻬이, 영혼의 안식처이자 세상에서 가장 아름다운 호수로 극찬 받는 아띠뜰란 호수, 꼴로니알 시대의 보물 안띠구아. 이동하는 순간순간이 고역이었지만, 과테말라는 말문이 막힐 정도의 아름다움으로 내게 다가왔다.

Root-과테말라

플로레스(띠칼) →세묵 참뻬이 →안띠구아 →아띠뜰란 호수(산뻬드로, 빠나하첼, 산띠아고) →안띠구아

멕시코에서 과테말라 국경 넘기

멕시코에서 처음 만난 비가 천둥까지 동반하며 밤새도록 퍼붓는다. 좀처럼 그칠 것 같지가 않다. 오전 6시에 온다던 셔틀버스는 시간이 되어도 당연하다는 듯 오질 않는다. 10분, 20분, 30분이 지나고 40분이 지나도록 빗소리 외엔 아무 소리도 들리질 않는다. 지켜보고 있던 숙소 직원이 전화를 하자 명단이 누락되었는지 그제야 자가용 한 대가 와서 셔틀버스 있는 곳까지 나를 데려간다.

과테말라로 입국하기 위해서는 도중에 우수마씬따 강을 배로 건너야 한다는데 창밖으로 꽤 굵은 장대비가 계속 내리고 있다. 하지만 크게 걱정하지는 않았다. 여행을 하며 체득한 노하우 중 하나가 상황을 정확하게 파악하지 못한 상태에서는 걱정도 구체적일 수 없다는 것. 혼자 과테말라로 넘어가는 것도 아닌데 굳이 앞장서서 홀로 상상적 염려를 할 필요는 없기 때문이다.

출발한 지 1시간 정도 지났을까? 다행히 비가 그쳤다. 그러자 셔틀버스는 더욱 속도를 내며 2차선 왕복 도로를 시원하게 내달

빨렌께에서
멕시코 출입국 관리소까지 가기 위해
이용한 셔틀 버스.

변화무쌍한 날씨와 날씨에 따라 춤추는 나의 기분. 멕시코의 마지막은 장대비였지만, 과테말라의 시작은 흰 구름이 떠 있는 파란 하늘이었다.

리기 시작했다. 날씨는 흐렸지만 창틈 사이로 열대우림의 싱그러움이 온몸을 감싸고도는 상쾌한 아침이다.

한참을 달리던 차가 속도를 줄이더니 어딘가에서 멈춰 섰다. 출입국 관리소인가 싶었는데 누군가 다가와 15뻬소씩을 걷는다. 마야의 후손들이 사는 라깐도나 정글 지역에 들어가면 통행세로 15뻬소를 내야 한다는 이야기를 빨렌께의 현지 여행사를 통해 이미 들었기에 군말 없이 돈을 건넸다. 그랬더니 생각지도 못한 영수증까지 챙겨 준다. 아마 이곳이 사빠띠스따 자치구인 듯하다.

다행히 날씨는 차츰 맑아졌고 얼마 지나지 않아 멕시코 출입국 관리소Frontera Corozal가 시야에 잡힌다. 셔틀버스를 타고 온 9명 모두 별 어려움 없이 출국 도장을 받은 후, 보트 타는 곳으로 내려갔다. 물살이 그리 세지는 않았지만 이제부턴 숨어 있던 햇살이 괴롭히기 시작한다. 정말 변화무쌍한 날씨다.

30분 정도 지나 보트에서 내리자 우리를 기다리고 있던 한 남자가 "웰컴 투 과테말라"라고 큰 소리로 인사를 건넨다. 과테말라에서 우리를 인솔할 가이드인 듯했다. 가이드의 친절한 설명을 들으며 입국 신고서를 작성한 후, 여행자 버스에 오르자 정확히 낮 12시다. 버스는 이내 과테말라 출입국 관리소에 도착했다. 일행들 모두 입국 도장을 받기 위해 줄을 서고 있는데 가이드가 상냥한 목소리로 "과테말라 입국 시에는 현지 돈으로 40께찰 quetzals, 미화로는 5달러씩을 내야 합니다. 잊지 마세요"라고 이야기를 한다.

과테말라에는 입국비가 따로 없는데도 출입국 관리소에서 여행객들을 상대로 장난을 친다는 얘기를 여행 블로그들을 통해 이미 접한 터라, 내 차례가 되었을 때 마음의 준비를 하고 여권

마야의 후손들이 사는
라깐도나 정글 지역의 도로. 이 길 끝에
멕시코 출입국 관리소가 있다.

멕시코에서 마지막으로 이용한 운송수단.
멕시코와 과테말라의 경계인 우수마씬따 강은
보트를 이용해 건넜다.

과테말라 플로레스 행 여행자 버스.
비포장도로를 마다하지 않고
열심히 달려 플로레스에
나를 데려다 준 고마운 녀석이다.

만을 건넸다. 그랬더니 출입국 관리소 직원이 의아한 표정으로 입국비 이야기를 꺼낸다. 당연히 예상했던 반응이어서 가자미눈을 뜨고 나직하지만 단호한 목소리로 출입국 관리소 직인이 찍힌 영수증을 줄 수 있냐고 다그치자 출국 때 내라며 얼른 도장을 찍어 준다. 그 광경을 목격한 한 여행객이 나에게 다가와 어깨를 툭 치더니 내가 자기의 새로운 영웅이라며 엄지손가락을 치켜세운다. 알고 보니 나를 제외한 모두가 '입국비'라는 것을 낸 듯했다. 이때부터 가이드의 말이 곧이곧대로 들리지 않는 건 나의 삐뚤어진 심보 때문만은 아닐 것이다.

시골 마을 플로레스에서의 뜻하지 않은 득템

다시 버스에 오르자 과테말라라는 표지판과 함께 비포장도로가 우리를 기다리고 있다. 무사히 과테말라로 입국해서인지 긴장감이 풀리면서 갑자기 눈꺼풀이 무거워졌다. 새벽에 일찍 일어나야 된다는 중압감 때문에 밤잠을 설쳤더니 그 피로가 한꺼번에 밀려오고 있는 중이다. 그래도 덜컹거리는 버스 안에서 잠을 청할 만큼 넉살이 좋진 않아 옆자리에 앉아 있던 스웨덴 친구 라사와 여행 중에 겪었던 소소한 경험들을 소재로 잡담을 나누기 시작했다. 그러다가 깐꾼의 버스에서 여행 책자를 놓고 내렸다는 이야기를 꺼내자, 자기 일인 양 매우 안타까워한다. 순간 라사의 공감 능력이 나에게 소소한 감동으로 다가왔다.

'진정한 여행이란 새로운 풍경을 보는 것이 아니라 새로운 눈을 가지는 데 있다'고 마르셀 프루스트Marcel Proust가 말했다. 하지만 '새로운 눈'은 여행만 하면 저절로 생기는 것이 아니다. 이를 위해서는 내 울타리 밖에 있는 새로운 풍경과 새로운 문화, 그리고 새로운 사람들과 만나 끊임없이 소통해야 한다. 하지만 그 소통이란 게 공감이 결여된 것이라면 그것은 일방적인 의사 전달이자 자기 복제의 과정일 뿐이다. 분명한 것은 공감을 통해 타자와 공명하는 만큼 새로운 눈도 함께 열린다는 것이다.

'과테말라에 온 것을 환영하다'는 팻말.
과테말라로 들어서자 비포장도로가 나를 반긴다.

2시간 정도 지나자 버스가 아스팔트 위로 올라섰다. 모두가 "와우" 하며 함성을 내지른다. 우리가 탄 버스는 목적지인 플로레스 섬과는 다리6a Avenida 하나를 사이에 두고 마주한 산따엘레나Santa Elena의 현금자동인출기 앞에 정차했다. 가이드에 대한 불신으로 인해 여기서도 어떤 꼼수가 숨어 있지 않나 유심히 살펴봤지만 별 탈은 없는 듯했다. 일행들과 함께 카드로 과테말라 돈인 께찰을 출금한 후, 다시 버스에 올라탔다. 오후 5시쯤에 드디어 뻬뗀이쯔아 호수Lago de Petén Itzá에 자리 잡은 플로레스에 안착했다.

'꽃'이라는 뜻을 지닌 작은 섬, 플로레스는 마야 유적지인 띠칼을 들르기 위한 베이스캠프 같은 곳이다. 한국 배낭여행자들의 정보를 통해 이미 점찍어 두었던 숙소에서 2박을 하기로 결정하고 내일 오전 7시에 출발하는 띠칼 행 교통편도 함께 예약했다. 이제는 굶주린 배를 채워야 할 시간, 숙소 직원에게 괜찮은 식당이나 슈퍼가 어디 있는지 물었더니 유창한 스페인어로 친절하게 설명해 준다. 무슨 말인지 알아듣지 못하고 있다는 것을 눈치 챈 직원이 이번에는 천천히 손과 발을 다 사용해 가며 또다시 스페인어로 설명을 시도한다. 덕분에 다리 건너편에 큰 슈퍼가 있다는 것을 희미하게 인지했다. 그리 먼 거리가 아니어서 천천히 걸었더니 플로레스로 들어올 때 스쳐 지나쳤던 큰 건물Maya Mall이다.

간만에 다시 만난 대형 슈퍼에서 먹음직스러워 보이는 과일

평화로운 뻬뗀이쯔아 호수.
보는 사람의 마음까지 편안하게 해준다.

플로레스 섬에서 다리를 건너자마자
좌측으로 보이는 대형 슈퍼마켓인 마야몰.

싱싱한 과일부터 생필품까지 없는 게 없다.
특히 슈퍼마켓 한켠에 자리 잡은 라면 코너.
너무나 반가웠던 한국 라면들은
멀리서도 한눈에 알아볼 수 있다.

들과 음료, 요거트 등을 바구니에 담고 있는데 생각지도 않았던 한국 라면이 존재감을 드러내고 있다. 마치 여기까지 오느라 고생했다고 보상이라도 하듯 말이다. 게다가 슈퍼 바로 앞에는 버거킹까지 있어 간만에 제대로 된 와퍼 햄버거로 순간의 행복을 만끽한다. 멕시코에 있는 동안 따꼬를 열심히 먹었지만 아무래도 나의 입맛엔 햄버거나 피자가 더 익숙하다는 건 부인할 수 없었다.

오랜만에 익숙한 포만감에 젖어 숙소로 돌아오는데 자그마한 기념품 가게가 하나 보인다. 혹시나 하는 맘에 잠시 들렀더니 이게 웬일인가. 오매불망 찾아 헤매던 론니 『중미』편이 나의 시선에 정확히 꽂혔다. 그리 찾아도 보이질 않던 여행 책자가 이런 시골에서 나를 기다리고 있을 줄 누가 상상이나 했겠는가. 물론 소소한 것까지 꼼꼼하게 메모해 놓았던 그 책자는 아니었지만 가이드북을 품에 끼고 숙소로 돌아오는 발걸음이 무척 가벼워졌다.

갑자기 하늘이 어두워지더니 이내 비가 내리기 시작한다. 플로레스의 일몰이 꽤 예쁘다고 들었지만 내일로 미뤄야 할 듯하다.

역사 속으로 사라진 마야 문명의 역사

새들의 울부짖는 소리에 일찍 잠을 깼다. 시계를 보니 아직 오전 6시도 안 되었다. 다시 눈을 붙이고 싶었지만 도저히 일어나지 않고서는 배길 재간이 없다. 새가 우는 것도 한두 마리여야 운치가 있을 텐데 수십 마리가 단체로 떼창을 해대니 알람 소리조차 얘네들 발악에 묻혀 들리질 않는다. 과유불급이다. 게다가 우기(5월~10월)도 아닌데 모기들이 극성이다. 무슨 게릴라 모기도 아니고 소리 없이 다가와 물어뜯는다.

더 이상 누워 있을 상황이 아니어서 가볍게 플로레스 섬을 한 바퀴 둘러보기로 했다. 마침 중앙공원Parque Central 앞에 위치한 교회의 문이 열려 있어 살며시 발걸음을 안으로 들여놓았다. 교회 내부는 초록 계열의 천으로 정갈하게 장식되어 있었고, 낮은 제단 위로는 천을 이용한 간접조명이 전체적으로 포근함을 더해 주고 있다. 잠시 의자에 앉아 머리를 조아린다.

다행히 날씨가 조금씩 맑아지고 있다. 오전 7시가 조금 넘자

이른 아침의 플로레스 섬.
아직 잠에서 깨지 않은 듯 조용하고
차분한 거리 풍경이 나름 신선했다.

중앙공원 앞에 위치한 교회
(Parroquia Nuestra Señora de Los Remedios).
화려하지는 않지만 정갈한 분위기가
마음까지 편안하게 해 주었다.

아름다운 섬, 플로레스는 마야 유적지 띠깔을 들르기 위한 베이스캠프 같은 곳이다.

띠칼 행 셔틀버스가 숙소 앞에 도착했다. 작은 가방만 하나 둘러 메고 가볍게 셔틀버스에 올랐다. 한 시간 정도 지났을까? 매표소 앞에 차를 세우더니 표를 끊어 오란다. 현지인은 25께찰, 여행객은 무려 150께찰이라는 문구에 순간 동공이 무한 확장되었지만 선택의 여지가 없다. 2만 원이라는 거금을 들여 국립공원 입장권을 끊고 다시 차에 오르자 띠칼 유적지 정문에 내려다 준다.

돌아갈 때 여기서 다시 타면 된다는 확답을 받은 후, 나의 여정에서 마지막 마야 유적지가 될 띠칼로 들어섰다. 물론 마야의 3대 유적지 중 마지막 남은 온두라스의 꼬빤까지 들러야 '마야의 퍼즐'이 나름 완성된다고 할 수 있다. 하지만 이동 동선이 너무 어긋날 뿐만 아니라 꼬빤을 다녀온 여행 블로거들의 평도 그다지 좋지 않아 과감히 생략하기로 했다.

띠칼 유적지 입구와 매표소는
셔틀로 15분 정도 떨어져 있다.

나의 마지막 마야 유적 탐방지인
띠칼로 나를 데려다 준 셔틀버스.

기원전 1500년경 원시 농경사회를 이룩한 마야 문명은 기원전 6세기에서 4세기경 사이에 융성해지기 시작하여 기원후 4세기경부터 9세기까지 전성기를 맞게 된다. 흔히 이 시기를 고전기 마야Período Clásico Maya라고 부른다. 그중에서도 기원후 7~8세기를 고전기 마야 문명의 정점으로 일컫는데, 당시의 대표적 도시들로는 빨렌께, 띠칼, 꼬빤 등을 들 수 있다. 물론 지금까지 밝혀진 사실들만을 전제로 한 것이다.

하지만 과테말라 북부 뻬뗀Petén 저지대를 중심으로 발전하였던 고전기 마야 문명은 10세기 들어 급격한 쇠퇴기를 맞게 된다. 주민들은 어디론가 사라졌고 점차 마야의 도시들은 밀림으로 뒤덮이기 시작했다. 그 원인으로 전염병, 극심한 가뭄, 반란, 외적의 침입 등 다양한 학설들이 회자되지만 아무것도 확실치 않다는 것만이 정확하게 밝혀진 사실이다.

고전기 마야 문명의 붕괴 이후에도 유까딴 반도의 고지대에서는 치첸이쯔아와 같은 마야 문명의 후고전기Posclásico 도시가 10세기 이후에도 수세기 동안 계속 융성하게 된다. 하지만 결국 스페인에게 '정복'당하는 비운의 역사를 맞게 된다.

마야 문명 탐방의 하이라이트, 띠칼

정글 지대에 위치한 띠칼은 현존하는 고전기 마야 문명 중 처음으로 종교와 정치 체제를 갖추며 왕조를 이룩한 도시다. 기원전 6세기경에 도시가 건설되기 시작했고, 기원전 3세기경부터는 다양한 신전과 피라미드가 세워졌다. 전성기 때인 기원후 7~8세기경에는 마야 저지대 열대우림지역인 뻬뗀의 패권을 장악하며, 멀리 떼오띠우아깐과 같은 도시국가들과도 활발한 교류를 펼쳤다. 이 당시 인구가 약 9만 명이었다고 하니 얼마나 번창한 도시였는지 짐작할 수 있을 것이다. 이렇게 강대했던 띠깔은 떼오띠우아깐이 몰락한 뒤에도 계속 번영을 누리며 현재의 벨리즈까지 영토를 확장했다. 하지만 10세기경, 갑자기 역사에서 사라지게 된다.[1]

띠깔의 대표적인 유적으로는 두 곳을 언급할 수 있다. 그중 하나가 바로 대광장Gran Plaza이다. 대광장에 들어서자 높이 44m의 재규어의 신전(1호 신전)과 그보다 조금 작은 38m 높이의 가면의 신전(2호 신전)이 경기에 출전한 씨름 선수처럼 대광장을 마주보며 서로 으르렁거리고 있는 모습이 제일 먼저 주목을 끌었다. 그리고 이들 사이로 심판자처럼 버티고 서 있는 북아끄로뽈리스 Acrópolis del Norte의 모습도 이채롭게 다가왔다.

---

[1] 마야의 도시국가들은 띠깔처럼 패권을 장악한 도시국가들을 중심으로 주변 여러 도시국가들이 동맹이나 복속을 통해 직간접적으로 연합하는 구조였다. 간혹 마야 '제국(imperio)'이라는 용어를 쓰는 경우가 있는데, 이는 부적절한 표현이다. 왜냐하면 마야의 도시국가들은 중앙 집중적인 하나의 국가 통치 체제를 이루었던 적이 없기 때문이다.

상류 계층의 주거지 혹은
왕들의 무덤이라고 알려진 북아끄로뽈리스.
1호 신전과 2호 신전 사이에 있다.

1호 신전. 신전 입구에서 권력의 상징인
재규어 조각이 발견되어 재규어신전이라고도 불린다.

2호 신전과 대광장.
2호 신전 뒤쪽으로 설치되어 있는 계단을 통해
신전으로 올라가 대광장을 조망할 수 있다.

4호 신전 정상에서 내려다본 열내림의 파노라마. 밀림 사이로 1, 2, 3호 신전이 우뚝 솟아 있다. 참고로, 이곳은 〈스타워즈 에피소드 4, 새로운 희망〉의 배경지로 등장하기도 했다.

또 다른 유적으로는 대광장 뒤로 3호 신전(55m)을 지나 숲의 향기를 맡으며 안쪽으로 깊숙이 들어가야 보이는 높이 64m의 4호 신전이다. 단언하건대 이곳 4호 신전 정상에 올라 드넓게 펼쳐진 열대림의 파노라마를 목도하는 것은 마야 문명 탐방에 있어 하이라이트라 할 수 있다. 지평선 끝까지 이어진 열대림 사이로 섬처럼 솟아 오른 마야의 피라미드들을 바라보고 있노라면 마치 고대 마야 문명의 속살을 들여다보는 듯 당시 마야인의 힘과 정취가 느껴지는 것 같았다. 오죽했으면 조지 루카스^{George Lucas} 감독이 〈스타워즈 에피소드 4: 새로운 희망(Star Wars Episode IV: A New Hope, 1997)〉에서 레아 공주의 반란군 기지 배경으로 이곳 띠칼의 풍경을 그대로 사용했겠는가.

서기 900년경의 시간에 갇혀 버린 띠칼에선 이러한 유적들 외에도 또 다른 재미를 즐길 수 있다. 듣도 보도 못한 새들의 울음소리로부터 간간히 보이는 원숭이까지, 16km² 밀림 곳곳에 흩어져 있는 유적지들을 찾아다니며 어떤 동물들과 마주칠지 찬찬히

끝없이 이어지는 밀림 숲길과 과테말라의 국목이자 '생명의 나무'인 쎄이바 나무.

살펴보는 것이 바로 그것이다. 참고로, 1955년에 국립공원으로 지정된 띠칼에는 칠면조, 앵무새, 황새, 독수리 등 63과 333종의 조류들 외에도 다람쥐, 원숭이, 개미핥기, 나무늘보, 꼬아띠, 족제비, 스컹크 등을 비롯하여 퓨마와 재규어에 이르기까지 54종의 포유류가 서식하고 있다.

멀고도 험한 랑낀 가는 길

어제 저녁부터 또다시 내리기 시작한 비가 아침까지 이어지고 있다. 플로레스의 멋진 일몰의 아쉬움을 일출로 대신하려 했지만 이마저도 도와주질 않는다. 숙소 앞에서 오전 9시에 출발하는 랑낀Lanquin 행 셔틀버스의 빵빵거리는 소리가 귓가에 들린다. 큰 배낭을 셔틀버스 위에 얹어 끈으로 묶고 방수천으로 덮어씌운 뒤, 작은 가방을 들고 타려는데 이미 15인승 버스 안에는 운전석 쪽에 2명, 뒤쪽에 9명이 타고 있다. 간간히 덩치가 꽤 큰 여행자들도 보인다. 선택의 여지없이 눈에 띄는 빈자리에 작은 가방을 품에 안고 살포시 앉았다. 이대로 250km가 넘는 거리를 8시간

랑낀으로 가기 위해 이용한 15인승 치킨봉고.
이 좁은 봉고를 타고 8시간을 가야 한다.

동안 가야 한다고 생각하니 벌써부터 아찔해진다.

출발한 지 얼마 되지 않아 버스 기사가 전화를 받더니 뭐라고 중얼거리며 되돌아간다. 한 명을 태우지 않은 것이다. 우리나라에선 상상하기 힘든 일들이 이곳에서는 자연스럽게 벌어지고 있다. 결국 셔틀버스는 오전 10시가 다 되어서야 플로레스를 벗어날 수 있었다. 그런데 이게 장난이 아니다. 위험하다는 치킨버스[2]를 피하려다 '치킨봉고'를 만난 격이다.

치킨봉고는 뗏목 느낌이 물씬 풍기는 배 위에 올라 빠씨온 강 Río de la Pación을 건넌 후 다시 내달리기 시작했다. 오전 11시 30분경, 휴게소가 아닌 치섹 Chisec의 한 레스토랑 앞에 멈춰 서더니 여기서 점심을 해결하란다. 나름의 밀약 관계가 감지되었지만 선택의 여지가 없다. 일단 스트레칭으로 2시간 넘게 꼼짝 않고 있던 다리부터 풀고는 뜨거운 물과 식사를 함께 주문했다. 그런데 식당 직원이 생뚱맞게 따뜻한 물만 가져다준다. 뭔가 착오가 있는 듯했지만 차라리 잘됐다 싶어, 엊그제 사 놓은 컵라면으로 점심을 해결했다. 아주 뜨거운 물은 아니었지만 국물만큼은 내가 기억하던 바로 그 맛이었다.

다시 시동을 건 치킨봉고는 오후 4시쯤 꼬반 Cobán에 도착해선

---

2   일명 '닭장버스'라고 불린다. 1980년대 미국의 스쿨버스를 싸게 들여와 개조해 만든 버스다.

뗏목 느낌이 물씬 풍기는
배가 사람과 차를 싣고
빠시온 강을 건너고 있다.

손님 맞을 준비를 하고 있는
나빠시온 강 나룻배들.

휴게소 대신 도착한 치섹의
레스토랑(Restaurant B'omb'il Pek).
이곳에서 다함께 점심을 해결했다.

조수석 쪽에 한 명, 뒤쪽에 한 명을 더 태웠다. 15인승 치킨봉고에 정확히 어른, 그것도 덩치 큰 여행자들까지 포함해 15명 전원이 꽉 찼으니 확실한 만석이다. 지금부터 목적지인 랑낀까지는 61km 정도밖에 남지 않았지만 아직 2시간 반을 더 가야 한다. 길이 험할 뿐만 아니라 비포장도로가 우릴 기다리고 있어, 쉽지 않은 여정이 될 것 같았다.

꼬반을 지나자 이내 치킨봉고는 산길로 들어섰다. 오후 5시 반쯤 되었을 때, 랑낀까지 11km라는 팻말과 함께 드디어 비포장도로가 그 존재감을 과시한다. 이미 날은 꽤 어두워졌지만 거꾸로 매달려 있어도 국방부 시계는 돌아가듯, 시계가 오후 6시 반을 넘어서자 멀리서 불빛이 선명하게 보이기 시작했다. 드디어 랑낀이다.

첩첩산중에 자리한 예쁜 산장

날은 이미 어두워져 모든 사물이 형태로만 식별 가능한 상황, 각 숙소에서 픽업 나온 사람들이 자기 숙소 이름을 부르며 여행자들을 불러 모으고 있다. 일단 다리부터 풀어 줘야 할 듯해서 배낭을 잡고 잠시 스트레칭을 하고 있는데 어디선가 '뽀르딸 El Portal'이라는 귀에 익은 숙소 이름이 들려온다. 내일 가고자 하는 세묵 참뻬이 입구에서 100m 떨어진 곳에 위치해 있어 접근성

만큼은 최고다. 게다가 나무로 된 산장에서 자연을 벗 삼아 잠을
잘 수 있다는 이점도 있다. 다만 내가 들고 있는 론니『중미』편에
의하면 전기가 들어오지 않는다고 기술되어 있다.

뽀르딸을 열심히 외치고 있는 꼬마에게 지금은 전기가 들어오
는지 물었더니 '당근'이란다. 뽀르딸에서 묵는다면 9km 떨어진
숙소까지 무료로 데려다 준다는 말에 한 치의 망설임 없이 바로
짐차 뒤에 몸을 실었다. 치킨봉고에서 함께 내린 세바스찬이라
는 스위스 친구가 이미 자리를 잡고 앉아 나를 쳐다보며 웃는다.
조용했던 마을에서의 한바탕 소동이 끝난 후, 짐차가 시동을 걸
자 현지 아이들 3명이 짐차 뒤에 대롱대롱 매달리더니 그 모양으
로 세묵 참뻬이까지 갈 기세다.

비가 부슬부슬 내리는 가운데 이윽고 짐차가 움직이기 시작
했다. 중심을 잡기 위해 엉덩이를 깔고 앉았는데도 무언가를 붙
잡지 않고서는 몸을 주체할 수 없을 만큼 험난한 길이었다. 내
심 차 뒤에 매달려 있는 꼬마들이 걱정스러워 자꾸 신경이 쓰였
다. 그런데 아니나 다를까, 차가 돌부리에 걸려 중심을 잃은 순
간, 꼬마 한 명이 차 밖으로 튕겨 나갔다. 물론 짐차는 비포장도
로에서 속도를 거의 내지 못하고 있는 상황이었지만, 너무 놀라
운전기사를 향해 소리를 질렀다. 하지만 나의 목소리는 이내 빗
소리와 엔진 소리에 묻혀 버렸고, 매달려 있던 나머지 두 꼬마는
아무렇지도 않다는 듯 히죽거리기만 한다. 잠시 후, 꼬마 한 명

이 힘차게 휘파람 소리를 내자 차가 멈춰 섰다. 운전기사가 다가 와 짐을 내리면서 한 명은 어디 갔냐고 묻더니 자기들끼리 깔깔 거리며 웃어댄다.

이해할 수 없는 행동이었지만 언어의 장벽과 피곤에 찌든 몸 상태 때문에 이들이 하는 행동을 묵묵히 지켜보고 있을 수밖에 없었다. 아마도 이곳에서는 흔히 일어나는 일인 듯했다. 다시 차 는 어둠을 뚫고 움직이기 시작하더니 출발한 지 약 1시간이 지나 서야 숙소에 도착했다.

예상했던 대로 첩첩산중에 자리 잡은 예쁜 산장이었다. 리셉 션에서 체크를 마치고 배정 받은 캐빈에서 세바스찬과 잠시 숨 을 돌린 후, 함께 묵게 된 또 다른 세 명의 여행자들과 인사를 나 누며 이야기꽃을 피웠다. 얘네들은 모두 세묵 참뻬이 투어를 마 치고 내일 아침 일찍 꼬반이나 안띠구아로 떠날 예정이란다. 당 연히 우리의 대화는 세묵 참뻬이 투어 이야기가 주를 이루었고, 덕분에 세바스찬과 나는 투어 대신 입장료만 내고 세묵 참뻬이 를 들르기로 마음을 굳혔다. 뭐 간접 경험도 경험이지만 굳이 투

뿌르딸에서 같은 캐빈에
묵었던 친구들.
여행지에서 만난 친구는
정보뿐만 아니라 마음도 채워주는
든든한 존재이다.

어에 참여해야 할 이유를 찾지 못해서였다.

산장에서의 전기 사용은 오후 6시부터 10시까지로 한정되어 있어, 10시가 가까워지자 전등이 한 번 깜박거린다. 침소에 들라는 신호였다. 모두 자리에 눕자 이내 세상은 칠흑 같은 어둠 속으로 빠져들었다. 문득 구로사와 아키라黑澤明 감독의 영화, 〈꿈(夢, 1990)〉이 생각났다. 여덟 편의 에피소드 중 마지막 이야기인 〈물레방아가 있는 마을(水車のある村)〉을 보면, 현대 문명을 거부하고 자연과 더불어 살아가고 있는 마을에 당도한 도시 출신의 젊은이가 103세의 촌로에게 묻는 장면이 나온다. "할아버지, 밤이 되면 너무 어둡지 않나요?" 촌로는 그런 젊은이에게 "밤이 어두운 건 당연하질 않나, 왜 밤이 낮처럼 밝아야 하지?"라고 대

뿌르딸의 캐빈.
눈을 뜨면 자연의 소리,
자연의 향기가 온몸으로 느껴져
저절로 치유가 되는
숲속 작은 집이었다.

뿌르딸의 캐빈 내부 모습.

답한다.

얼치기 문명의 세례를 받은 촌놈에게 당연한 것이 어색하게만 느껴지는 이 밤. 빗소리와 냇물 흐르는 소리가 엄마의 자장가처럼 포근함을 가져다준다. 잠자리에 누워 몸을 쭉 뻗으며 지그시 눈을 감아 본다. 세포 하나하나가 지금 이 순간, 세묵 참뻬이의 자연과 공명하고 있음이 느껴졌다. 날씨만 좋았다면 이집트의 시와사막Siwa Desert에서처럼 수많은 별들을 볼 수도 있었겠지만 지금으로도 족히 행복하다.

천상의 계곡, 세묵 참뻬이

예쁜 새들의 노래 소리 대신 위층에 묵고 있던 여행자들의 덜컹거리는 소음에 눈을 떴다. 현실은 언제나 관념 속에 그려 놓은 이상과는 일정 정도 괴리가 있는 듯하다. 다행히 자욱한 물안개 속에서 태양이 살포시 얼굴을 내밀고 있다. 그래도 일기 변화가 잦은 곳이기에 안심할 수만은 없을 듯하다.

간단하게 아침식사를 마친 후, 숙소에 배낭을 맡겨 놓고 세바스찬과 함께 세묵 참뻬이로 향했다. 지리적 이점으로 인해 숙소에서 나와 모퉁이만 돌면 바로 세묵 참뻬이 입구가 나온다. 매표소에는 방문하는 이들의 이름을 기입하게끔 되어 있었는데 오늘 명단에 네 번째 방문자로 등록했다.

안으로 들어서자 이내 갈림길이 나온다. 오른쪽 까아본Cahabón 방향으로 내려가면 계단식 논처럼 이어진 옥빛의 천연 연못들Las Pozas de Semuc Champey을 만날 수 있는 반면, 100m 정도 직진하다가

세묵 참뻬이 입구.
숙소에서 멀리 않은 곳에 있어
4번째로 입장할 수 있었다.

'세묵 참뻬이에 온 것을 환영한다'는 문구와
세묵 참뻬이 안내도.

전망대에서 내려다본
세묵 참뻬이의 전경.
눈으로 보는 감동을
카메라가 다 담을 수 없음을
종종 느끼곤 한다.

전망대Mirador 팻말을 보고 산 쪽으로 올라가면 세묵 참뻬이의 전
경을 내려다볼 수 있다. 일단 방향을 전망대로 잡았다. 잘 정돈
되어 있는 계단을 따라 20분 정도 가볍게 오르자 전망대가 나온
다. 날씨는 살짝 흐렸지만 정글 사이로 조물주가 만들어 놓은 천
연 워터파크인 세묵 참뻬이의 계단식 옥빛 웅덩이들이 바닥까지
훤히 드러내 놓고 있다. 마야어로 왜 세묵 참뻬이가 '성스러운
물'인지 마주하는 순간이다.

　보는 것만으로도 마음 설레는 세묵 참뻬이를 한참 뚫어져라
쳐다보고 있는데 랑낀에 숙소를 잡은 키트가 개인 가이드를 고
용해 올라왔다. 띠칼에서부터 계속 마주치는 친구다. 함께 천연
계곡으로 내려가는 동안 스페인어가 가능한 세바스찬이 현지
가이드인 산띠아고와 소통하면서 가려운 곳을 시원하게 긁어
준다.

세묵 참빼이의 계단식 천연 연못.
조물주가 만들어놓은 워터파크라고나 할까.

시에라마드레 산맥의
깊은 골짜기에서
흘러내려오는 맑은 물.

세묵 참뻬이의 13개의
천연 연못 중 하나.

수미데로 입구. 연못 아래 큰 구멍으로
블랙홀처럼 까아본 강물이 빨려 들어간다.

마지막 연못. 까아본 강과
골짜기 계곡물이 합쳐지는 곳이다.

그중 하나가 다음 행선지인 안띠구아로 가는 셔틀버스 비용이었다. 산띠아고의 친구가 직접 운영하는 현지 여행사를 통하면 여행자 가격의 절반 비용으로 갈 수 있다는 것이다. 또 다른 하나는 세묵 참뻬이에 두 개의 상이한 공간이 공존한다는 사실이었다. 부언하자면, 천연 계곡을 타고 흘러내리는 수정 같은 저 푸른 물은 시에라마드레 산맥Sierra Madre의 깊은 골짜기에서부터 독자적으로 내려오는 물이어서 거침없이 내리치는 까아본 강Río Cahabón과는 무관하다는 것이다.

그리고 보니 물의 색깔이 달랐다. 비탈진 곳에 형성된 계단식 다랑논처럼 층층으로 이어진 13개의 천연 연못들 중 제일 위쪽에 있는 연못으로 가서 유심히 살펴봤더니 그 모습이 장관이다. 까아본 강줄기가 연못 아래로 나 있는 큰 구멍으로 블랙홀처럼 빨려 들어가며 산이 무너질 듯한 굉음을 발산하고 있다. 현지인들은 이 지점을 '하수도'라는 의미를 지닌 수미데로El Sumidero라고 부른다고 한다. 다시 제일 아래에 있는 마지막 연못 쪽에서 확인해 보니 연못 밑에 있는 큰 구멍에서 쏟아져 나오는 세찬 물살이 연못의 물과 합류하고 있다. 신기한 지형이다.

만약 이곳을 들르지 않았다면 야간에 출발하는 대형버스를 타고 안띠구아까지 상대적으로 편하게 갈 수도 있었을 것이다. 하지만 세묵 참뻬이 단 하나를 보기 위해 치킨봉고에서 다리도 제대로 뻗지 못하고 그 험한 여정을 다 감수하며 여기까지 오지 않았던가. 나의 수고로움에 대한 작은 보상이라도 해야겠다는 생각에 수심 1~3m의 천상의 계곡에 살며시 발을 담갔다. 열대지방이어서 그런지 수온이 높아 안성맞춤이다. 이내 닥터피시 같은 자그마한 물고기들이 나의 발이 자신들의 먹이인 줄 알고 쪼아댄다.

과테말라 초등 교과서에 실린 지구온난화

누군가 가까운 곳에서 "올라" 하며 인사를 건넨다. 콜롬비아에서 온 마리아와 마우로빌레가스였다. 처음 만났지만 전부터 알고 지내던 사이처럼 반가운 마음으로 이야기를 주고받았다. 하지만 인사치레로 잠시 스쳐 지나가는 여행자끼리의 대화는 뻔하다. 며칠째 여행을 하고 있는지, 어디를 들렀는지, 어디로 갈 건지가 일반적인 관심사이다. 중미를 거쳐 콜롬비아로 내려갈 거라는 내 얘기에 SNS 주소를 가르쳐 주며 도착하면 꼭 연락하란다.

동굴투어는 세바스찬과 합의하에 생략하고 숙소로 돌아왔더니 랑낀으로 가는 차량이 오후 2시, 3시, 그리고 5시에 있다. 그 시간까지 자연과 벗하며 기다릴 수도 있었지만, 짐을 챙겨 랑낀 방향으로 무작정 걷기 시작했다. 운 좋으면 다른 차량을 만날 수도 있다는 생각에서였다. 아니나 다를까? 5분도 채 되지 않아 세묵 참뻬이로 들어오는 트럭과 마주쳤다. 랑낀까지 20께찰이라는 말에 가던 길로 다시 발걸음을 돌리려는데 어디선가 낯익은 웃음소리가 들려왔다. 어제 랑낀으로 함께 왔던 무리들이 옛 마야인처럼 얼굴에 진흙을 잔뜩 바르고 높이가 꽤 되는 다리 위에서 점프를 하며 한껏 신이 나 있다. 서로 인사를 나누곤 다시 걸었다.

얼마나 지났을까? 배낭의 존재감이 차츰 어깨로 전해지려는 순간, 조금 전에 마주했던 그 트럭과 다시 맞닥뜨렸다. 운전기사가 우리를 보더니 일단 타란다. 마침 콜롬비아 친구들도 타고 있어 세바스찬과는 내릴 때 10께찰씩만 주자고 암묵적으로 합의한 후, 트럭 뒤에 올랐다. 그러자 기다렸다는 듯 소나기가 내리기 시작했다. 비포장도로를 달리는 트럭 뒤에서 양손은 지지대 잡기도 바쁜 상황, 어떻게 할 도리가 없어 소나기를 온몸으로 40여 분간 받아 냈더니 마을이 보인다. 신기하게도 랑낀에 도착하자

운 좋으면 다른 차량을
만날 수도 있다는 생각에
짐을 챙겨 랑낀 방향으로 나 있는
비포장 길을 무작정 걸었다.

랑낀과 세묵 참뻬이를
오가는 트럭.
흥정하기에 따라
요금이 달라지기도 한다.

비도 함께 멎었다.

　마우로빌레가스와 마리아는 곧바로 꼬반까지 간다고 해서 그들과는 보고따Bogota에서 다시 만날 것을 약속하고 여행자들에게 소개받은 숙소로 향했다. 마침 호스텔 들어가는 입구에 산띠아고가 얘기한 여행사가 있다. 사장인 알폰소에게 내일 새벽에 떠나는 안띠구아 행 셔틀버스를 예약한 후, 호스텔에 짐을 풀었다.

　점심때를 놓쳤지만 일단 뭐라도 먹어야 될 듯해서 세바스찬과 함께 거리로 나섰다. 마침 알폰소의 아내가 조그마한 식당을 함께 운영하고 있어 안으로 들어섰다. 엄마를 꼭 빼닮은 아홉 살 오달리스가 한편에서 열심히 숙제를 하고 있다. 살짝 훔쳐봤더니 교과서에 지구온난화에 관한 대목이 기술되어 있는 듯했다. 내용이 궁금해서 세바스찬에게 물었더니 공해로 인해 지구가 아프다는 이야기가 쓰여 있단다. 물론 자라나는 아이들에게 인류 생존의 문제인 지구온난화의 경각심을 일깨우는 것은 너무나 소중한 일이다. 하지만 이 오지에 지구온난화를 유발시킬 오염원이 얼마나 되겠냐는 생각에 순간 멋쩍은 웃음이 나왔다.

　수줍음이 많은 오달리스와 가벼운 대화를 나누는 동안 그녀의 엄마가 하마이까Jamaica, 이하 자메이카 음료라며 주문하지도 않은 것을 가져다준다. 고맙기도 하고 오달리스가 귀엽기도 해서 음료수 값 대신 오달리스에게 용돈을 건네주고는 랑낀 중심가를 거닐어 본다. 오지의 작은 마을이었지만 시장도 있고, 없는 것 빼곤 다

시골 분위기가
가득한
랑낀의 재래시장
(Super24 Mireya).
유행가 가사처럼
없는 것 빼고
다 있는 것 같았다.

시간의 흐름이
더디게 느껴졌던
랑낀의 거리.

숙제를 하고 있는 오달리스.
어디를 가든 아이들은
다 귀엽고 사랑스럽다.

있는 듯했다.

저녁에는 숙소 라운지에서 파티가 벌어졌다. 유럽이나 미국 여행자들이 좋다고 추천하는 숙소들은 대부분 이런 식으로 밤마다 파티가 열린다. 내일 오전 6시에 출발하는 셔틀버스로 273km 떨어진 안띠구아로 떠나야 하는 나로서는 얼른 잠을 청하는 게 현명한 처사다. 그런데 플로레스에서 모기한테 물린 곳들이 자꾸만 가렵다. 전신이 다 물렸지만 그중에서도 목을 집중적으로 물어 댄 것으로 봐서 흡혈귀의 속성을 가진 모기들인가 보다.

나중에 알게 된 사실이지만 그것은 악명 높은 베드버그, 바로 빈대였다. 참고로 빈대에 물렸을 때, 소염진통제 성분이 들어 있는 물파스를 바르면 통증과 가려움이 완화되는 효과를 얻을 수

랑낀에서 묵었던
숙소(Zephyr Lodge).
이 숙소 역시
숲속 산장 같은
느낌이었다.

숙소 라운지에서는
밤마다 파티가 열린다.
서양의 젊은 청춘들은
내일을 걱정하기보다는
오늘을 즐긴다.

있다. 뿐만 아니라 물파스는 여행 중 삐거나 어깨 결림, 근육통 등에도 아주 유용하게 사용할 수 있다.

안전상 과테말라시티가 아닌 안띠구아로 이동

새벽 5시 20분에 알람을 맞춰 놓았지만 5시가 되기도 전에 눈을 떴다. 어차피 다시 자기는 글렀다. 누워서 뒤척이기보단 떠날 채비를 마치고 일정 정리라도 해야겠다는 생각에 몸을 일으켰다. 시간은 소리 없이 흘렀고, 시계를 보니 벌써 새벽 5시 40분. 세바스찬에게서 아무런 기척이 없어 혹시나 하는 마음에 침실로 들어갔더니 아직 꿈속을 헤매고 있다. 떠날 시간이 얼마 남지 않았다고 깨우자 10분도 채 되지 않아 짐을 싸들고 나온다. 알람을 맞춰 놓았는데 배터리가 나갔단다.

셔틀버스는 몇 군데를 들러 여행자들을 태운 후, 우리가 묵고 있는 숙소 앞에 도착했다. 마침 조수석에 알폰소가 타고 있어 농담 삼아 너도 안띠구아로 가냐고 물었더니 여행자들이 다 타면 내릴 거라고 얘길 한다. 이때다 싶어, 그럼 내가 그 자리에 앉아도 되냐고 묻자 알폰소가 흔쾌히 자리를 내준다. 감사의 표현을 "오달리스가 참 예쁘고 똑똑하더라"라는 칭찬으로 대신하고는 재빨리 운전사 옆 좌석에 앉아 다리를 쭉 뻗어 본다.

북쪽과 서쪽이 멕시코와 맞닿아 있는 과테말라의 지형은 남부 태평양 연안의 해안평야와 북부의 뻬뗸 호수를 중심으로 한 넓은 저습지, 동부의 조막만한 카리브 해안평야, 그리고 과테말라의 중앙을 점령해 버린 시에라마드레 산맥의 중앙고원으로 나뉜다. 다음 목적지인 안띠구아로 가기 위해서는 무조건 시에라마드레 산맥을 따라 움직여야 한다. 랑낀을 벗어난 셔틀버스는 한 시간 가까이 비포장도로를 내달리기 시작했다. 하지만 상대적으로 자리가 편해서인지 느낌이 사뭇 달랐다. 하늘은 계속 먹구름으로 뒤덮여 있었고 도로는 이내 안개에 묻혀 버렸지만 한 폭의 수묵화를 보는 듯 마음은 평온하기만 했다.

　　버스는 쉬지 않고 달려 오전 8시경에 꼬반을 지나쳤다. 점심때가 되자, 간단히 식사도 할 겸 잠시 쉬어간다며 휴게소에 정차를

오래간만에 마주해서 낯설게 느껴졌던
과테말라시티의 차량들과 신호등.

차창 밖으로 펼쳐지는 과테말라시티.
제법 도시의 느낌이 난다.

안띠구아에 도착한
셔틀버스.

뻥 뚫린
안띠구아로 가는 길

한다. 화장실부터 들르고 간단히 요기까지 마친 후, 다시 차에
오르자 서서히 하늘이 맑아지더니 이윽고 밀집된 건물들과 많은
차량들이 시야에 잡히기 시작했다. 과테말라의 수도인 씨우닫
데 구아떼말라Ciudad de Guatemala, 이하 과테말라시티다.

　과테말라시티가 '중미의 작은 파리'라는 별칭을 갖고 있다는
얘길 어디선가 들은 적이 있다. 하지만 나의 첫인상은 한국의
1960년대에 1980년대가 살짝 가미된 느낌이었다. 그럼에도 불
구하고 한 나라의 수도인 만큼 그 규모는 과테말라의 여타 다른
도시(마을)들과 비교가 되질 않았다. 그러나 이곳은 중미여행에
있어 여행자들의 '기피 대상 1호 지역'이기도 하다.

　1996년 12월, UN의 적극적인 중재 아래, 정부와 과테말라민
족혁명연합URNG 간에 평화협정이 체결되면서 30여 년을 끌었던
내전은 종식되었다. 하지만 과테말라는 남미에서 생산된 마약
(코카인)이 멕시코나 미국으로 운반되는 주요 루트인 만큼, 2016
년 기준 하루 평균 12.38명이 피살되었다고 한다. 당연히 과테말

라시티를 중심으로 벌어지고 있는 일들이다.

이러한 정황을 익히 학습했던 터라 과테말라에서의 동선을 띠칼과 세묵 참뻬이, 그리고 그 다음 행선지로 과테말라시티가 아닌 안띠구아로 잡은 것이다. 셔틀버스는 과테말라시티에서 50분가량 더 달리더니 오후 2시경에 목적지인 안띠구아에 도착했다.

도시 전체가 박물관 같은 안띠구아

언제나 낯선 지역에 첫발을 내딛게 되면 잠시 방향감각을 상실하게 된다. 이럴 때에는 지금 서 있는 자리를 기준으로 중심 좌표가 되는 중앙공원Parque Central이나 광장plaza이 어디에 있는지 확인하면서 지도의 감을 잡아내는 게 급선무다. 안띠구아에 첫발을 내디딘 지금도 마찬가지 상황이다. 하지만 이내 중앙공원의 위치를 확인하자 전체적인 방향이 그려졌다.

세바스찬과는 염두에 두고 있던 숙소가 달라 작별을 고한 후, 일본인이 운영하는 펜션에 짐을 풀었다. 나를 제외한 모두가 일본인이었지만 특별한 이야기를 나누지 않아도 아시아인이기에 느껴지는 그 어떤 공감대가 있어 마음 편한 숙소였다. 게다가 일본 특유의 깔끔함도 묻어났다.

편안하게 침대에 엎드려 집주인에게서 얻은 현지 지도 한 장을 놓고 숙소를 중심으로 도시 전체에 대한 개념 파악에 들어갔다.

고풍스런 안띠구아의 중앙공원.
거리를 달리는 마차가 고풍스러운
분위기에 한몫을 하고 있다.

안띠구아의 재래시장
(Mercado Municipal de Artesanias).
모든 시장이 거기서 거기 같은데,
시장을 찾으면 나도 모르게
활기찬 에너지를 받는다.

그리 크지 않은 아담한 규모의 도시여서 이내 머릿속에 안띠구아의 윤곽이 잡혔다. 일단 인근에 위치한 재래시장Mercado Municipal de Artesanias부터 들르기로 했다. 어디나 그렇듯 시장이라는 공간은 현지인들의 삶이 여과 없이 표출되는 장소이기 때문이다.

한국의 재래시장과 엇비슷한 느낌이 묻어나는 시장에서 누군가 맛있게 먹고 있는 음식이 보이면 덩달아 똑같은 걸 시켜 먹으며 느긋하게 한 바퀴 둘러보았다. 그런 다음 다시 발걸음을 옮겨 시장에서 세 블록 떨어진 중앙공원엘 들러 잠시 도시의 전체 분위기만 숙지해 본다.

여러 차례의 화산 폭발과 지진 등의 자연재해로 인해 녹아내리고 부서진 건물들이 지금도 복구되지 않아 당시의 순간을 여과 없이 보여주고 있는 안띠구아. '중미에서 제일 아름다운 꼴로니알 도시'로 명명되는 이곳은 도시 전체가 박물관이라 할 만큼 옛 수도로서의 진면목이 묻어나는 듯했다.

숙소로 되돌아오면서 눈에 띄는 몇몇 현지 여행사에 들러 아띠뜰란 호수에 위치한 산뻬드로San Pedro La Laguna 행 버스표를 알아

한국 사람에게
라면은 그리움이다.
라면을 보면
그리움이 밀려오고,
라면을 먹으면
그리움이 채워지는
느낌이다.

안띠꾸아에서 묵었던 숙소(Pensin Tashiro).
일본인이 운영하는 팬션이어서
나를 뺀 모든 사람들이 일본이었다.

봤더니 예상 외로 동일한 가격을 언급한다. 숙소에서도 예매가 가능했기에 더 이상의 수고를 멈추고 숙소로 발걸음을 돌렸다.

내일 오전 9시에 출발하는 산뻬드로 행 버스표를 예매한 후, 예쁜 정원을 가진 맥도날드에서 여유롭게 커피 한 잔을 주문했다. 바삐 움직일 이유가 전혀 없는 느긋한 오후였지만 태생 자체가 어디 한 곳에 죽치고 앉아 있는 게 곤혹스러운 나로서는 다시 발걸음을 대형 마트La bodegona로 옮겼다. 한국의 대형 마트만큼 크고 세련되진 않았지만 2층으로 된 이곳 마트에도 웬만한 건 다 있다. 그런데 이곳에서 또다시 한국 라면들을 발견했다. 어떤 유통 과정을 거쳐 과테말라의 플로레스나 안띠구아까지 들어오게 되었는지 알 수는 없지만 나로서는 '좋아요'를 백 번 천 번 눌러 주고 싶을 뿐이다.

숙소로 돌아오자 함께 방을 사용하게 된 두 명의 일본 친구들이 반갑게 인사를 건넨다. 그중 소혜이는 일본에서 8년간 주방장으로 근무했던 특이한 이력을 가진 친구다. 작년 5월 일본을 떠나 캐나다와 미국, 그리고 멕시코를 거쳐 지금 여기 안띠구아에서 스페인어를 공부하고 있단다. 한 달 후부터 본격적인 중남미 여행을 시작할 거라며 살짝 들떠 있는 소헤이에게 귀국 시점을 묻자, 웃으며 잘 모르겠단다.

우리의 여행 트렌드가 일본보다 10여 년 뒤떨어진 것을 감안한다면 우리도 곧 이런 친구들을 어렵지 않게 마주하게 될 것이다. 하지만 이러한 현상이 자연스러워지기 위해서는 우리 아이들이 도전과 실패를 두려워하지 않도록 인간의 얼굴을 한 따뜻한 사회 시스템이 구축되어야 한다. 더불어 획일화되고 왜곡된 학교 교육 또한 다양화되어, 자라나는 아이들이 자기의 결대로 자신의 꿈과 끼를 키우고 가꿀 수 있도록 도와야 한다. 언제까지 19세기 교실에 앉아 20세기 지식을 21세기 청소년들에게 주입식으로 가르치며 미래를 논할 순 없지 않는가.

산뻬드로 행 셔틀버스에서 만난 미국인 톰

오전 9시가 조금 넘어서자 산뻬드로 행 셔틀버스가 픽업을 하러 왔다. 마침 조수석이 비어 있어 양해를 구하고 앉았더니, 셔틀버스는 몇 곳을 더 들러 정확히 15명을 채운 후에야 안띠구아를 벗어났다.

운전기사와 나 사이에는 66세의 톰이 앉았다. 나를 보며 스페

톰이 날 위해 깨알같이
적어 준 메모들. 엘살바도르,
온두라스, 니카라과 정보뿐만 아니라
톰의 열정과 친절함이
글과 글 사이에서 배여 나온다.

인어로 인사를 하길래 가벼운 목례와 함께 눈인사로 대신했는데 알고 보니 미국인이다. 젊었을 때 여러 나라를 돌아다니며 영어 강사를 했다는 톰은 일본에 머무는 동안 잠시 한국에도 들렀다고 한다. 그때가 1971년이라고 기억하고 있던 톰이 서울, 대구, 부산 등 한국의 주요 도시들의 이름을 되뇐다. 한국이 상상할 수 없을 만큼 많이 발전했다는 이야기를 꺼내자 자기도 여러 매체들을 통해 익히 알고 있단다. 많은 여행 경험을 통해 세상을 참 넓게 사는 '친구'다.

마침 톰의 이번 여행이 니카라과, 온두라스, 엘살바도르를 거쳐 과테말라와 멕시코를 들렀다가 미국으로 되돌아가는 여정이란다. 내가 방문할 나라들을 이미 거쳐 온 톰에게 다음 이동 국가인 엘살바도르에 대한 정보를 묻자 소상히 설명해 준다. 하지만 생소한 지명들로 인해 다 기억하지 못할 것은 불 보듯 자명한 상황, 가방에서 수첩을 꺼내 여기에 적어 달라고 했더니 한참을 빼곡히 써내려 간다. 그러고는 자기가 쓴 내용을 중심으로 차근차근 설명까지 덧붙이는데 톰의 이러한 친절함과 열정에 절로 고개가 숙여졌다. 덕분에 3시간 반 정도 소요된다는 산뻬드로까지의 심리적 거리가 엄청 줄어들었다.

　우리를 태운 셔틀버스는 출발한 지 2시간쯤 지나자 좁고 굴곡이 많은 산악지대로 들어서더니 성난 파도 위에 떠 있는 배처럼 요동치기 시작했다. 포장된 도로임에도 불구하고 중간 중간 위낙 훼손된 곳이 많아서다. 하지만 이미 랑긴을 오가며 이보다 더한 경험도 했던 터라 이쯤이야 뭐 식은 죽 먹기다. 한 시간 정도 더 지나자 우리를 태운 셔틀버스는 산빠블로San Pablo La Laguna와 산후안San Juan La Laguna이라는 마을을 거쳐 목적지인 산뻬드로에 도착했다.

　이들 마을들은 '영혼의 호수'라고 불리는 아띠뜰란 호수 주위에 자리 잡고 있었는데, 그중 제일 규모가 크고 여행자들에게 잘 알려져 있는 곳은 빠나하첼Panajachel, 이하 빠나이라는 마을이다. 하지만 워낙 유명세를 치르는 통에 요 근래 여행자들에게 새롭게 각광 받고 있는 곳이 바로 이곳 산뻬드로다. 아직도 이 지역 주민들은 집에서 마야어를 사용할 만큼 자신들의 전통을 고수하고 있고, 물가도 빠나와 안띠구아에 비해 훨씬 저렴하다는 것이 배낭여행자에게는 놓칠 수 없는 장점이다. 게다가 스페인어 학원까지 있어 이곳 산뻬드로에서 스페인어를 배우는 여행자들이 조금씩 늘어나는 추세라고 한다.

　어느새 친숙해진 톰과는 아쉽지만 여기서 작별을 고해야 했

'산뻬드로 마을에 온 것을
환영한다'는 팻말. 안띠구아에서
3시간 반을 달려 도착했다.

아띠뜰란 호수를 둘러싼 12개 마을 중 새롭게 뜨고 있는 산뻬드로 마을.
마야의 전통을 잘 고수하고 있을 뿐만 아니라 물가도 저렴해 배낭여행자들에게 인기가 높다.

관광안내소(Asoantur Office)가 있는
산뻬드로 마을의 선착장(Utz-Emeloxiik).

산뻬드로의 노점상들.
햄버거, 과일주스 등 나의 굶주린 배를
가성비 최고로 해결해 주었다.
특히 디저트로 과일주스는 강추!!

다. 이미 몇 차례 이곳을 방문했던 톰은 산뻬드로에 있는 현지인 친구를 만나러 가야 했기 때문이다. 톰과 헤어진 후, 미리 염두에 두었던 호스텔로 찾아가 딱 하나 남은 방에 짐을 풀었다. 와이파이가 잡힌다고는 했지만 지렁이 기어가는 속도이다 보니 컴퓨터 켤 엄두가 나질 않았다. 결국 잠시 숨만 고른 후, 산뻬드로의 시가지로 발걸음을 옮겼다.

먼저 선착장 위치부터 확인한 후, 나의 여행은 자연스레 먹거리 탐방으로 이어졌다. 타고난 입맛이 싼 맛이라 근사한 레스토랑에 들어가기보단 길거리 노점에서 파는 먹음직스러워 보이는 음식들로 배를 채웠다. 그런 다음 오렌지를 직접 갈아주는 노점에서 디저트로 주스 한 잔까지 곁들이자 더 이상 행복이 멀리 있지만은 않았다.

커피 향에 취하고, 맛에 취하고, 풍경에 취하다

30분이면 마을 전체를 둘러볼 수 있을 정도로 소담한 산뻬드로. 단 하나밖에 없는 은행부터 들러 환전을 마친 다음, 마음 가는 대로 발걸음을 옮겨 본다. 아이들이 선생님과 함께 타자 연습을 하는 모습도 이채로웠고 울타리 없는 학교Colegio Católico Guillermo Bilbao Zabala 운동장에서 체육 수업을 하고 있는 풍경도 진기했다. 특이하게도 여기 산뻬드로에는 구걸하는 아이들이 보이지 않는

산뻬드로의 중심 거리.
어지러운 전선줄과 뚝뚝이
이곳이 번화가임을
대변해 주고 있다.

산뻬드로를 들르는
모든 이에게 꼭 추천해 주고픈
끄리스딸리나스 카페.
커피 맛이 끝내 준다.

산뻬드로의 가톨릭 학교 운동장.
울타리가 없어
개방적인 느낌이 좋았다.

다. 그만큼 마을 공동체가 살아 있다는 반증일 것이다.

가뿐하게 산뻬드로 탐방을 마친 후, 끄리스딸리나스Las Cristalinas 카페로 가서 하우스 커피를 한 잔 시켜 놓고 여유를 즐긴다. 시에라마드레 산맥의 중앙고원지대에서 생산되는 과테말라 커피는 미네랄이 풍부한 화산재 토양에서 경작되기 때문에 맛이 깊고 그 향이 연기를 머금은 듯 꽤 독특하다. 과테말라 커피의 대명사로 일컬어지는 안띠구아 커피의 경우, 산도보다 초콜릿과 견과류의 스모키함과 고소함이 묵직하게 느껴지는 게 특징이다. 반면 소규모 농장에서 소량 생산되는 우에우에떼낭고Huehuetenango 커피는 시나몬과 초콜릿의 스모키함과 더불어 과일 맛을 머금은 깔끔한 뒷맛이 오랜 여운을 남긴다.

하지만 이런 고급 커피들을 중미의 산지에서 직접 맛보는 게 쉽지 않다. 질 좋은 커피들은 대부분 외국으로 수출되기 때문이다. 그렇기에 톰이 추천해 준 끄리스딸리나스 카페는 더욱 각별했다. 사방이 콘크리트 벽으로 막혀 있는 갑갑한 사무실이 아닌, 커피 생산지에서 직접 맛보는 싱싱한 커피로 인해 향에 취하고 맛에 취하고 풍경에 취한다. 일상을 박차고 나온 자에게만 주어지는 특권이 이런 것이리라.

저녁에는 산뻬드로 마을 위쪽에 있는 가톨릭교회Iglesia Catolica de San Pedro la Laguna와 공원Parque Municipal을 둘러보기 위해 숙소를 나섰다. 숙소 인근에서 유명 브랜드의 옷과 신발 등을 파는 가게를

산뻬드로 가톨릭 교회의 야경.
교회 앞에 예수의 애제자
베드로의 동상이 세워져 있다.

한국어 태그가 붙어 있던
산뻬드로의 옷가게.
머니먼 타지에 한국산 옷이 있다는
그 자체만으로도 반갑고 신기했다.

발견했다. 이 오지에 브랜드 옷가게라는 생뚱맞은 조화에 호기심이 발동했다. 가게 안으로 들어가 옷의 태그를 뒤집어 봤더니 생각지도 못한 한국어가 쓰여 있다. 과테말라에 한국 봉제업체가 꽤 많이 진출해 있어 거기서 생산된 옷들이 한국 태그를 붙여 유통되고 있는 것인지, 아니면 한국에서 직수입되어 온 것인지 알 수는 없지만 어쨌든 이곳에서 한국산 옷이 팔리고 있다는 것 자체가 신기하기만 하다.

다시 발걸음을 옮겨 가톨릭교회 앞, 공원에 도착했다. 교회 앞에는 대형 동상 하나가 교회를 가로막고 있었는데, 왼손에 쥔 천국 열쇠와 동상 오른편에 있는 닭이 베드로임을 증명해 주고 있었다. 교회와 어색한 동거를 하고 있는 베드로 동상이 굳이 이곳에 있는 이유는 이 마을이 다름 아닌 산뻬드로, 즉 예수의 애제자였던 성베드로의 이름을 딴 마을이기 때문이다.

때마침 교회 안에서 흘러나오는 익숙한 찬양 소리에 살며시 예배당 안으로 발을 들여놓았지만 미사가 스페인어로 진행되고 있어 도통 소통이 되질 않는다. 십여 년 전, 에스토니아 탈린의 그리스정교회에서 드렸던 예배는 예전 중심이어서 참여하기가 그나마 용이했는데, 여기는 개신교도 아니면서 말이 너무 많다. 설교는 짧아야 은혜스럽다는 만고의 진리를 아직 깨닫지 못한 '불충한' 성직자인 모양이다. 결국 무거워지는 눈꺼풀을 감당하지 못해 조용히 밖으로 빠져 나와 숙소로 향했다.

아띠뜰란 호수 마을에서 마주한 소이 빠뜨리오파

오전 8시쯤 숙소를 나서며 어제 들렀던 노점에서 생과일 오렌지 주스 한 잔과 함께 하루를 시작한다. 오늘의 일정은 아띠뜰란 호숫가에 자리 잡은 원주민 마을 중 몇몇 마을들을 도보로 돌아본 후, 란차Lancha, 작은 보트를 타고 빠나로 가는 것이다. 물론 이렇게 일정을 잡을 수 있었던 것은 큰 배낭을 안띠구아 숙소에 맡겨 두었기 때문이다.

가벼운 발걸음으로 산뻬드로 마을 입구를 벗어나자 말 등에 나무를 잔뜩 싣고 반대편에서 걸어오는 아저씨가 눈에 들어온다. 내가 먼저 "부에노스 디아스¡Buenos días!, 좋은 아침입니다!"라고 인사를 건넸더니 수줍게 웃으시며 화답하신다. 잠시 후, 산후안에서 오는 미니트럭이 사람을 가득 싣고 먼지를 말아 올리며 옆을 지

아띠뜰란 호수 마을에서 만난 이동수단.
원주민들의 삶에 깊숙이 들어와 있는 말은
장작을 실어 나르는 이동수단이고,
치킨버스와 미니트럭은
사람들을 실어 나르는 운송수단이다.

나간다. 여기서는 미니트럭이 치킨버스라고 불리는 로컬버스와 함께 대중교통 역할을 담당하고 있다.

30분 정도 걸었을까? 산후안 마을이 시야에 잡힌다. 이 마을은 산뻬드로보다 더 작은 마을이지만 걷다 보면 나름 예쁜 집들도 눈에 띄고 둘러보는 경치도 꽤 운치가 있다. 걷는 속도를 줄였더니 보이지 않던 소소한 것들에 시선이 머물면서 스쳐 지나가는 바람과 따사로이 내리쬐는 햇살도 온전히 느껴졌다. 똑같은 풍경이라도 보행의 속도와 차량의 속도에 따라 느껴지는 세상은 분명 다른 듯했다. 문득 우리의 삶의 속도도 이렇게 조금만 줄일 수 있다면 숨어 있는 소소한 행복들을 어렵지 않게 찾을 수 있지 않을까 하는 생각을 가져 보게 된다.

얼마쯤 걸었을까, 여염집으로 보이는 어느 집 한 모퉁이에 '과테말라'라고 적혀 있는 출구 팻말이 눈에 띈다. 문득 셔틀버스를

산빠블로 마을 가는 길.
이곳에서는 시간도
더디게 가는 느낌이다.

타고 산뻬드로 마을로 들어올 때, 산빠블로와 산후안을 거쳐 왔던 기억이 떠올랐다. 아마도 과테말라 팻말을 따라가면 자연스레 산빠블로에 도착하게 될 듯하다.

산후안 마을을 벗어나 다시 아띠뜰란 호수를 끼고 산책하듯 가볍게 걷는다. 주위의 목가적인 풍경이 마냥 여유롭게만 느껴지는 아침이다. 그런데 아까부터 주먹을 움켜쥔 그림과 함께 '소이 빠뜨리오따Soy Patriota'라는 프로파간다적 성향이 짙은 글이 자주 눈에 띈다. 직역하면 '나는 애국자다'라는 뜻을 지닌 이 문장과 그림은 2012년에 정권을 잡은 과테말라 중도우파 성향의 애국당PP의 로고다. 왜 애국당의 로고가 이곳 아띠뜰란 호수 인근의 마을들에 그려져 있는지 그 연유를 정확히 알 순 없지만, 호수와는 전혀 어울리지 않는 낯선 느낌이다.

참고로, 당시 집권당이었던 애국당의 오또 뻬레스Otto Perez 대통령은 임기 4개월을 남겨 놓고 2015년 9월, 부패 혐의로 구속되었다. 그 후 2015년 10월에 치러진 대통령 선거에서는 국민통합전선당FCN의 지미 모랄레스Jimmy Morales가 새로운 대통령으로 당선되었다. 정치 경험이 전혀 없던 코미디언 출신의 모랄레스는 대통령 후보 시절, 상대 후보의 공세에 맞서 "나는 20년 동안 사람들을 웃겨 왔습니다. 대통령이 된다면 국민을 울게 하진 않을 것입니다"라는 공약을 했다고 한다.

부디 모랄레스의 말대로 그의 집권 시기 동안 과테말라의 사

아띠뜰란 호숫가의 목가적인 풍경.
호수 주위로 작고 예쁜 마을들이 이어진다.

산후안 마을의 예쁜 집,
보우띠께 과달루뻬
(Boutique Guadalupe)라는
팻말을 볼 때 고급 부티크
가게인 듯하다.

회적 약자인 원주민들이 지금보다 조금이라도 더 행복해졌으면 좋겠다는 마음을 가져 본다.[3] 1992년 노벨평화상을 수상한 과테말라 원주민 출신의 리고베르따 멘추Rigoberta Menchú는 다음과 같이 말했다.

> "과테말라에서 식민시대뿐 아니라 독립 이후 공화정 시대에도 지속적으로 무시되고 멸시되어 온 원주민들의 정체성과 권리를 인정하는 것이 매우 중요한 문제입니다. 국민생활의 모든 측면이 제대로 모습을 갖추도록 기여하는 원주민들의 독특한 정체성이 없다면, 자유롭고 독립적이며 민주적인 과테말라를 상상하는 일은 가능하지 않습니다."

그나저나 아띠뜰란 호수 마을들에 그려져 있던 애국당의 로고

---

[3] 2017년 기준, 과테말라의 인구는 1600만 명이 넘는다. 이 가운데 라디노(Ladino, 혼혈)가 41.5%, 원주민은 40%, 백인은 18%, 기타가 0.5%를 차지하고 있다. 여기서 라디노는 백인과 원주민의 혼혈을 뜻하는 메스띠소와 비슷한 용어이다. 하지만 메스띠소가 생물학적 혼혈을 의미하는 것과 달리, 라디노는 생물학적 의미 외에도 서구화된 원주민이나 마야 공동체에 속하지 않는 이들까지 포함하는 광의적 의미를 지닌다.

들은 지금쯤 국민통합전선당의 로고로 모두 다 바뀌었을까?

과테말라의 내전과 원주민

한반도 절반 크기의 국토를 가진 과테말라를 제대로 이해하기 위해서는 이들의 아픈 역사를 들여다볼 필요가 있다. 과테말라는 1821년 스페인으로부터 독립하였지만, 식민 시기의 사회 질서가 그대로 유지되는 허울뿐인 독립이었다. 국가의 부를 50% 이상 독점한 백인 중심의 소수 지배 계층이 미국의 영향력 아래 과테말라를 계속 지배해 왔기 때문이다. 결국 이러한 상황 속에서 1944년 10월 혁명 Revolución de Octubre이 발발한다.

혁명을 통해 독재자 호르헤 우비꼬Jorge Ubico를 몰아낸 과테말라는 역사상 최초로 자유민주주의 선거를 치르게 된다. 이때 국민의 열망에 힘입어 호세 아레발로Juan José Arévalo와 아르벤스 구스만 Jacobo Arbenz Guzmán이 연이어 민선 대통령에 당선되면서 혁명정부 Gobierno Revolucionario는 다양한 사회정책과 제도를 도입하여 과테말라의 개혁을 시도하게 된다. 특히 1952년에 공표된 토지개혁법 900 Decreto 900에 대한 국민적 지지는 대단했다. 이에 위기를 느낀 미국이 구스만 정부를 공산주의 정권으로 규정하고 전직 과테말라 장교였던 아르마스Carlos Castillo Armas를 내세워 쿠데타를 성공시킨다. 결국 아레발로와 구스만으로 이어진 '10년의 봄Diez años de primavera'은 막을 내리고 1954년 군사정권이 들어서게 된다.

정권을 잡은 군부(정부군)는 혁명정부에 동조한 세력들을 대상으로 대대적인 정치적 탄압을 가하기 시작했다. 진보좌파 세력들 또한 광범위한 국가 폭력과 정치 탄압에 맞서 무장 게릴라군을 결성하게 되면서 과테말라는 지난한 내전의 소용돌이 속으로 빠져들게 된다. 이때 정부군은 원주민들을 반군의 지지 기반으로 간주하여 원주민 사회를 철저히 초토화시켰다.

역사규명위원회의 조사보고서인 『과테말라, 침묵의 기억들(Guatemala: Memoria del Silencio, 1999)』에 따르면, 36년간의 내전 기간 동안 원주민을 중심으로 20만 명 이상의 민간인이 학살되었고 이들 중 93%가 정부군에 의해 살해되었으며, 정부군은 미국이 제공하는 돈과 군사훈련을 받았다고 기록되어 있다.

과테말라 내전은 UN의 중재하에 1996년 1월에 집권한 민족진보당PAN의 알바로 아르수Alvaro Arzú 대통령과 과테말라민족혁명연합URNG이 평화협정에 서명함으로써 1996년 12월 29일 종식되었다. 하지만 평화협상 당시 과테말라민족혁명연합의 계급적 요구는 관철되지 못했고, 내전 기간 동안 일어났던 인종 학살 문제와 관련자 처벌에 관한 의제도 제대로 다루어지지 않았다. 평화협정은 마야 원주민들의 문화적 권리를 인정하고 보장한다는 '다문화주의Multiculturalismo'가 채택되는 것으로 일단락되었다.

이후 과테말라는 4년마다 치러지는 선거를 통해 끊임없이 정권이 교체되었다. 원주민 출신과 좌파 출신의 의원들이 다수 등장했을 뿐만 아니라 2008년에는 중도좌익 정권인 희망당UNE의 알바로 꼴롬 까바예로스Alvaro Colom Caballeros가 대통령에 취임하기도 하였다. 하지만 꼬리칸에 살고 있는 원주민에 대한 차별은 아쉽게도 여전히 현재 진행형이다.

요가, 테라피, 마사지 등으로 유명한 산마르꼬스

마을 규모가 산후안에 비해 다소 컸지만 별반 큰 차이가 없어 보이는 산빠블로를 지나, 세 번째 마을인 산마르꼬스San Marcos la Laguna에 도착했다. 마을 규모는 그리 크지 않았지만 여행자들에

길거리 벽면 가득 붙어 있는
산마르꼬스 마을의 광고판.
영어, 요가, 명상, 아파트 임대 등
온갖 광고들이 벽면 가득하다.

힐링의 마을로 알려진 산마르꼬스.
숍 앞에 간판을 내놓은 마사지 가게들이
호기심을 자극한다.

추억 소환.
빙수를 파는 아저씨와
주위에 몰려든 아이들한테서
그 옛날 나의 모습이
떠오르는 건 웬일일까.

게 요가나 테라피, 마사지 등으로 유명한 이곳은 다른 마을들에
비해 상대적으로 부촌인 듯했다. 마을 왼쪽으로 규모가 꽤 큰 학
교 건물이 들어서 있었고, 그 옆에는 놀이터와 커다란 실내 코트
까지 보인다. 마침 학교 건너편에서 코 묻은 아이들을 대상으로
군것질거리를 팔고 있는 장사꾼들의 모습이 눈에 들어왔다. '불
량 팥빙수'로 추정되는 맛난 빙수가 보여 맛을 봤더니 어릴 때
먹던 바로 그 맛이 입안을 촉촉하게 감싼다. 지금은 모두다 불량
식품으로 분류되어 버렸지만 그때 그 시절, 그 불량 식품들로 인
해 일희일비했던 기억들이 새삼스럽게 떠오른다.

　마을 어귀엔 우리네 옛 마을의 중심이었던 당산나무처럼 선
굵은 나무가 줄까지 두른 채 허름한 교회 옆에서 친근감을 뿜어
내고 있다. 반가운 마음에 나무 주위를 한 바퀴 둘러보는데 낯익
은 얼굴이 나를 반긴다. 산뻬드로에서 마주쳤던 온다나가 여기
학교 앞 약국에서 근무를 하고 있었던 것이다. 반갑게 인사를 나
눈 후, 이것저것 궁금한 것들을 물었더니 아주 기본적인 스페인

메까빨을 이용해 빈 지게를 메고 가는 아저씨.
메까빨은 옛날 마야인들이 사용하던
운반 도구로, 이곳에서는 흔히 볼 수 있다.

산마르꼬스 교회 앞의 육중한 나무.
우리네 당산나무처럼 하양, 노랑 리본 줄이
나무를 에워싸고 있다.

공립초등학교(Escuela Oficial Primaria Dr. Pedro Molina) 앞에서
군것질 거리를 파는 노점상과 아이들.

학교 뒷산에서 내려다본 산마르꼬스. 전형적인 시골 마을 풍경이다.

어 문장과 자기가 아는 모든 영어 단어를 다 나열해 가면서 온몸으로 설명해 준다.

온디나의 설명을 토대로 일단 약국 뒤로 나 있는 좁은 샛길로 올라가, 나지막한 언덕들 사이에 웅크리고 있는 산마르꼬스 마을 전체를 조망해 본다. 때마침 이마에다 빈 지게를 메고 마을로 내려가는 원주민 아저씨가 시선을 사로잡는다. 옛날 마야인들이 사용하던 메까빨mecapal이라는 운반 도구의 일종이다. 저렇게 다니면 목 디스크에 걸리기 쉬울 듯도 한데 이들은 아직도 마야의 전통을 그대로 고수하고 있다.

더 이상 이곳에서 시간을 뭉개고 있기가 뭣해서 빠나로 가는 란차를 타기 위해 선착장으로 발걸음을 옮겼다. 얼마 지나지 않아 내가 탄 란차는 코발트빛 물살을 가르며 몇몇 마을들을 들렀다가 출발한 지 40여 분 만에 빠나에 도착했다.

빠나하첼 주도로(Calle Principal)의
착한 보도 턱. 덕분에 지친 다리를
덜 고생시킬 수 있었다.

영혼의 안식처였던 아띠뜰란 호수의 오염

빠나하첼 선착장에서 주도로Calle Principal로 나오자 보행자를 배려한 착한 보도 턱이 눈에 띈다. 일단 숙소부터 잡아야 하는 상황. 주위를 둘러보니 여행자로 보이는 외국인들이 특정 좁은 골목으로 쏙쏙 들어가고 있다. 뭔가 있다는 생각에 그들을 따라가 봤더니 와이파이가 가능하다는 숙소 간판이 눈에 띈다. 아침은 불포함이지만 방도 깔끔하고 가격 대비 나쁘지 않아 곧장 짐을 풀었다. 예상한 시간에 맞춰 빠나에 도착했기에 잠시 쉬었다가 지도한 장만 들고 빠나하첼 강Río de Panajachel 쪽으로 향했다. 안타깝게도 강은 개발 공사로 파헤쳐져 있었고, 곳곳에선 악취가 풍겼다. 오염된 물이 어디로 흘러가나 싶어 계속 따라 내려가 봤더니 예상대로 아띠뜰란 호수로 이어진다.

그 옛날 이들의 선조는 자연과 하나가 되어 살아오면서 약 8만 4000년 전, 화산 폭발로 만들어진 아띠뜰란 호수를 '영혼을 정화시켜 주는 곳'이라 부르며 신성시했다. 하지만 자연을 대상

개발 공사로 파헤쳐진 빠나하첼 강.
개발인지 오염인지 헷갈리기도 한다.

빠나하첼의 공영시장(Mercado Municipal).
건물 안뿐만 아니라 건물 밖 노점에서도 싱싱한 과일과
먹거리 재료들이 손님들을 기다리고 있다.

화시켜 인간의 탐욕만을 채우고자 했던 서구 자본주의의 병폐
는 어김없이 이곳까지 스며들어 이들의 마음과 자연을 피폐화시
키고 있었다. 『오래된 미래(Ancient Futures: Learning from Ladakh,
1991)』의 저자, 헬레나 노르베리 호지 Helena Norberg-Hodge가 자본주
의의 압력 밑에서 라다크Ladakh의 전통문화와 가치관이 붕괴되어
가는 현장을 목격하며 느꼈던 비통함이 이런 것일까? '발전'이라
는 미명하에 우리가 걸었던 잘못된 전철을 그대로 밟으려는 것
같아 마음이 쓰려 왔다.

진정한 행복은 자연과 인간, 인간과 인간 사이의 조화로운 관
계가 선행될 때에 가능한 것이 아닐까? 인간은 풍부하게 소유하
기보다 풍성하게 존재해야 한다는 법정 스님의 말씀이 문득 떠
올랐다.

현지인에 의한, 현지인을 위한 산띠아고의 장날

오전 8시 30분, 산띠아고Santiago Atitlán 행 란차에 오르자 선명한 햇
살이 아띠뜰란 호수 위로 맑게 부서지면서 온 우주의 평화를 전
해 준다. 호수 반대편에 우직하게 자리 잡은 3158m의 똘리만 화
산Volcán Tolimán과 3020m의 산뻬드로 화산Volcán San Pedro도 오늘은
선명하게 그 자태를 드러내고 있다. 물론 하루 종일 날씨가 좋을
거라고 장담할 순 없지만 일단 시작이 좋다.

오늘의 일정은 금요일과 일요일에만 장이 열린다는 산띠아고에 들렀다가 안띠구아로 되돌아가는 것이다. 처음 계획은 산뻬드로에서 1박만 하면서 아띠뜰란의 일몰을 보고 이튿날 안띠구아로 돌아오는 것이었다. 하지만 금요일, 산띠아고에서 열리는 장날을 경험하고 싶어 하루 더 이곳에 머물기로 일정을 변경했다. 여행자들에게 널리 알려져 있는 치치까스떼낭고Chichicastenango의 장날이 관광지화하면서 다소 '변질'된 것과는 달리 산띠아고의 장날은 날것 그대로, 현지인을 위한 장날이어서 볼거리가 많다는 게 중론이었기 때문이다.

덕분에 아띠뜰란 호수와의 인연이 하루 더 연장되어 산마르꼬스와 빠나, 그리고 산띠아고까지 둘러볼 수 있게 되었다. 하지만 하루 더 연장했음에도 불구하고 하늘이 허락하질 않아 아직 아띠뜰란 호수에서의 일몰은 접하지 못했다. 멕시코에 '날씨복'을 놓아두고 왔는지 과테말라에서는 계속 비구름을 몰고 다니는 형국이다. 오늘 날씨가 지금처럼만 지속된다면 하루 더 머물며 일몰까지 마음에 담아 보고 싶지만 일단 추이를 지켜봐야 될 듯하다.

출발한 지 30분 정도 지나자 두 화산 사이로 산띠아고 마을이 시야에 잡힌다. 훈훈한 미풍이 마음까지 여유롭게 만드는 아침이다. 선착장에 내려 길을 따라 마을로 올라가려는데 산뻬드로의 숙소에서 함께 머물렀던 란이 보인다. 일본 출신인 란은 캐나

아띠뜰란 호수 뒤로 보이는 똘리만 화산과 산뻬드로 화산.
모처럼 좋아진 날씨가 오늘 하루 종일 이어져 일몰까지 볼 수 있기를~.

산띠아고의 선착장.
규모가 큰
선착장은 아니지만
제법 운치가 있다.

말로만 듣던 그 유명한
산띠아고 장날의 모습.
식자재와 옷 파는 곳에 유독
사람들이 많이 몰려 있다.

금요일과 일요일에만
열리는 장. 장에는
활기찬 기운이 감돈다.
뭔가를 사는 행위, 뭔가를
갖는 행위 자체가 삶의
활력소가 되기도 한다.

시장과 공원, 그리고
학교 운동장이 아무런
경계없이 공존하고 있어
잠시 어색하게
느껴지기도 했다.

다에서 공부를 마치고 일본으로 귀국하기 전, 잠시 짬을 내어 여행을 하고 있는 중이다. 친구는 어디에 두고 혼자 왔냐고 물으니, 숙소에 계속 머물러 있겠다고 해서 두고 왔단다. 오전에 산띠아고의 장날을 구경하고 오후에는 빠나로 넘어갈 예정이라는 란과 자연스럽게 동행이 되었다.

5분 정도 걸었을까? 시끌벅적한 소리가 지척에서 들린다. 가까이 다가갔더니 산띠아고 주민들 모두가 단체로 전통 복장huipil을 맞춘 듯, 엇비슷한 옷들을 입고 장터를 가득 메우고 있다. 이게 바로 말로만 듣던 산띠아고의 장이다. 오늘만큼은 쇼핑광이 되어 생활에 필요한 무언가를 사기 위해 얼마나 집중을 하고 있던지 아시아에서 온 우리는 안중에도 없다. 특히 식재료와 옷 파는 곳에 유난히 많이 몰려 있는 이들의 틈을 비집고 들어가 맛난 것들이 보이면 맛도 보고, 사진도 찍으면서 길을 따라 계속 올라갔더니 어느덧 산띠아고의 중심인 중앙공원에 이르렀다.

여행객인 우리를 낯설게 했던 것은 시장과 공원, 그리고 학교 Escuela Mateo Herrera Central No. 1의 운동장이 한 공간 안에서 그 어떤 경계도 없이 공존하고 있는 어수선한 풍경이었다. 하지만 시간이 조금씩 흐르자 소란스럽고 무질서하게만 느껴졌던 중앙공원의 풍경에서 오랜 세월 이들만의 전통과 관습에 따른 나름의 질서가 감지되었다.

마야 신앙에 기독교의 외피를 걸친 막시몬

잠시 이들의 일상의 단면을 바라보다가 마지막으로 막시몬Maximón 상을 보기 위해 발걸음을 옮겼다. 막시몬은 마야 신앙과 기독교 신앙이 어우러져 나타난 토착 신앙의 한 양태다. 하지만 관점을 달리해서 보면, 원주민의 신이 기독교의 핍박에서 살아남기 위해 기독교 성인으로 둔갑한 한 형태이기도 하다. 어쨌든 이곳을 다녀온 사람들은 이구동성으로 벨기에 브뤼셀의 오줌싸개 동상 (Manequin-Pis)만큼 실망스럽다고들 했다.

하지만 여기까지 왔는데 일단 확인은 해야 할 듯해서 란과 함께 막시몬 상을 찾아 나섰다. 그런데 좀처럼 어디에 있는지 알수가 없다. 현지인들에게 물어봐도 엉뚱한 곳을 가르쳐 주기 일

현세에서 이익을 가져다주는 신으로 추앙받는 막시몬. 막시몬 상은 좁은 골목 끝에 위치해 있다.

막시몬을 참배하러 온 이들을 향한 안내문.

쑤다. 그냥 내려갈까 하는 생각이 뇌리를 강하게 압박해 들어가는 순간, 드디어 찾았다. 현세에서 이익을 가져다주는 신으로 추앙받아 과테말라의 국가적인 종교 행사에도 참여할 만큼 유명한 막시몬인데, 이렇게 좁은 샛길 안쪽에 표지판 하나 없이 있을 거라고 누가 상상이나 했을까? 좁디좁은 골목 안으로 쭉 들어가자 허름한 문 뒤로 성의 없이 영어로 휘갈겨 놓은 글귀가 보인다. 입장료 2께찰, 카메라 사용시 10께찰, 비디오는 20께찰이란다. 안을 살짝 훔쳐봤더니 방문객들이 애연가인 막시몬에게 담배에 불을 붙여 바치고 있다. 화생방 훈련을 하는 것도 아닌데 담배와 향냄새가 뒤섞여 코끝을 자극하자 갑자기 숨쉬기가 힘들어졌다.

이들의 토착 신앙을 내가 가진 선입견으로 재단하고 싶지는 않아 다시 왔던 길로 되돌아서려는데 뚝뚝을 타고 온 한 무리의 관광객들이 입구 앞에서 긴가민가 망설이고 있다. 나도 그랬다는 생각에 "아끼(여기), 아끼aqui"라고 손짓을 하며 친절히 가르쳐 줬는데도 반신반의하는 기색이다. 믿든 말든 그것은 그들의

메까빨을 이용해
짐을 지고 가는 아저씨들.
허리가 휘지 않을까
걱정되면서도 신기하다는
생각을 지울 수 없다.

몫이었기에 란과 함께 선착장으로 곧장 내려왔다. 이제 란은 빠나로, 나는 산뻬드로로 돌아가야 할 시간. 작별 인사를 하고 산뻬드로 행 란차에 오르려는데 때마침 한 짐꾼이 무거운 짐을 이마에 메고 다가온다. 볼수록 신기하다.

낮 12시에 출발한다던 란차는 30분 늦게 시동을 걸더니 그리 멀지도 않은 산뻬드로까지 40분이나 걸려 도착했다. 산띠아고로 올 때 탔던 란차가 나름 쾌속정 rápido 이었던 것과는 달리 지금 이용한 란차는 완행 lento 이었기 때문이다.

아쉽게도 하늘은 또다시 산개해 있던 구름들을 불러 모으고 있다. 오늘도 아띠뜰란의 일몰은 보기 힘들 것 같아서 오후 2시 30분에 출발하는 안띠구아 행 차표를 예매한 뒤, 엊그제 들렀던 노점들을 찾아갔다. 그런데 오늘따라 코뻬기도 보이질 않는다. 마침 끄리스딸리나스 카페 맞은편에 일본 새댁이 운영하는 일본식 수제 햄버거 간이 가게가 영업 중이어서 그곳 의자에 걸터앉았다.

산뻬드로가 좋아서 4년째 살고 있다는 일본 미시 아줌마는 금

일본식 수제 햄버거 간이 기게.
내가 사랑했던 끄리스딸리나스 카페
맞은편에 자리하고 있다.

요일과 토요일에만 가게를 열고 평일에는 6개월 된 아기를 돌본다. 나와는 확연히 차이가 나는 인생관을 가지고 있었지만 나름 재밌게 사는 분이다. 일본 특유의 맛이 고스란히 느껴지는 햄버거를 맛나게 먹고는 곧바로 건너편에 있는 끄리스딸리나스 카페로 직행해서 하우스 커피 한 잔을 들이킨다. 몸과 맘이 평온해지는 이 느낌, '행복이란 원하는 무언가를 얻었느냐에 달려 있는 것이 아니라 무엇을 하고 있느냐에 달린 것'이라는 〈비포 선셋(Before Sunset, 2004)〉의 대사가 떠올랐다.

중미 여행의 중심지 안띠구아

여유로운 주말 아침, 며칠 전 들렀던 여행사들 중 한 곳엘 들러 내일 새벽 4시에 출발하는 산살바도르 행 띠까Tica버스를 예약했다. 이제 본격적으로 안띠구아 탐방에 나설 차례다.

1543년, 넘쳐나는 자원과 식민지의 값싼 노동력으로 인해 스

안띠구아 행 셔틀버스.
안띠구아는 현지인보다 여행객이
더 많은 곳이다.

페인 본토보다 더 웅장하고 아름답게 건설된 곳이 바로 이곳 안띠구아다. 이후 안띠구아는 누에바 에스빠냐 부왕령[4]에서 '분리' 되어 233년간 멕시코 남부의 치아빠스, 과테말라, 벨리즈, 엘살바도르, 온두라스, 니카라과, 코스타리카 등을 통치하던 과테말라 총독령 Capitanía General de Guatemala[5]의 수도로서 번영을 구가하였다. 하지만 1773년 7월에 발생한 대지진으로 인해 도시가 파괴되자 1776년 '새로운 과테말라'라는 뜻을 지닌 누에바 과테말라 Nueva Guatemala를 세우고 수도를 천도하게 된다. 지금의 수도인 과테말라시티가 바로 그곳이다. 결국 이러한 일련의 과정 속에서 안띠구아는 '옛 과테말라'라는 의미의 안띠구아 과테말라 Antigua Guatemala로 불리게 된다.

하지만 안띠구아는 중미를 여행하는 배낭여행자들에게는 여행의 출발점이기도 하다. 이유는 간단하다. 배낭여행자 기준의 '합리적 물가'와 홈스테이를 하면서 1 대 1 교습으로 스페인어를 저렴하게 배울 수 있다는 장점 때문이다(물론 산뻬드로가 더 저렴하다). 그래서인지 이곳 안띠구아에는 스페인어 학원이 40개가 넘

---

[4]　16세기 스페인은 누에바 에스빠냐 부왕령(Virreinato de Nueva España, 1535)과 뻬루 부왕령(Virreinato del Perú, 1544)을 각각 멕시코시티와 리마에 설치해 중미와 남미를 관할 통치했다. 부왕령의 수반인 부왕(Virrey)은 스페인 국왕의 대행자로서 관할지역의 행정, 입법, 사법권을 비롯해 재정, 군사, 성직자 임명권 등을 행사할 수 있는 막강한 권한을 가졌다.

[5]　총독령은 스페인 왕실이 부왕의 권한을 견제할 목적으로 설치한 행정 단위다. 그 수반인 총독은 스페인 국왕의 명령을 직접 받았지만 행정 체계상으로는 부왕령에 소속되어 있었다.

는다. 물론 과거 스페인 식민지 시절, 과테말라 총독령의 수도였던 안띠구아가 스페인어를 사용하는 중남미 국가들 중에서 '표준'에 가까운 스페인어를 구사한 덕분이기도 하다. 게다가 꼴로니알 도시로서의 아름다움과 치안 상태도 꽤 양호한 편이어서 길거리를 돌아다녀 보면 현지인보다 여행자들로 북적거리는 곳이 바로 이곳 안띠구아다. 인구 3만 명이 채 안 되는 규모의 안띠구아에 한 해 100만 명이 넘는 관광객이 방문한다고 하니 명실공히 중미 여행의 중심지라고 해도 무방할 듯하다.

며칠 전, 중앙공원을 중심으로 숙소 방향인 서쪽을 가볍게 스캔했기 때문에 오늘은 중앙공원의 동쪽을 둘러볼 차례. 가벼운 발걸음으로 공동 빨래터Tanque de la Union라고 불리는 곳으로 향했다. 공사가 한창 진행 중이었지만 한쪽에서 열심히 빨래를 하고 있는 아낙네들을 뒤로 하고 곧바로 산따끌라라 수도원Convento de Santa Clara으로 이동했다. 1773년 대지진 이후 시간이 멈춰 버

안띠구아의 공동 빨래터.
수많은 아낙네들이
줄을 지어 열심히 빨래하는
모습이 이색적이다.

린 듯, 고즈넉한 수도원에서 바라본 해발 3766m의 아구아 화산 Volcán Agua의 느낌이 꽤 신비롭게 다가왔다. 수많은 사람들이 시간을 달리하며 내가 서 있는 이 자리에서 저 화산을 바라봤을 텐데 그들은 아구아 화산을 바라보며 무슨 생각을 품었을까? 아니 아구아 화산은 이곳에서 자길 바라본 사람들을 어떻게 기억하고 있을까? 문득 문명의 발달과 한 가족의 삶을 자연스럽게 연결하여 흔들의자의 관점에서 묘사한 프레데릭 백Frédéric Back의 애니메이션 〈크락(Crac, 1981)〉이 떠올랐다.

이제는 안띠구아의 전경을 한눈에 아우를 수 있는 십자가 전

시간이 멈춘 듯
고즈넉하기만 한
산따끌라라 수도원의 유적.

산따끌라라에서 바라본
아구아 화산.
해발 3766m의 화산이
신비롭게 다가온다.

망대_{Cerro de la Cruz Mirador}로 발걸음을 옮길 차례다. 이곳은 안띠구아의 대표적 우범지대로 손꼽히지만 아직 낮 12시도 안 된 시간, 일반적으로 범죄를 일으키는 위인들은 오전부터 바지런히 움직이지 않을 거라는 나름의 '합리적 판단'하에 당당히 혼자 걸어가기로 마음먹었다.

고즈넉한 골목길을 따라 십자가 전망대로 향하는데 까르멘 시장_{Mercado del Carmen}과 맞닥뜨렸다. 참새가 방앗간을 그냥 지나칠 수 없듯, 나도 모르게 시장 속으로 빨려 들어가 배낭 밑으로 연결할 가방을 하나 구입했다. 현지인들이 직접 손으로 만든 마야풍의 가방이다. 과일 파는 노점도 있어 싱싱한 망고와 멜론으로 배를 든든히 채운 후, 드디어 전망대로 향했다. 입구에 경찰이 보여 어디로 가야 하는지 물었더니 왼쪽 계단으로 올라가란다. 천천히 걸어 올라가자 구름을 머금은 아구아 화산의 비호 아래 안띠구아 시가지 전경이 시원하게 펼쳐진다.

십자가 전망대에서
내려다본 안띠구아.
안띠구아의 대표적인
우범지대라고 하지만,
발아래 펼쳐지는
시가지 모습이
평화롭기만 하다.

벼룩시장 느낌이 물씬 풍기는
까르멘 교회 앞 노천시장.
덕분에 까르멘 교회 유적지 앞은 늘어놓은
기념품들과 사람들로 어수선하다.

노천시장에는 기념품뿐만 아니라
과일과 빙수를 파는 노점도 있다.
싱싱한 망고와 멜론으로 배를 든든히 채웠다.

안띠구아에서 영어 연수를?

시간과 벗하며 한참을 십자가 전망대에서 머무르다. 사람들이 북적이는 메르세드 교회 Iglesia de la Merced 엘 잠시 들렀다. 막 결혼식이 끝난 듯, 신혼부부가 교회 입구에 서서 결혼식에 참석한 하객에게 감사의 인사를 건네고 있다. 반면 교회 안까지 길게 늘어선 하객들은 준비해 온 선물을 손에 쥐고 상기된 표정으로 자신의 차례를 기다리고 있었다. 문득 한 시간도 안 되는 짧은 시간 동안 공장에서 붕어빵 찍어 내듯 치르는 우리네 결혼식과 대비되면서 이들의 모습이 더욱 따뜻하게 다가왔다.

다시 발걸음을 돌려 중앙공원으로 향했다. 오늘이 주말이어서 메르세드 교회에서 중앙공원까지, 안띠구아의 상징이기도 한 아르꼬 El Arco를 관통하는 거리가 차 없는 거리로 지정되어 다양한 공연이 펼쳐지고 있었다. 여행자들의 블로그에 단골로 등장하는 마림바 Marimba를 연주하는 악사 가족의 공연도 눈에 띈다.

블로그에 자주 올라오는
마림바를 연주하는
길거리 악사 가족.

메르세드 교회에서
열린 결혼식.
모처럼 신기하게 바라봤던
마음과 마음이 오가는
따뜻한 장면이었다.

중앙공원에서 만난 말을 탄 소녀.
웃음기 없는 표정으로 말을 타고 있는
소녀의 모습이 예뻐
나도 모르게 셔터를 눌렀다.

거리 공연.
여행자들의 도시답게
아르꼬를 관통하는 거리에서는
공연이 끊이질 않는다.

안띠구아의 랜드마크인 아르꼬.
정식명칭은 아르꼬 데 산따 까따리나(El Arco de Santa Catalina)이다.

아침부터 계속 걸어만 다녔더니 살짝 피곤함이 느껴져 잠시 숙소로 돌아왔는데 소헤이가 붙여 놓은 메모가 보인다. 저녁에 특식을 준비하려는데 동참하기를 원한다면 20께찰과 함께 이름을 적어달란다. 소헤이만의 맛난 특식을 기대하며 20께찰을 다른 주머니에 따로 넣고는 잠시 체력을 보충한 뒤 마트로 향했다.

오늘은 과테말라에서의 마지막 날, 남은 께찰을 다 소비할 요량으로 마트 안을 유유자적하게 돌아보고 있는데 한국인으로 보이는 여행자가 눈에 띈다. 먼저 다가가 인사를 건네자 무척 반가워한다. 며칠이나 안띠구아에 머물렀냐고 물었더니 3개월이 다 되어 간단다. 갑자기 호기심이 발동해서 그동안 여기서 뭘 했냐고 물었더니 영어 과외를 받고 있었단다. 예상치 못한 답변을 계속 쏟아 내는 이 친구의 이야기는 다음과 같다.

"원래는 2주 정도 머물며 스페인어 기초 과정만 마치고 여행을 시작하려 했는데, 스페인어 선생님이 미국에서 온 여행자를 소개시켜 줘서 저렴한 비용으로 1 대 1 영어 과외를 받고 있는 중이에요. 비자 문제로 3개월마다 잠시 멕시코를 경유해야 하는 번거로움이 있지만, 영어권 나라에 가서 어학연수를 받는 것보다 훨씬 저렴하고 알차서 나름 괜찮은 것 같더라구요. 게다가 영어 선생님도 여행자여서 몇 달 머물다 떠나게 되면 그때 또 다른 미국인 선생님을 소개시켜 주기 때문에 한 사람의 발음에만 익숙해지지 않고 다양한 영어를 배울 수 있어 좋은 것 같아요."

주말이 되면 아르꼬를 관통하는 거리(5a Avenida Norte)는
차 없는 거리가 된다.

　과테말라에서 영어 연수를? 그것도 1 대 1 수업에 저렴한 가
격으로? 생각하지도 못한 얘기였지만 설득력이 있어 보였다. 영
어권 나라에서의 1년간 어학연수 비용이면 적어도 여기 안띠구
아에선 2년 정도는 머물며 스페인어와 영어를 함께 배울 수 있을
듯했다. 아무리 곱씹어도 나쁘지 않은 카드다. 거기에다 한국 사
람도 거의 없고, 슈퍼에는 한국 라면이 기다리고 있다.

안띠구아에서의 어학연수라는 기발한 생각에 파묻혀 시간 가는 줄 모르고 있는데 소헤이가 문을 두드린다. 방문을 열자 미소국의 구수한 냄새가 식탐을 자극한다. 왕년에 주방장이었던 소헤이가 실력 발휘를 했나 보다. 번갯불에 콩 구워 먹듯, 정신없이 먹고 나자 소헤이가 흐뭇해한다.

소헤이가 정성껏 준비한 만찬으로 인해 삶의 풍요로움이 소리 없이 밀려오는 밤. 오늘은 나만 쫓아다니던 먹구름도 주말이라 하루 쉬는 덕분에 해맑은 안띠구아의 햇살을 볼 수 있어 더없이 좋은 하루였다. 이렇게 안띠구아에서의 마지막 밤이 아쉬움을 뒤로한 채 몽글몽글 흘러가고 있다.

소헤이가 정성껏 준비한
주말의 만찬. 간만에 마음까지
따뜻해진다.

중남미에 대한 성급한 일반화의 오류

우리에게 각인되어 있는 중남미 사회에 대한 관념들은 너무 피상적일 뿐만 아니라 기존의 정보 또한 왜곡된 경우가 허다하다. 그러다 보니 중남미 국가들은 '못사는 나라, 위험한 나라'로만 인식되어 왔고, 뉴스에서 어떤 큰 사건이 발생해야만 백화점의 '반짝 세일'처럼 쳐다보게 되는 '관심의 변방'이기도 하다.

잠시 곱씹어 보자. 중남미 하면 어떤 이미지가 떠오르는가? 물론 삼바(zamba), 살사(salsa), 땅고(tango) 등과 함께 매혹적인 카리브 해변과 카니발을 떠올릴 수도 있다. 커피와 축구 또한 빠지지 않는 이미지들 중 하나일 것이다. 하지만 이러한 생각과 더불어 군사 쿠데타, 독재, 무장 게릴라들의 득세, 높은 인플레이션과 빈부 격차, 납치와 유괴가 일상사처럼 빈번히 일어나는 나라, 사람들은 게으르고 가난할 뿐만 아니라 마약에 찌들어 있다는 이미지들이 함께 떠오르지 않는가? 우리가 갖고 있는 중남미에 대한 잘못된 이미지들은 일정 정도 할리우드 영화에 의해 왜곡, 재생산된 부분이 없지 않다. 또한 많은 부분은 현재 그들의 모습이 아니기도 하다.

만약 우리가 외국 친구를 만났는데 한국에 대한 이미지가 부분적으로 1960년대에 머물러 있다면 어떨까? 게다가 자국 언론을 통해 접한 한국 소식이란 것들이 죄다 백화점과 대교가 붕괴되고 지하철 전동차가 불타고 원전 비리가 터지는 등의 내용이어서 한국에 대한 이미지가 고스란히 부정적으로 각인되어 있다면 말이다. 당연히 우리는 삼성이니 LG니 하는 '자랑스런' 대기업들과 2002년 한일월드컵 개최 등을 언급하며 핏대를 세우겠지만, 이들 기업도 일본 기업으로 알고 있고 2002년 월드컵도 일본에서 열렸다고 기억하고 있다면 말이다.

중남미 여행 중에 만난 콜롬비아 출신의 마리아라는 친구가 있었다. 중미를 거쳐 콜롬비아로 내려갈 계획이라고 얘기했더니 콜롬비아에 대한 친절한 설명과 함께 내게 약 8분짜리 동영상 파일을 보내줬다. 할리우드 영화에서 묘사된 것과 달리, 콜롬비아는 안전하고 아름다운 나라이기에 언제든 찾아달라는 내용이었다. 그 동영상을 보는 동안 마리아의 마음과 약소국의 아픔이 그녀의 낮은 웃음 하나로 이미지화 되어 내 맘속에 작은 울림으로 다가왔다. 물론 어느 사회나 음과 양이 존재한다. 하지만 어느 한 쪽만을 너무 과하게 부각시켜 실체적 진실을 호도하는 것은 야만적 행위임을 기억해야 한다.

문명과 야만이라는 잣대

그렇다면 이렇게 왜곡된 이미지들은 어디에서 유래하였을까? 역사를 거슬러 올라가다 보면 가깝게는 근대 이후, 유럽에 의해 발전된 학문적 태도와 무관하지 않다는 것을 발견할 수 있다. 다윈(Charles Darwin, 1809~1882)의 『종의 기원(On the Origin of Species, 1859)』보다 앞서 '발전가설(The Development Hypothesis, 1852)'이라는 글을 통해 진화론을 개진했던 스펜서(Herbert Spencer; 1820~1903)는 사회유기체론에 근거해서 사회 발전에 대한 진화론적 논의를 전개해 나갔다. 결국 이러한 스펜서의 사회진화론(Social Evolution Theory)은 유럽을 유전적으로 우등하고 선한 존재로, 중남미를 포함한 비유럽 국가들을 열등하고 악한 존재로 이해하게끔 하는 이론적 토대가 되었다.

급기야 이러한 생각은 중남미 원주민들을 '말하는 동물(Animal que habla)'로 치부하게끔 만들었을 뿐만 아니라 이들을 강제로 데려다 '전시'하는 인간 동물원(Human Zoo)이 19세기 유럽의 대중적 오락거리로 자리매김할 수 있도록 그 원인을 제공하였다. 특히 유럽에서는 제국(만국)박람회에서 관객몰이의 일환으로 인간 동물원이 성행하였다. 믿기 어려운 사실이지만 이러한 전시회는 비단 유럽에만 국한되지 않고 미국과 일본 등에서도 열리면서 1958년 벨기에 브뤼셀 만국박람회 때까지 무려 14억이 넘는 관람객들이 다녀갔다고 한다. 게다가 이러한 인간 동물원에는 우리의 선조인 조선인도 포함되어 있었다고 한다.

인류 사회학자인 레비 스트로스(Claude Levi Strauss; 1908~2009)가 주장하듯이, 유럽을 지배해 온 '문명'과 '야만'이라는 이분법적 사유는 근절되어야 한다. 물론 21세기를 살아가고 있는 오늘날, '인간 동물원: 야만인의 발명(Human Zoos: The Invention of the Savage)'이라는 전시회가 유럽의 심장부인 파리에서 열려, 과거 자신들의 잘못된 만행을 고발할 만큼 외형적으로 이러한 현상들이 많이 사라진 것을 부인할 순 없다. 하지만 우리의 일상을 내밀히 들여다보면 지금도 서양에 의해 왜곡된 이미지들을 어렵지 않게 찾아볼 수 있다.

참고로 팔레스타인 출신의 세계적 석학인 에드워드 사이드(Edward Said; 1935~2003)의 대표적 저서인 『오리엔탈리즘(Orientalism, 1978)』은 이렇게 왜곡된 현상들을 정확히 적시하고 있기 때문에 관심 있는 독자들의 일독을 권하는 바다.

PART

5

El Salvador & Nicaragua

미국으로부터 자유롭지 못한 엘살바도르와 니카라과

(7박 8일)

엘살바도르와 니카라과의 근현대사에는 오랜 독재와 내전이 자리 잡고 있다. 그 이면에는 중남미를 자국의 뒷마당쯤으로 간주해 온 '종주국' 미국의 내정 간섭이 존재한다.

그 결과, 이들 국민은 구조화된 빈곤과 함께 자신의 운명보다 못한 삶을 살아가고 있다. 하지만 고단한 일상에서 피워 내는 이들의 작은 희망은 곳곳에서 감지되었다.

Root-엘살바도르 · 니카라과

산살바도르 → 뚠꼬 · 리베르딸 → 산살바도르 → 수치또또 → 산살바도르 → 그라나다 → 오메떼뻬 섬 → 그라나다

국경을 넘어 산살바도르로 가는 길

오늘은 엘살바도르로 넘어가는 날. 과테말라시티에서 오전 6시에 출발하는 산살바도르 행 띠까버스를 타기 위해 새벽 4시에 픽업 나온 셔틀버스에 올랐다. 이미 자리를 잡고 앉아 있던 여행자들에게 툭 던진 아침 인사말, "부에노스 디아스"는 그들의 표정을 잠시 인간의 모습으로 되돌려 놓았지만 이내 그들이 쳐 놓은 울타리 속으로 되돌아갔다. 차의 엔진소리는 그 어느 때보다 크게 느껴졌지만 그 파장 또한 암흑 속에 묻히고 만다. 모두가 새벽이라는 무게의 중압감에 갇혀 있는 듯하다.

1시간 남짓 걸려 도착한 과테말라시티의 띠까 버스터미널, 신원 확인을 위해 내뱉어야 하는 단어들만 잠시 나열하고는 어느 누구도 정적을 깨지 않고 조용히 버스에 오른다. 과테말라에서 치킨봉고에 찌들어 있다 보니 대형 버스라는 존재의 무게가 잠시 부담스럽기까지 했지만 이내 그 안락함 속으로 빠져들었다.

오전 8시 30분, 갑자기 울리는 음악 소리가 모두를 같은 공간으로 불러 모았다. 창밖으로 과테말라 출입국 관리소가 눈에 들

과테말라시티의
띠까 버스터미널.
이제 과테말라에서
엘살바도르로 떠나야 한다.

어온다. 가볍게 출국수속을 밟은 후, 다시 버스로 되돌아왔다. 눈앞에 보이는 빠스 강Río Paz의 호보다리Puente el Jobo를 건너자 엘살바도르 출입국 관리소 직원이 직접 차에 올라와 여권을 검사하고 내려간다. 그리고 주어진 휴식 시간, 간단하게라도 아침을 먹으려는 사람들은 출입국 관리소 인근의 간이식당으로 향했고, 나머지 사람들은 자기 자리를 지키며 동행들과 낮은 목소리로 담소를 나누기 시작했다.

잠시 후, 버스가 목적지를 향해 다시 시동을 걸었다. 그리고 얼마 안 가 '엘살바도르에 온 것을 환영한다Bienvenidos A El Salvador'는 팻말이 눈에 들어온다. 정신을 차리고 여행 책자를 꺼내 엘살바

과테말라와 엘살바도르의
경계인 호보 다리.
빠스 강을 사이에 두고
과테말라와 엘살바도르가
나뉘어 있다.

엘살바도르 출입국 관리소
인근의 간이식당.

도르의 수도인 산살바도르의 정보들을 다시 한 번 훑어본다. 궁하면 통한다고 영어와 뇌리와의 간격이 줄어들면서 가독성이 높아졌다.

오전 11시가 가까워지자 밖으로 큰 건물들이 하나둘 보이기 시작하더니 잠시 후, 몇몇 승객이 내리기 시작했다. 뒷자리에 앉아 있던 사람에게 여기가 어디냐고 묻자 산살바도르란다. 내려야 할지 말아야 할지 판단이 서지 않아 재차 물었더니 쎈뜨로엘 가는 거라면 다음번에 내리면 된다고 얘기해 준다. 이윽고 종착점인 띠까 버스터미널이 보인다. 과테말라시티에서 약 5시간, 안띠구아에서 7시간 정도 소요되었다.

여행 책자에 나와 있는 지도에서 띠까 버스터미널과 쎈뜨로를 찾아 그 두 축을 중심에 두고 지형 파악에 들어갔다. 대충의 윤곽을 머리에 그려 넣은 후, 택시기사에게 숙소까지 얼마냐고 물었더니 5달러를 내란다. 배낭을 앞뒤로 짊어지고 고생을 사서 할 필요는 없을 듯해서 택시를 타려 했지만 5달러라는 말에 마음을 바꾸었다. 생각보다 한 블록의 거리가 그리 멀지 않은 것 같았다.

산살바도르의 띠까 버스터미널.
안띠구아에서 7시간을 달려 도착했다.

그런데 어느 방향으로 가야할지 첫 방향키를 잡기가 쉽지 않다. 지나가는 현지 젊은 친구를 붙잡고 물었더니 친절하게 나를 다시 띠까 버스터미널로 데려간다. 내가 건넨 말 중 버스터미널이라는 말만 알아들었나 보다. 어쨌든 고맙다는 말을 전하고는 여행 책자에 나온 거리명과 일일이 대조해 가며 다시 발걸음을 옮기기 시작했다.

산살바도르에서 품은 의구심, 국가란 무엇인가?

식민지 시대의 지배 계층 후손인 14개 대지주 가문Las Catorce을 중심으로 한 소수의 지배층이 국가의 부를 90% 이상 차지하고 있는 엘살바도르. 지난 2012년 3월에는 정부의 간접적인 중재하에 양대 범죄 조직인 MS-13 Mara SalvaTrucha과 바리오 18 Barrio 18이 살인과 암살 등을 잠정적으로 중단할 것을 내용으로 하는 적대 행위 중지 협정을 체결하였다. 덕분에 강력 범죄에 의한 사망자 수가 2011년 4354명이었던 것이 2012년에는 2594명, 2013년에는 2491명으로 크게 감소하게 된다.

하지만 2014년 6월에 출범한 산체스 쎄렌Salvador Sánchez Cerén 정부는 갱단과의 전쟁을 선포했다. 이로 인해 전체 인구의 100명 중 1명이 조직원인 이들 갱단과 경찰 간의 총격전이 또다시 잦아졌다. 그 결과 2015년 한 해 동안 피살자 수가 6670명에 이르면서 전년 대비 70%나 급증하였다. 2016년 1월, 미국의 일간지 「USA Today」에 의해 '세계의 살인 수도'로 선정될 만큼 엘살바도르는 중미를 넘어 전 세계적으로 치안이 불안정한 나라로 손꼽히고 있다.

배낭여행자는 한 여행지에 도착하면 다음 여행지로 이동하는 교통편부터 파악해야 한다. 도착과 동시에 떠남을 염두에 두어야 하는 것이 배낭여행자의 숙명인 듯하다. 산살바도르 역시 예외는 아니다. 숙소에서 제공하는 지도 한 장을 움켜쥐고 숙소 인근에 위치한 뿌에르또Puerto 버스터미널로 향했다. 사흘 뒤에 출발하는 니카라과의 마나구아Managua, 이하 마나과 행 버스 편부터 알아본 후, 본격적인 산살바도르 여행에 나섰다.

산살바도르 지도를 펼쳐 놓고 볼 때, 서쪽 지역인 소나로사Zona Rosa가 상대적으로 발전한 지역인 반면, 구도심의 중심가가 위치한 동쪽은 우범지대에 속한다. 지금 내가 서 있는 이곳이 바로 산살바도르 구도심의 중심가가 위치한 동쪽이다. 쎈뜨로의 중심

산살바도르에서 묵었던 숙소
(Hotel Villa Florencia Centro Historico).

이라 할 수 있는 바리오스 광장Plaza Barrios 인근은 지린내가 진동했고, 차에서 뿜어내는 매연은 순간순간 숨을 멎게 만들었다. 도로 또한 노점상들에게 점거당한 상태여서 전체적으로 어수선한 느낌을 지울 수 없다. 굳이 표현하자면 우리나라 1970~80년대 변두리 공단 느낌이라고나 할까? 만약 비까지 왔다면 〈블레이드 러너(Blade Runner, 1993)〉에서 리들리 스콧Ridley Scott 감독이 묘사한 미래의 암울한 지상 세계가 바로 이런 모습이지 않을까 하는 생각이 들 정도였다. 물론 첫 인상으로 한 나라의 수도를 함부로 재단하는 것엔 무리가 따르겠지만 여행객들이 왜 이곳을 외면하는지 충분히 짐작할 수 있었다.

엘살바도르의 수도인 산살바도르 구도심 중심. 어수선하고 낙후된 거리에서 칙칙함이 묻어난다.

산살바도르에 오면 이것만은 꼭 봐야 한다는 로사리오 교회Iglesia el Rosario로 발걸음을 옮겼다. 산살바도르 대성당Catedral Metropolitana de San Salvador과 공사 중인 바리오스 광장을 지나 자유광장Plaza Libertad 에서 맞닥뜨린 로사리오 교회. 엘살바도르의 유명 건축가이자 조각가인 루벤 마르띠네스Ruben Martinez가 설계하여 1971년에 완공했다고 한다. 하지만 허름한 대형 십자가가 아니었다면 투박한 콘크리트 벽돌로 쌓아 올린 아치형 외관이 마치 비행기 격납고 같아서 교회인지 의문이 들 정도였다. 교회 내부의 스테인드글라스에 투영된 햇살을 꼭 봐야 한다고 했지만 가는 날이 장날이라고 하필 오늘 문이 잠겨 있다. 그것도 일요일 오후 2시인데 말이다.

멀지 않은 곳에 띠까 버스터미널이 있어 마나과 행 버스 편을 재차 알아보기 위해 발걸음을 돌렸다. 지도에 대한 감이 뇌리에 안착되자 발걸음이 가벼워졌다. 새벽 4시 45분에 출발하는 띠까 버스가 상대적으로 저렴하다는 걸 확인한 후, 성심시장 입구에

로사리오 교회의
투박한 외관.
겉모습만 봐서는
내부의 아름다움을
짐작조차 할 수 없다.

자유광장 뒤로 보이는 산살바도르 대성당.
로메로 신부의 무덤이 있으며, 1999년에 완성되었다.

많은 인파로 복작거리는 성심시장
(Mercado Sagrado Corazón de Jesús).

성심시장 뒤편으로 보이는
깔바리오 교회.

조용하고 신성할 것 같았던 깔바리오 교회에서
통성기도가 이뤄지고 있었다.

있는 깔바리오 교회 Iglresia el Calvario로 향했다. 교회 내부에서 웅얼 거리는 소리가 들려 살짝 들여다봤더니 사람들이 손을 들고 큰 소리로 기도를 하고 있다. 이제껏 통성기도라는 게 한국인 특유의 한 맺힌 정서에서 나온 것이라고 알았는데 그렇지 않다는 걸 두 눈으로 직접 확인하고 있는 중이다. 곰곰이 생각해 보니 한 맺힌 정서를 가진 나라가 어디 우리뿐이겠냐는 생각에 멋쩍은 웃음이 나왔다.

해가 지지 않았지만 일찌감치 숙소로 발걸음을 돌리면서 '구세 주'라는 뜻을 지닌 엘살바도르의 나라 이름에 의문표를 찍어 본 다. 국가란 무엇이어야 할까?

로사리오 성당, 공간의 거룩함에 대해

엘살바도르는 국토의 삼면이 과테말라와 온두라스의 국경과 접 해 있다. 그러다 보니 안타깝게도 중미 국가들 중 유독 엘살바도 르만 카리브해와 인연이 없다. 하지만 엘살바도르 남쪽과 맞닿 아 있는 태평양 연안의 해변이 서핑족의 천국이라고 여행 책자 에 소개되어 있다. 그중에서도 특히 뚠꼬 해변 Playa el Tunco과 인근 의 리베르땃 La Libertad 해변이 꽤 괜찮은 곳이란다. 지도에서 확인 해 봤더니 수도인 산살바도르에서 그리 멀지 않은 곳에 위치해 있다.

사실 엘살바도르의 국토 면적이 한반도의 1/10, 전라도와 거의 비슷한 크기다. 그 말인즉슨 웬만한 지역은 1~2시간에 도착할 수 있다는 의미다. 그래서 오늘의 일정을 엘살바도르의 해변으로 잡았다. 과테말라에 발을 내디딘 첫날부터 모기와 무시무시한 빈대에 시달리다 보니 지금까지 그 가려움증이 남아 있어 바닷물에 들어가 소독이라도 해야겠다는 판단 때문이었다.

엘살바도르의 치안을 감안해서 지갑을 포함한 모든 귀중품들은 숙소에 다 놓아두고 필요경비만 챙겨 102번 버스에 올랐다. 중남미에서 자주 언급되는 일명 '치킨버스'를 오늘에서야 타게 되었다. 혹시나 했던 우려와는 달리, 현지인들이 이용하는 우리나라의 완행 시외버스 정도로 생각하면 될 듯하다.

한 시간 정도 지나자 사람들이 북적거리는 시장 앞에서 차가 멈췄다. 종점인 리베르딴 해변이다. 여기서 뚠꼬로 가려면 버스를 한 번 더 갈아타야 한다. 마침 뚠꼬 행 80번 버스가 출발하려고 해서 곧바로 몸을 실었다. 20분 정도 지났을까? 운전기사가 나를 향해 뚠꼬라며 내리란다. 주위를 둘러본 후, 도로 반대편 샛

리베르딴 해변 행 치킨버스.
걱정했던 것만큼 나쁘지는 않았다.

길로 들어서자 드디어 바다의 자태가 서서히 윤곽을 드러낸다.

깐꾼이나 뚤룸 정도는 아니어도 어느 정도 사람들로 인해 시끌벅적할 것을 기대했지만 시아에 잡힌 뜬꼬 해변은 여름 시즌이 끝난 해수욕장처럼 썰렁 그 자체였다. 모래사장 주변을 목적없이 배회하고 있는 네다섯 명의 무리와 바다에서 서핑하는 대여섯 명을 빼면 아무도 없었다. 더없이 푸른 하늘을 제외하면 바다 색깔도 평범했다. 문득 기타노 다케시北野武 감독의 〈그 여름 가장 조용한 바다(あの夏, いちばん静かな海, 1992)〉라는 영화가 떠올랐지만 일단 바닷물에 몸부터 담갔다. 오늘 저녁에는 편히 잘 수 있기를 간절히 바라면서 말이다.

발 디딜 틈없이 많은 사람들로 넘쳐났던
리베르딴 공영시장(Mercado Municipal).

뜬꼬 해변으로 들어가는 입구.
도로를 건너 큼지막한 대형 간판 옆,
샛길로 들어가면 뜬꼬 해변이 나온다.

해변은 썰렁했지만,
가려운 몸을 소독하는
기분으로 바닷물에 풍덩
몸을 담갔다.

서핑족에게
인기가 있는 뚠고 해변.

리베르딴 해변 입구.

리베르딴 해변의 부둣가와 선착장.
리베르딴 부둣가로 들어가는 입구에
위치한 건물 안에는 관광안내소가 있고,
선착장에는 많은 배들이 정박하고 있다.

자유를 뜻하는 리베드딴 해변. 기대와 달리 개미 새끼 한 마리도 보이지 않았다.

마지막 희망을 리베르딴 해변에 걸었다. 해변의 이름도 '자유'라는 의미의 리베르딴이 아닌가. 먼저 눈에 띈 것은 부두였다. 그런데 부두 양옆으로 펼쳐져 있는 해변에 개미 새끼 한 마리 보이질 않는다. 뭔가 잘못됐다 싶어 입구에 있던 인포로 가서 물었더니 여기가 리베르딴 해변이 맞단다. 아, 정말 이건 아니지 않는가. 무슨 짐자무쉬Jim Jarmusch의 영화, 〈천국보다 낯선(Stranger Than Paradise, 1984)〉을 찍는 것도 아니고 말이다.

바로 버스를 타고 숙소로 돌아와 지갑만 챙긴 후, 모레 새벽에 출발하는 마나과 행 버스를 예약하기 위해 띠까 버스터미널로 향했다. 물론 숙소와 인접한 뿌에르또 버스터미널에서 출발하는 킹퀄리티King Quality 버스를 고려하지 않은 건 아니다. 하지만 무려 23달러의 요금 차가 났기 때문에 배낭여행자인 나로서는 응당 띠까버스를 선택할 수밖에 없었다.

그리고 다시 찾아간 로사리오 교회. 무심코 문을 열고 첫발을 내딛는 순간, 오색찬란한 태양의 입자들이 교회의 수많은 창을 통해 산산이 부서지며 나에게 고스란히 스며든다. 마치 지구의 중심인 '대지의 배꼽Omphalos'에 발을 들여놓은 듯, 시공간을 너머 존재하는 그 어떤 신성한 기운이 교회 내부를 감싸며 엄마의 품과 같은 포근함을 선사한다. 투박한 인간의 기술과 자연의 완벽한 조화에서 뿜어져 나오는 '공간의 거룩함'이 어떤 것인지 직접 체험하게 된 순간이다.

감탄사가 절로 터져 나온 로사리오 교회의 내부.
이거 하나면 엘살바도르에 온 목적은 달성했다. 말로 할 수 없는 감동이 밀려왔다.

나로서는 이곳 산살바도르에서 로사리오 교회를 접했다는 그 하나만으로도 엘살바도르에 온 이유는 충분했다. 최악을 선택했다며 하루 종일 불만의 원인이 되었던 뚠꼬와 리베르딴 해변도 뇌리에서 사라지고, 내 안에 깃든 따사로움이 오랫동안 나의 마음과 발목을 붙잡는다.

낯선 이방인을 향한 두 가지 시선

과테말라의 산뻬드로 가는 셔틀버스에서 만났던 톰은 산살바도르 인근의 명소로 두 곳을 추천해 주었다. '벌새'라는 뜻을 지닌 수치또또Suchitoto와 손소나떼Sonsonate에서 아우아차빤Ahuachapán으로 이어지는 '꽃들의 길Ruta de las Flores'이 바로 그곳이다. 톰이 정성스레 기록해 준 메모에 의하면, 꽃들의 길을 걷다 보면 후아이유아Juayúa나 아빠네까Apaneca, 아따꼬Ataco 같은 예쁜 마을들도 만날 수 있단다. 하지만 난 톰이 처음에 언급한 수치또또엘 들르기로 마음을 굳혔다. 이유는 단순했다. 당일치기가 가능하다는 것과 된 발음이 많은 스페인어의 태생적 한계에도 불구하고 지명에서 느껴지는 친근함 때문이었다.

가끔씩은 이렇게 여행 일정의 큰 뼈대를 거스르지 않는 한도 내에서 마음 가는 대로 움직이는 것 또한 여행의 즐거움인 듯하다.

숙소를 나서자 차에서 뿜어내는 매연이 기다렸다는 듯 나를 감싸고돈다. 일단 29번 버스를 타고 오리엔떼Oriente 버스터미널로 향했다. 버스가 정차할 때마다 수시로 사람들이 올라와 물건을 팔아댔는데, 한 번은 생각지도 못한 두 명의 광대가 올라와 만담을 한다. 물론 그들의 말은 알아들을 수 없었지만 그들의 익살스런 표정과 옷매무새만으로도 웃음을 자아내기에는 충분했다.

20분 정도 지나자 버스는 오리엔떼 버스터미널 건너편에 정차했다. 하지만 이곳에서 내려야 한다는 걸 까맣게 모르고 있던 나는 이번엔 또 어떤 장사꾼이 올라올지 호기심 어린 눈으로 버스입구만 바라보고 있었다. 그런데 갑자기 운전기사와 주위에 앉

정차한 버스에 올라와
만담을 하고 있는 두 명의 광대.
말은 못 알아들어도
왠지 다 알 것 같았다.

오리엔떼 버스터미널의
대합실. 수치또또행 버스가
출발하는 곳이다.

오리엔떼 버스터미널 행
29번 시내버스.

아 있던 승객들이 동시다발로 나를 향해 지금 내려야 한다고 다급하게 얘기해 주는 게 아닌가. 내가 어디서 내려야 할지 나만 빼고 모두가 알고 있었다는 생각에, 웃음을 머금고 "그라씨아스¡Gracias!, 감사합니다!"를 크게 외치며 허겁지겁 내렸다. 이들의 때 묻지 않은 친절함이 고마웠지만 한편으론 아시아인이라는 존재가 이들에겐 한없이 낯설기만 한 이방인이라는 것을 다시 한 번 실감하게 된다.

육교를 건너 터미널 안으로 들어서자마자 인상 좋아 보이는 아저씨 한 분을 붙잡고 수치또또에 가려면 몇 번 버스를 타야 하는지 물었다. 미소 띤 밝은 모습의 아저씨는 129번 버스를 타야 하는데 요금은 버스 안에서 직접 지불하면 된다고 친절하게 얘기해 준다. 마침 오전 9시 30분에 출발하는 수치또또 행 버스가 있다.

산살바도르에서 약 46km 떨어진 수치또또의 중앙공원Parque Central de Suchitoto에 도착한 시간은 오전 11시. 마을 자체가 나른한 봄 햇살에 졸고 있는 듯 조용하기만 하다. 먼저 공원 앞 산따루씨아 교회la Iglesia Santa Rucia를 등지고 10시 방향 모퉁이에 있는 인

수치또또의 평화로운 골목(4a Calle Oriente).
봄 햇살처럼 나른하고 평화로운 곳이다.

중앙공원 앞
산따루씨아 교회.

수치또또 마을 초입에 있는
방향 표지판.

수치뜰란 호수. 수치또또는
전형적인 꼴로니알 도시지만,
수치뜰란 호수를 끼고 있어
여느 식민지 도시와는 다른 느낌이다.

아기자기한 골목을 누비다 만난
산마틴(San Martin) 공원 옆의 예쁜
레스토랑(Restorante Villa Balanza).

학교 운동장에서 신나게
뛰어노는 아이들.
이곳은 축구가 대세인 듯하다.

수치또또에서 만난 화가.
사진이 아닌 초상화라는
아날로그적인 감성이 정겹다.

포로 향했다. 직원으로부터 소소한 정보들을 얻고 있는데, 폭포엘 가려면 꼭 경찰서에 들러 경찰과 함께 가야 된다고 신신당부를 한다. 하지만 내겐 이 더운 뙤약볕에 경찰까지 동반해서 그리 크지도 않은 폭포를 보러 갈 이유가 전혀 없었다.

그래서 점심을 해결할 식당도 찾아볼 겸, 아기자기한 골목길들을 누벼 보기로 했다. 어디나 그렇듯 사람 사는 일상의 풍경이 친근하게 다가왔다. 학교Centro Escolar Isaac Ruiz Araujo 운동장에서 신나게 축구를 하고 있는 아이들이 보였고, 모퉁이 옆 가게 안에선 열심히 그림을 그리고 있는 화가도 눈에 띈다. 마을 자체가 전형적인 꼴로니알 도시의 모습을 띄면서도, 수치뜰란 호수Lago de Suchitlán로 더 잘 알려진 렘빠 강Río lempa의 쎄론그란데 댐Embalse Cerrón Grande을 끼고 있어 여느 식민지 도시와는 그 느낌이 사뭇 달랐다. 햇살을 피해 가며 느긋하게 마을의 이곳저곳을 둘러보고 있는데, 한쪽 벽면에 오스까르 로메로 대주교Archbishop Óscar Romero의 초상화가 크게 그려져 있다.

수치또또에서 만난 로메로 대주교

실화를 바탕으로 제작된 올리버 스톤Oliver Stone 감독의 〈살바도르(Salvador, 1986)〉를 보면, 종군기자인 리처드 보일은 자신의 조국인 미국이 자국의 안보를 위한다는 미명하에 엘살바도르의 군부

독재 정권을 지원하는 현실을 목도하게 된다. 이 영화의 배경은 1980년대 엘살바도르 내전이다. 1981년부터 12년간 지속된 엘살바도르 내전의 원인은 극심한 빈부 격차와 불평등, 그리고 군사정권의 가혹한 탄압이었다.

폭력이 숨쉬기처럼 일반화되어 있던 엘살바도르의 현실 속에서 억압받는 이들의 대변자였던 로메로 대주교. 그는 군부의 잔혹한 철권 정치에 맞서 그런 군부를 뒤에서 지원하고 있는 미국을 비난하는 등 사회정의의 실현을 위해 고군분투하였다. 그는 강론을 통해 "주님의 이름으로, 핍박받는 모든 사람의 이름으로 간청합니다. 요구합니다. 그리고 명령합니다. 제발 탄압하지 마시오!"라고 외쳤다.

하지만 "신부를 죽여 애국자가 되자!"라는 살벌한 구호까지 선동한 군부에 의해 1980년 3월의 어느 날, 산살바도르 대성당에서 총격으로 피살된다.[1] 오스까르 로메로 대주교의 암살 장면은 존 듀이건John Duigan 감독의 〈로메로(Romero, 1989)〉에 더 자세히 묘사되어 있다. 이 영화의 말미에서 로메로 대주교는 다음과 같이 말한다.

---

[1] 송영복 교수는 『라틴아메리카 강의 노트』에서 중남미 민중 저항의 역사를 다음과 같이 요약하고 있다. 1492년 이후, 식민지 시대 초기의 저항이 스페인 침략자에 대한 저항이었다면, 1800년대의 저항은 상부 기득권 세력이었던 끄리오요와 이들과 결탁한 외국 세력에 대한 저항이었고, 20세기의 저항은 신식민지주의의 선봉에 섰던 미국에 대한 저항이었다.

수치또또의 벽면에 그려진
로메로 대주교의 초상화.

"여러분이 교회입니다. 한 사람의 주교는 죽어도 하느님의 백성
인 교회는 죽지 않습니다. 나는 그 속에서 부활할 것입니다."

　　오스까르 로메로 대주교의 피살이 도화선이 된 엘살바도르 내
전은 1980년 6월, 파라분도마르띠민족해방전선FMLN, 이하 파라분도마르띠
이 결성되면서 촉발하게 된다. 1981년 1월에 시작된 내전은 1만
2000여 명의 무장 병력을 이끌고 정부군에 맞선 파라분도마르
띠에 의해 전 국토의 30%가 장악되기도 했다. 그러나 이런 상황
에 위기의식을 느낀 미국 레이건 행정부가 엘살바도르의 군사독
재 정권을 지원하고 나서면서부터 교착상태에 빠지게 된다. 그
러다 1980년대 말, 세계적인 탈냉전 분위기와 함께 소련의 해체,
UN의 중재 등이 맞물리면서 지난했던 엘살바도르의 내전도 종
지부를 찍게 된다. 1992년 1월, 차뿔떼뻭평화협정Acuerdos de Paz de
Chapultepe이 체결되면서 10년 넘게 이어온 내전이 끝이 난 것이다.
　　당시 게릴라 투쟁을 주도했던 파라분도마르띠는 내전 종식의
조건으로 군의 역할과 규모를 축소하고, 극악무도한 인권 유린
자들을 처벌하는 등 광범위한 정치구조와 군조직의 개혁을 내걸

었다. 물론 이들이 주장한 개혁이 어느 정도 이루어졌는가에 대해서는 의견이 분분하다. 하지만 파라분도마르띠는 1994년에 제도권 내 정당으로 안착했고, 급기야 2009년에는 평화적 정권 교체까지 이루어 낸다.

엘살바도르 내전과 관련해서는 순진무구한 어린아이의 눈을 통해 전쟁의 상처와 아픔을 그려낸 루이스 만도키 Luis Mandoki 감독의 〈이노센트 보이스(Innocent Voices, 2004)〉가 압권이다. 이 영화는 내전을 직접 겪은 어린아이의 실화를 바탕으로 하고 있다.

배낭여행자와 푼돈의 상관관계

여행자들이 엘살바도르에서 가장 흔하게 당하는 피해 유형은 길거리 보행 중 무장 강도를 만나는 것이다. 주 엘살바도르 대한민국 대사관에서는 교민과 여행자의 안전을 위해 가급적 혼자 다니지 말고 동료와 동행할 것과 밤늦은 시간에는 외출을 삼갈 것을 당부하고 있다. 하지만 고심 끝에 나는 띠까 버스터미널까지 걸어가기로 했다.

새벽 3시가 조금 넘은 시간, 배낭을 메고 조용히 숙소를 나섰다. 여기서부터 띠까 버스터미널까지 도보로 20분. 간혹 지나가는 차가 있긴 했지만 인적은 없었고, 어둠이 거리를 독식하고 있다. 10분 정도 걸었으니 반 정도 온 것 같다. 저 앞으로 사람이 한 명 보인다. 긴장되는 순간이다. 걸어오는 사람의 반대 방향으로 길을 건너 숨소리까지 죽이며 반대편을 의식한 채 걷는다. 다행히 그냥 지나쳐 간다. 저절로 안도의 한숨이 나온다. 느낌으로는 몇 블록만 더 가면 터미널일 듯한데, 갑자기 누군가 뒤에서 뛰어오고 있다. 이 순간만 넘기면 곧 터미널이다. 둘러메고 있는 배낭의 무게로 인해 지금 내가 할 수 있는 행동이라고는 발걸음을 재촉하는 것뿐. 온몸에 바짝 힘이 들어가고 가슴은 쿵쾅거렸지만 그럴수록 뒤에서 뛰어오는 그 누군가의 발자국 소리만이 더욱 선명하게 세상을 울린다. 다행히 뛰어오던 사람마저 옆길로 사라진다. 이윽고 띠까 버스터미널의 불빛이 보인다. 휴~ 택시비 5달러를 벌었다.

새까만 새벽의
산살바도르 숙소 앞 거리
(3a Calle Poniente Shafik Handal).
돈 몇 푼 아끼려고
위험을 감수하고 새벽에
버스터미널까지 걸어 갔다.

니카라과의 마나과 행
띠까 버스.

버스는 정확히 새벽 4시 45분에 기지개를 켜기 시작했고, 산살바도르에 있는 또 다른 버스터미널에서 사람들을 더 태우더니 새벽 5시 20분쯤 산살바도르를 벗어났다. 차 안에서 승무원이 한 장의 니카라과 입국신고서와 두 장의 세관신고서를 나눠 준다. 엘살바도르에서 니카라과로 가기 위해서는 아메리카의 남북을 관통하는 팬아메리칸 하이웨이를 따라 가다가 도중에 온두라스를 통과해야 하기 때문이다.

나중에 작성해도 될 듯해서 잠시 눈을 감았는데 이내 적성한 서류를 달라며 승무원이 나를 깨운다. 급히 적어 건네줬더니 18달러도 함께 달라고 한다. 엘살바도르는 출입국세 자체가 없고, 온두라스는 출국세 없이 입국세만 3달러, 니카라과는 입국세 12달러에 출국세 2달러, 총 17달러. 아마 1달러는 서비스 비용인 듯했다. 응당 그 정도는 충분히 이해 가능한 수수료여서 아무 말 않고 18달러를 건네주고 다시 눈을 붙이려는데 뭔가 찜찜하다.

가만히 생각해 보니 목적지가 니카라과인데 니카라과 출국세를 지금 내는 건 아니지 않는가. 결국 1달러가 아닌 3달러가 서비스 비용이었던 것이다. 3달러면 산살바도르 레스토랑에서 한 끼 식사가 가능한 비용. 승무원을 불러 세워 왜 18달러냐고 묻자 갑자기 영어가 아닌 스페인어로 이야기를 시작한다. 무슨 말인지 알아듣지는 못했지만 이 친구의 궁색함이 느껴졌다. 직접 출입국 수속을 밟기로 마음먹고 승무원에게 준 돈을 다시 되돌려 받았다.

엘살바도르와
온두라스의 경계인
고아스꼬란 강.

고아스꼬란 강에 놓은
중미와 일본 간 우호의 다리
(Puente de La Amistad Japón y
Centroamérica).

온두라스 출입국 관리소는 두 곳이다.
오른쪽 사진이 입국을 담당하는 아마띠요
지역의 온두라스 출입국 관리소(Aduana de
El Amatillo)이고, 아래 사진이 출국을 담당하는
에스삐노 지역의 온두라스 출입국 관리소
(Aduana La Fraternidad)이다.

잠시 후, 두 명의 덴마크 출신의 여행자들도 어눌한 스페인어로 그 승무원에게 왜 18달러냐고 묻는 것 같았다. 승무원의 대답 중 내가 알아들은 단 한 마디, 온두라스 입국세가 5달러란다. 가만히 있어도 될 일이었지만 어이가 없어 내 생각엔 3달러가 수수료 같다고 한마디 거들었다. 그러자 덴마크 여행자 왈, 자신들은 온두라스를 거쳐 엘살바도르로 들어왔는데 그때 온두라스 입국세로 3달러만을 지불했다며, 자신들도 직접 수속을 밟겠단다. 결국 20여 명의 승객 중 나를 포함한 단 3명만이 직접 출입국 수속을 밟기로 했다.

엘살바도르 출입국 관리소에 도착한 시간은 오전 9시 30분, 입국과 마찬가지로 여기서도 출입국 관리소 직원이 직접 버스에 올라와 여권을 검사한다. 이어 경찰이 간단한 소지품 검사까지 마치자 버스는 다시 시동을 걸었다. 바로 눈앞에 보이는 고아스꼬란 강Río Goascorán이 엘살바도르와 온두라스의 경계다. 강을 건너자마자 허름해 보이는 온두라스 출입국 관리소가 대기하고 있다.

버스가 멈춰 서자 승무원은 우리에게 어떤 언질도 주지 않고 자기 혼자 승객들의 입국수속을 밟으러 나가 버렸다. 하는 수 없이 우리 셋은 출입국 관리소 주변에 진을 치고 있던 장사꾼들에게 물어물어 온두라스 입국세 3달러를 내고 입국수속을 밟았다.

이윽고 버스가 시원스레 속도를 내기 시작했다. 창밖으로는 엘살바도르와 별반 다르지 않는 풍경이 계속 이어진다. 버스는 오후 1시가 조금 넘어 산뜻한 노란색 건물의 온두라스 출입국 관리소에 도착했다. 이미 버스 승무원은 어디론가 사라져 버렸고, 주위에 넘쳐나는 환전상들의 도움을 받아 출국수속을 밟았다. 그런데 출입국 관리소 직원이 나에게 3달러를 내란다. 얘는 또 무슨 뚱딴지같은 소리를 하나 싶어, 입국 때 이미 3달러 냈다며 받은 종이를 보여 주자 아무 말 없이 도장을 찍어 준다.

덴마크 친구들에게 출국수속 밟는 곳을 가르쳐 주고는 주위의 환전상들에게 달러당 환율이 어떻게 되는지 확인해 봤더니 생각외로 나쁘지 않다. 당장 오늘 쓸 약간의 돈만 꼬르도바cordoba로 환전하면서 위폐가 아닌지 단단히 확인해 본다.

얼마 지나지 않아 덴마크 여행자인 니얼스가 슬픈 표정을 지으며 다가왔다. 자기들은 3달러씩을 또 냈다며 같이 가 달란다. 나라고 무슨 뾰족한 수가 있겠냐마는 일단 덴마크 친구들과 함께 출입국 관리소로 가서 문제 제기를 했다. 하지만 출입국 관리소 직원은 응당 모르쇠로 일관하면서 일부러 못 알아듣도록 스페인어를 빠르게 구사했고, 갑자기 나타난 버스 승무원은 빨리 차에 타라고 우리를 재촉한다. 모두가 한 통속이라는 게 눈에 빤히 보였지만 여행자인 우리가 지금 당장 대처할 수 있는 방법이 뭐가 있겠는가.

하는 수 없이 버스로 발걸음을 돌리는데, 덴마크 친구들이 부러운 눈빛으로 나를 바라보며 행운아라고 얘길 한다. 결국 얘네들은 수고는 수고대로 하고 처음 띠까 승무원이 얘기했던 18달러를 고스란히 다 지불한 셈이다. 재주는 곰이 부리고, 돈은 되놈이 가져가는 꼴이랄까?

국경과 국경을 넘어 도착한 그라나다

온두라스 출입국 사무소 옆 도로에 찌그러진 팻말이 시야에 잡힌다. '니카라과에 온 것을 환영한다Bienvenidos A Nicaragua'는 문구였는데, 그 팻말의 상태에서 니카라과의 경제 상황을 어느 정도 가늠해 보게 된다. 차에 오르자 100여m 바로 앞에 니카라과 출입국 관리소가 있다.[2] 출입국 관리소 창구를 찾아 입국세 12달러와 함께 입국 수속을 마치고 버스로 돌아왔더니 버스 짐칸 안에 있

니카라과 출입국 관리소
(Aduana El Espino).

니카라과 출입국 관리소에서는
본인이 직접 짐을 들고 가 검사를
받아야 한다.

'니카라과에 온 것을 환영한다'는 팻말. 찌그러진 팻말이 니카라과의 경제 상황을 대변하는 듯하다.

어야 할 짐들이 전부 밖으로 나와 있다. 무슨 일이냐고 다른 여행자들에게 묻자, 출입국 관리소 안으로 자기 짐을 직접 가지고 들어가 확인 절차를 밟아야 한단다. 형식적인 검열을 간단하게 마치고 다시 차에 올랐다.

오후 1시 30분, 이때부터 버스는 다른 곳에 정차하지 않고 니카라과의 수도인 마나과를 향해 달리기 시작했다. 하지만 무슨 시골 마을버스도 아니고 '세월아 네월아' 하며 좀처럼 속도를 내지 않는다. 결국 산살바도르에서 580여km 떨어진 마나과까지는 출발한 지 약 14시간 만에 도착할 수 있었다. 이미 해는 저물었지만 덴마크 친구들이 곧장 그라나다로 갈 계획이라고 해서 함께 택시를 잡아타고 터미널로 향했다. 10분 정도 떨어진 우까UCA 터미널에 도착하니 그라나다 행 15인승 꼴렉띠보가 막 출발할

2   온두라스를 지나 니카라과로 들어가려면 구아사울레(Guasaule), 엘 에스삐노 (El Espino), 라스 마노스(Las Manos) 중 한 곳의 출입국 관리소를 통과해야 한다. 띠 까버스를 타고 팬아메리칸 하이웨이를 따라 내려오면 그중 엘 에스삐노를 통과하게 되어 있다. 구아사울레 국경 지역이 구아사울레 강(Rio Guasaule)을 경계로 나뉜 것과 달리, 엘 에스삐노와 라스 마노스에는 특별한 경계 없이 도로 위에 출입국 관리소만 놓여 있다.

그라나다로 가기 위해 이용한 꼴렉띠보.
15인승 봉고에 무려 26명이 탔다.

기세다. 우리들은 서둘러 차에 올랐다.

예상치 못한 일은 여기서 발생했다. 우리 세 명은 큰 배낭까지
짊어지고 꼴렉티보에 올랐는데 15인승 봉고 안에 운전기사와 차
장까지 포함해 무려 19명이 탄 것이다. 그나마 덴마크 친구들은
빠른 동작으로 자신들의 배낭을 봉고 제일 뒤쪽 짐 싣는 곳에 밀
어 넣고 안쪽으로 쑥 들어가 앉았다. 하지만 그 상황을 멀뚱거리
며 쳐다보고만 있던 나는 사람들에 떠밀려 운전사 바로 뒤편에
툭 튀어 나온 턱 위로 운전사와 등을 맞대고 쪼그려 앉았다. 그
것도 옆으로는 큰 배낭을, 앞으로는 작은 배낭을 움켜진 채 말이
다. 이미 내 다리는 마주앉은 현지인의 다리와 사이좋게 하나씩
포개어 공간을 나눠 차지했고, 시선은 어디에 둬야 할지 몰라 동
공만 이리저리 돌리고 있는 황당한 상황. 멕시코 택시 앞 칸에 3
명이 앉았던 것은 정말 양반이었던 것이다.

그런데 이것으로 끝난 게 아니었다. 가다가 또 다른 곳에서 한
두 명도 아닌 무려 7명을 더 태우는 것이 아닌가. 이곳 사람들은
이런 모습이 일상화되어 있어 아무렇지 않게 꼴렉띠보 안으로
꾸역꾸역 몸을 욱여넣었다. 하지만 그런 진귀한 모습을 안에서

멍하니 쳐다만 보고 있던 나로서는 입이 쩍 벌어질 뿐이었다. 기네스북에나 나올 법한 광경이 지금 내 눈앞에서 펼쳐지고 있는 것이다. 도합 26명이 탄 15인승 봉고 안에서 난 정말 귀하디귀하게 자란 것임을 다시 한 번 상기하게 된다.

마나과에서 약 46km 떨어진 그라나다의 중앙공원Parque Central에 도착한 시간은 오후 8시 30분. 꼴렉띠보 차장이 나에게만 자리 2개 값인 40꼬르도바를 요구한다. 배낭을 짐 싣는 뒤쪽에 넣지 않고 직접 들고 탔기 때문이다. 어이가 없었지만 무슨 뜻인지 충분히 이해했기에 군말 없이 2000원가량 되는 차비를 건네주고는 주위를 한 번 둘러본다. 어두운 밤이었지만 직감적으로 안전한 곳이라는 느낌이 들었다.

오롯이 미국인들의 관점만을 반영한 것이지만 은퇴 후 살고 싶은 곳으로 세계 10위 안에 든 곳이 바로 이곳 그라나다다. 물론 식민시대가 남긴 아름다운 건축물과 풍부한 문화유산, 휴화산인 몸바초 화산Volcán Mombacho과 니카라과 호수Gran Lago de Nicaragua의 멋진 자연풍광 등이 선정 이유였겠지만 아무래도 치안이 안

그라나다의 중심인 중앙공원.
그라나다는 미국인들이 은퇴 후
살고 싶은 곳 10위 안에 들 만큼
매력적인 곳이다.

정되어 있고 물가가 싸다는 것이 그 첫 번째 이유일 것이다.

그라나다에서 엉클어진 일정

그라나다에서 여유롭게 아침을 맞이하면서 슬슬 밖으로 나갈 시
동을 건다. 먼저 숙소 직원에게 니카라과 호수 안에 있는 오메떼
뻬 섬으로 가는 방법을 물었더니 직통 페리가 월요일과 목요일
오후 2시에 있다는 예상치 못한 답변이 돌아왔다. 그러고 보니
오늘이 바로 목요일이다. 원래 계획은 그라나다에서 하루를 더
머물며 찬찬히 그라나다를 둘러본 다음, 버스로 산호르헤San Jorge
로 내려가 다시 배를 타고 오메떼뻬 섬으로 들어갈 생각이었다.

그라나다의 거리(Calle Estrada) 풍경.
니카라과 3대 도시 중 하나라고 하지만
왠지 시골스러움이 묻어난다.

메르세드 교회 앞의 거리
(Calle Real Xalteva).
거리 곳곳에서 고풍스런
식민 유산들을 만날 수 있다.

그 후에는 다시 배를 타고 산호르헤를 거쳐 리바스Rivas 버스터미널로 나와 버스로 코스타리카로 넘어갈 계획이었다. 그런데 느닷없이 너무나 솔깃한 오메떼뻬 행 직통 페리가 출현한 것이다. 순간 뇌세포가 빠르게 움직였지만 오메떼뻬 직통에 잣대를 맞추어 갑자기 일정을 조절하려다 보니 아귀가 맞질 않는다. 그렇다고 4일을 기다려 다음 주 월요일에 직통 페리를 타기에는 그라나다에서의 일정이 너무 늘어진다.

일단 다음 여행 국가인 코스타리카 행 교통편부터 확인해야 할 듯해서 띠까 버스사무실로 향했다. 직원에게 코스타리카의 수도인 산호세San José로 가기 전에 몬떼베르데 국립공원부터 들르려면 어디서 내려야 하는지 물었더니 난감해 한다. 몬떼베르데라는 곳이 어딘지를 모르는 듯했다. 사무실에 걸려 있는 큰 지도에서 대충의 위치를 가리키자 띠까버스의 루트를 설명해 주면서 코스타리카의 까냐스Cañas 정도에서 내려 몬떼베르데로 가면 되지 않겠냐고 이야기해 준다. 단, 까냐스에서 내리든 산호세에서 내리든 요금은 동일하다고 힘주어 얘기한다. 애네들의 불합리한 버스 요금 체계에 대해 지금 따지고 있을 상황은 아니어서 고맙다는 말만 남기고 버스 사무실을 나왔다.

숙소로 돌아오는 길에 살떼바 교회Iglesia de Xalteva 앞 전선줄 위로 헌 운동화 한 켤레가 걸려 있는 게 눈에 들어왔다. 저렇게 운동화가 걸려 있으면 그 주위 어딘가에서 마약을 판매하고 있는 거

살떼바 교회와
그 앞 전선줄에
걸려 있는 운동화.
저 높은 곳에 운동화는
누가 걸어놨을까?

1539년에 완공된
고풍스런 메르세드 교회.
교회의 첨탑에서
내려다보는 그라나다의
모습이 일품이다.

그라나다의 붉은
지붕들 위로 우뚝 솟은
그라나다 대성당.

라고 누군가 귀띔해 준 기억이 났다. 혹시나 하는 맘으로 주위를 유심히 둘러봤지만 역시나 내 눈에 뭔가가 뜨일 리 만무했다. 조금 더 걸어가자 그라나다의 대표적인 꼴로니알 유산인 메르세드 교회Iglesia de la Merced가 보인다. 메르세드 교회의 첨탑에서 내려다보는 그라나다의 시가지 풍경이 일품이라는 기억이 떠올라 일단 표부터 끊고 올라갔다.

낯설지 않은 지붕들 위로 우뚝 솟은 그라나다 대성당의 위풍당당함과 그 뒤를 묵묵히 떠받치고 있는 니카라과 호수가 포근하게 다가왔다. 전형적인 꼴로니알 도시여서 문득 멕시코의 오아하까와 과테말라의 안띠구아가 떠올랐다. 하지만 이들 도시들과 우열을 가린다는 것 자체가 바보 같은 짓 같아 찬찬히 그라나다의 담백함을 마음에 담는다. 수도인 마나과와 레온León에 이어 니카라과에서 세 번째로 큰 도시라고 하지만 소담한 시골 느낌을 지울 수 없다.

다행히 복잡했던 머리가 조금씩 맑아지면서 뒤엉켰던 일정이 자연스럽게 정리되었다. 일단 지금 당장 직통 페리를 타고 오메떼뻬 섬을 들렀다가 그라나다로 되돌아오기로 결정했다.

상어가 살고 있는 니카라과 호수

니카라과에서의 동선이 정해지자 갑자기 분주해졌다. 숙소에 큰

그라나다의
여행자거리로 불리는
깔사다 거리.
세련된 카페들이
거리를 따라 늘어서 있다.

오메떼뻬 섬으로
향하는 직통 페리.
내국인은 1층,
여행자들은 2층을
이용하도록 되어 있다.
갑판 위에는
여행자들을 위한
유료 파라솔 의자도
마련되어 있다.

배낭만 맡겨 두고 이틀 정도 머물 짐만 작은 가방에 꾸려 바로 선착장으로 향했다. 중앙광장 앞의 대성당과 여행자거리로 불리는 깔사다 거리Calle la Calzada에 늘어선 세련된 카페들에게 시선을 뺏기지 않고 조금 빠르게 걸었더니 다행히 제시간에 도착했다. 페리 직원이 여행자들은 2층으로, 자국인들은 1층으로 들여보내고 있다.

오메떼뻬 섬까지의 소요시간은 4시간. 배가 출발하자 2층 객실에 앉아 있던 여행자들이 하나둘씩 갑판 위로 나가서 30꼬르도바를 주고 파라솔 의자를 하나씩 차지하기 시작했다. 배낭여행자로서의 본분을 망각하지 않은 나는 파라솔 의자들 옆 그늘진 공간을 넉넉하게 차지하고 앉아 니카라과 호수를 바라다본다.

충청남도와 엇비슷한 면적의 거대한 니카라과 호수는 원주민들에게 '소금기 없는 바다'라는 의미의 꼬시볼까Cocibolca로 불렸다고 한다. 믿기 힘든 사실은 이곳에 민물상어가 서식하고 있다는 것이다. 이름만 상어라고 불리는 철갑상어를 이야기하는 것이 아니다. 자료에 의하면, 화산 폭발로 인해 지각변동이 생기면서 니카라과 호수는 북서쪽에 위치한 마나과 호수Lago de Managua와 함께 바다와 '단절'된 호수가 되었다고 한다. 결국 호수에 갇힌 바닷물고기들은 생존을 위해 바닷물에서 민물로 바뀌어 가는 환경에 차츰 적응해 간 것이다.

그러나 엄밀한 의미에서 니카라과 호수는 바다와 완전히 단절되었다고 보기 힘들다. 코스타리카와의 국경선을 따라 카리브해로 흘러들어가는, 길이 180km의 산후안 강^{Río San Juan}과 연결되어 있기 때문이다. 어쨌든 이렇게 광활한 니카라과 호수가 산후안 강을 통해 대서양과 이어져 있었기 때문에 그라나다는 여러 항구들 사이의 무역을 관장하는 스페인의 식민지 거점 도시로 성장할 수 있었다.

출발한 지 2시간 정도 지나자 오메떼뻬 섬의 상징이기도 한 1610m의 콘셉씨온 화산^{Volcán Concepción}과 1394m의 마데라스 화산 ^{Volcán Maderas}이 보인다. 거제도 2/3 크기인 오메떼뻬 섬은 멕시코에서 이주해 온 나우아족^{Náhua Indio}이 정착한 곳이다. 나우아뜰어로 '오메^{ome, 둘}'와 '떼뻬뜰^{tepetl, 산}', 즉 '두 개의 산'이라는 의미를 지니고 있다.

갑판에서 만나 나의 말벗이 되어 준 베키가 왜 높은 산꼭대기에는 항상 구름이 모여 있는지 아냐고 묻는다. 과학적인 근거로 설명할 능력도 없거니와 설사 알더라도 영어로 표현하기는 더더욱 힘들 듯했다. 그래서 "구름도 가끔씩 쉬어가야 하지 않을까?

오메떼뻬 섬의 상징인
콘셉씨온 화산과 마데라스 화산.
오메네뻬는 나우아뜰어로
두 개의 산을 뜻한다.

피곤하잖아."라고 대답했더니 멋쩍은 웃음을 짓는다. 캐나다에서 온 베키는 웃는 모습이 예쁜 친구다.

넓디넓은 호수 뒤로 떨어지는 아름다운 낙조를 넋 놓고 바라보다 보니 어느새 오메떼뻬 섬의 그라씨아 부두Puerto de Gracia에 도착했다. 베키와 나는 이미 진을 치고 있던 봉고들 중 하나에 올라탔다. 10여 분 지나 봉고는 정적만 감도는 알따그라씨아Altagracia 마을의 어느 한 호텔 앞에서 멈춰 섰다(지역에 따라 호텔과 호스텔을 구분 없이 쓰는 경우가 종종 있다). 우리 외엔 투숙객이 없었지만 묻지도 따지지도 않고 그곳에 짐을 풀었다.

긴긴밤, 숙소 인근의 식당에서 함께 저녁을 시켜놓고 대화를 나누는데, 무엇에 동했는지 갑자기 베키가 자기 가족 이야기를 꺼낸다. 언니가 둘이고, 부모님은 어떻게 되었고, 자기는 지금 친구 집에서 방을 하나 얻어 살고 있고, 학교는 어디까지 마쳤고, 중국에서 영어를 가르쳤다는 등의 이야기들을 말이다. 나 또한 베키의 장단에 맞춰 이야기를 풀어놓다 보니 어느새 베키와의 친밀감이 꽤 깊어졌다.

식사를 마치자 베키가 자신의 가방에서 비닐에 든 생수를 하나 꺼내 든다. 살짝 훔쳐봤더니 베키의 가방 안에 그런 생수가 몇 개는 더 있는 듯했다. 베키가 웃으며 얘길 한다. "여긴 플라스틱 병에 든 생수가 비닐에 든 물보다 몇 배 더 비싸잖아. 물론 캐

알따그라씨아 마을에서 묵었던
숙소(Hotel Castillo)의 도미토리 룸.

저녁을 해결했던 숙소 인근의
식당(Carne Asada Esmeralda).
베키와의 친밀감이 깊어졌던 곳이다.

나다 물가와 비교할 바는 아니지만 난 배낭여행자니깐 한 푼이라도 아끼려고 비닐에 든 물을 이용하고 있어." 나 또한 그리 헤프게 돈을 쓰는 편은 아니었지만 베키의 이야기에 잠시 내 자신을 되돌아본다. 그래, 우린 세상을 품은 배낭여행자니깐!

니카라과운하와 미국의 불편한 관계

대서양과 이어진 니카라과 호수의 지리적 여건으로 인해 1821년 니카라과의 독립 이후, 운하 건설 이야기가 대두되었다. 산후안 강과 니카라과 호수, 그리고 리바스 지협Istmo de Rivas을 연결하여 대서양과 태평양을 잇는 운하를 건설하자는 주장이 제기된 것이다. 하지만 기술적 한계로 시도조차 못하고 있는 상황에서, 스페인의 속령이었던 쿠바의 아바나Havana 항에 정박 중이던 6000톤급 미국 순양함 메인Maine호에서 화재가 발생하게 된다. 원인 모를 이 화재로 인해 급기야 1898년 미국과 스페인 간의 전쟁Guerra Hispano-Estadounidense이 발발한다.

이때 미국은 샌프란시스코에 정박 중이던 최신예 순양함 오리건Oregon 호를 남미 최남단 까보 데 오르노스Cabo de Hornos, 케이프 혼를 돌아 카리브해로 이동시키는 데 꼬박 67일을 소요하게 된다. 그럼에도 불구하고 이 전쟁의 승자는 미국이었다. 이빨 빠진 스페인과의 전쟁은 4개월 만에 막을 내렸고, 미국은 스페인으로부터 쿠바와 뿌에르또 리꼬Puerto Rico 외에도 필리핀과 괌까지 빼앗았다. 하지만 이러한 일련의 과정을 거치면서 미국은 태평양과 카리브해의 항로를 단축시킬 운하의 필요성을 절감하게 된다.

그러나 당시 운하 건설 기술은 프랑스가 최고였다. 이미 1869년에 192km의 수에즈운하Suez Canal를 완공시켜 공학기술상의 개가를 올린 프랑스가 '7년 안에 완공시키겠다'는 약속을 내걸고 1881년에 파나마운하 건설에 뛰어들었다. 하지만 험난한 지형과 자금 부족, 만연했던 전염병으로 인해 9년 만에 운하 건설은 중단되고 만다.[3] 운하의 필요성을 절감하고 있던 미국이 1904년에 이를 인수하여, 총 길이 81.6km의 파나마운하를 10년 만에 완공시킴으로써 명실공히 태평양과 대서양을 잇는 해상 주도권을 거머쥐게 된다.

그런데 2013년 6월, 니카라과 정부와 의회가 니카라과대운하 건설을 추진하기로 확정하고 2014년 12월 착공에 들어갔다. 파나마운하가 완공된 지 딱 100년 만의 일이다. 2010년 대지진을 겪은 아이띠République d'Haïti, 이하 아이티와 함께 아메리카의 대표적 빈국인 니카라과로서는 국가의 주 수입원이 될 국책사업이 절실했다. 파나마 정부가 파나마운하를 통해 걷어 들이는 수입이 국내총생산GDP의 10%가 넘는다는 것을 이미 숙지하고 있던 터라 국가의 운명을 반전시킬 승부수로 대운하 건설을 선택한 것이다.

총 길이 278km의 니카라과운하의 강점은 갈수록 대형화되고 있는 특급 컨테이너선Post-Panamax[4]의 통항이 가능하다는 데 있다. 물론 파나마운하도 2016년 5월 완공된 확장 공사로 인해 통항 가능한 선박이 기존 7만 톤급에서 20만 톤급으로 늘어났다고 하

3　당시 약 14억 프랑을 투자한 프랑스의 야심찬 운하 공사는 결국 2만 1900명의 희생자만 낳고 중단되었다. 이는 19세기 최대의 파산으로 기록되었다.

4　파나마운하를 통과할 수 있는 가장 큰 규모의 선박을 파나맥스(Panamax) 급이라고 부른다. 파나맥스 급은 길이 294.1m, 폭 32.3m, 흘수 12m 규모를 일컫는데, 이는 국제축구장 규격(105m×68m)의 1.3배가 넘는 크기로 20ft(약 6m) 길이 컨테이너박스를 최대 5000개까지 쌓아올릴 수 있다. 따라서 포스트-파나맥스(Post-Panamax) 급이라고 하면 파나맥스 급 이상의 규모를 의미한다. 참고로, 흘수란 선박에 화물을 가득 채웠을 경우, 배가 물속에 잠기는 깊이를 일컫는다.

지만, 니카라과운하는 이보다 더 많은 32만 톤급까지 수용 가능하다. 물론 계획상 그렇다는 것이다.

하지만 여기서 더 주목해야 할 점은 니카라과운하 건설과 50년간의 운하 사업권이 왕징王靖이 이끄는 중국의 홍콩니카라과운하개발HKND 회사에게 넘어갔다는 사실이다(50년 추가 연장 가능, 건설비 약 60조 원). 이는 태평양과 대서양을 잇는 해상 주도권을 중국이 가져간다는 의미 외에도 반미 성향이 강한 니카라과와 쿠바가 자연스레 중국과 연결되면서 미국을 견제하게 되었다는 것을 뜻한다. 마치 미국과 일본이 중국을 견제해 온 것처럼 말이다.

물론 이러한 상황을 잠자코 관망만 하고 있을 미국이 아니다. 게다가 운하의 경로가 식수원인 니카라과 호수를 지난다는 점과 운하 건설 과정에서 야기될 환경 파괴 가능성을 들어 자국 내에서의 반대 여론도 만만치 않았다. 결국 2020년 개통은 현재로선 유보된 상황이다.

그렇다면 니카라과와 미국과의 불편한 관계는 언제부터 시작되었을까? 역사를 거슬러 올라가 보면, 1821년 스페인으로부터 독립한 니카라과는 과테말라, 엘살바도르, 온두라스, 코스타리카와 함께 1823년 중미연방을 건설하게 된다. 하지만 정치적 갈등으로 1838년 중미연방이 붕괴되자 니카라과는 그라나다를 중심으로 한 보수당과 레온을 중심으로 한 자유당의 대립이 본격화하면서 내홍을 겪게 된다.[5]

그러던 중 자유당이 보수당을 물리칠 요량으로 1855년, 미국의 팽창주의 정책을 지지하던 윌리엄 워커William Walker를 용병으로 고용하였다. 워커는 멕시코전쟁La Guerra de Estados Unidos-México, 1846~1848에 참전하였던 베테랑들을 데려와 보수당의 근거지인 그라나다를 쑥대밭으로 만들어 버렸다. 야망이 컸던 워커는 여기에 만족하지 않고 급기야 자유당까지 물리친 후, 1856년 스스로 니카라과의 대통령에 오르게 된다. 물론 영국과 다른 중미 국가들의 반대에 부딪혀 워커는 이듬해 곧바로 축출되었다.

하지만 문제는 미국의 검은 속내였다. 대서양과 태평양을 잇는 니카라과의 전략적 중요성을 인지한 미국이 니카라과를 호시탐탐 노리게 된 것이다. 그런 와중에 이번에는 자유당이 아닌 보수당 출신의 아돌프 디아스Adolfo Díaz 대통령이 자신의 권력 유지를 위해 1912년 미국의 개입을 요청하였다. 기회만 엿보던 미국이 때를 놓치지 않고 무력 개입을 자행하자, 이에 반발한 농민군이 아우구스또 쎄사르 산디노Augusto César Sandino를 중심으로 반미투쟁을 전개하기 시작했다. 때마침 1929년의 대공항으로 해외파병에 경제적 부담을 느낀 미국이 선린외교정책Good Neighbor Policy을 내세워 1933년 니카라과에서의 철수를 결정하게 된다. 하지만 미군의 철수는 니카라과의 국가경비대 수장이었던 아나스따시오 소모사 가르시아Anastasio Somoza Garcia가 부상하는 계기가 되고 만

---

5   이들의 갈등으로 인해 1858년, 니카라과의 수도는 이 두 도시의 중간인 마나과에 건설된다.

다. 1934년 산디노를 처형하고 1937년 쿠데타로 정권을 잡은 소모사가 자신의 두 아들과 함께 족벌 지배 체제를 구축한 것이다. 이때 미국은 중미의 공산화를 막을 수 있는 보루라는 판단 아래, 부패를 일삼던 소모사정권을 적극적으로 비호하게 된다.

그러나 철옹성 같았던 소모사정권도 산디니스따민족해방전선FSLN, 이하 산디니스따에 의해 무너졌다. 산디노의 전통을 계승하여 1962년에 결성된 산디니스따가 1979년, 40년 넘게 독재를 일삼았던 소모사 가문을 축출한 것이다. 이어 산디니스따는 초대 대통령으로 선출된 오르떼가Daniel Ortega Saavedra를 필두로 혁명정부를 수립하게 된다.

여기서 주의 깊게 봐야 할 대목은 혁명에 성공하고도 이들은 중립 내각을 구성하여 그들의 반대파였던 보수 세력까지 끌어안으려 했다는 점이다. 하지만 미국은 니카라과의 혁명정부를 인정하지 않았다. 1981년 집권한 레이건 미 행정부는 즉시 니카라과에 대한 경제 원조를 전면 중단하는 한편, 산디니스따 정권에 대항하는 꼰뜨라스Contras 반군 창설을 사실상 주도하며 니카라과 내전을 총지휘하게 된다. 그 결과 국제선거관리단의 관리하에 실시된 1990년 대통령 선거에서 미국의 지원을 받은 차모로Violeta Barrios de Chamorro가 당선되었다.

그러나 16년 뒤인 2006년, 오르떼가가 대통령 재선에 성공하면서 산디니스따는 평화적으로 재집권을 이루게 된다. 그 후, 2011년 대통령 선거에서 정권을 연장한 오르떼가는 니카라과의 경제 부흥을 위해 대운하 건설을 확정지었다. 이어 2016년 선거에서 또다시 당선된 오르떼가 대통령은 집권 4기를 맞아 대내외적인 난관을 뚫고 운하가 무사히 완공될 수 있도록 막중한 과제를 떠안게 되었다.

하지만 권력의 연장은 긍정적인 면 못지않게 부정적인 결과를 낳기도 한다. 캐나다 온타리오 대학의 안드레스 뻬레스-발또다노Andrés Pérez-Baltodano는 오르떼가의 재집권과 함께 산디니스따가 권력에 복귀한 후, 어느 순간부터 초심을 잃고 무늬만 사회민주주의를 표방하고 있다고 지적하였다. 나아가 그는 불관용과 권위주의, 그리고 부패로 점철된 현 니카라과의 국가 모델을 '갱국가Estado-Mara'라고 명명하였다. '물이 고이면 썩는다'는 옛 속담의 한 단면일까? 니카라과의 총체적 난맥상은 부통령인 로사리오 무리요Rosario Murillo가 오르떼가의 아내라는 사실에서도 드러나는 듯했다.

물의 눈, 엘 오호 데 아구아

늦은 밤까지 숙소 인근에서 떠들어 대는 소리와 새벽부터 이어진 차량 통행 소음으로 인해 밤잠을 설쳤다. 베키도 잠에서 깼는지 부스스한 모습으로 잘 잤냐고 묻는다. 오전 6시다. 간단하게 아침을 먹고 배낭을 챙겨 오메떼뻬 섬 안으로 들어가는 치킨버스에 올랐다. 내일 다시 그라나다로 되돌아가야 하는 나는 산또도밍고 해변Playa Santo Domingo에서 1박을 하며 '물의 눈'이라 불리는 엘 오호 데 아구아El Ojo de Agua에 들를 예정이다. 반면 베키는 섬 안쪽에 있는 메리다Mérida까지 들어가 며칠 머물 계획이란다.

버스 안에서 노르웨이 출신의 마리와 수니바를 만났다. 애네들도 메리다까지 간단다. 내심 나와 함께하기를 바랐던 베키에게 동행이 생겼다.

낯선 곳에서 처음 만났지만 '여행자'라는 동질감 그 하나만으로 마음을 열고 대화에 집중케 만드는 게 여행의 묘미인 듯하다. 서로가 서로에게 궁금한 것들을 묻고 답하고 있는데 인상 좋게 생긴 차장 아저씨가 차비를 받으러 왔다. 그런데 마리와 수니바가 20코르도바씩을 낸 것과 달리 베키가 10코르도바만을 내더니 수줍게 웃으며 나와 함께 가겠단다. 순간 창밖으로 보이는 오메떼뻬의 풍경이 더욱 싱그럽게 느껴졌던 건 우연만은 아닐 것이다.

버스에 오른 지 20분쯤 지났을까? 베키가 나를 보더니, 우리가 내려야 할 곳을 막 지나친 것 같다며 반신반의한 표정으로 얘길 꺼낸다. '설마…' 하면서 한참을 더 갔다. 버스비를 지불할 때, 차장 아저씨한테 어디서 내리면 되는지 알려 달라고 신신당부를 했기 때문이다. 그런데 아무래도 뭔가 이상하다는 생각이 들어 차장 아저씨에게 다가가 "산또도밍고?"라고 살며시 말을 건넸다. 그러자, 자기 머리를 딱! 치더니 "아, 맞다. 깜박했네. 미안. 이제 메리다인데 어쩌나?"라며 난처한 표정을 짓는다. 하지만 베키의 표정은 전혀 딴판이다. 우리가 10코르도바만 내고 메리다까지 왔다고 입이 귀에까지 걸렸다.

갑자기 계획에도 없던 메리다로 오게 되어, 마리와 수니바가 예약해 둔 숙소에 함께 짐을 풀었다. 그렇다고 내 계획이 바뀐 것은 아니다. 숙소 주인장에게 엘 오호 데 아구아로 가는 방법을 물었더니, 버스를 타고 산따끄루스Santa Cruz와 산또도밍고를 지나서 내리면 된다고 일러 준다. 때마침 10시 30분에 출발하는 차가 있다는 걸 확인했다. 함께 가지 않겠냐고 물었더니 모두들 피곤했는지 하루 편히 쉬겠단다. 이번만큼은 베키도 내 편을 들어주지 않아 결국 혼자 길을 떠나야 했다.

조금 전에 타고 왔던 그 버스가 종점까지 갔다가 되돌아 나오는 길인가 보다. 차장 아저씨가 나를 기억하고는 순박한 웃음을 지어 보인다. 이번에는 잊지 말고 내릴 때 꼭 얘기해 줘야 한다고 말했더니 오른손으로 자기 가슴을 두들기면서 믿어달란다. 한참을 비포장도로로 달리다가 아스팔트 도로가 나오자 이내 엘

메리다 행 치킨버스.
산또도밍고에서 내리지 못해
메리다까지 가야 했다.

메리다에서 묵었던 숙소(Rancho Mérida)의 리셉션과 방들.

엘 오호 데 아구아까지 300m 걸어 들어가야 한다는 표지판과
엘 오호 데 아구아로 들어가는 울창한 가로수길.

엘 오호 데 아구아의 매표소와 매표소 입구에 적혀 있는 각국 인사말.
반가운 한글도 보인다.

힐링하기 좋은
엘 오호 데 아구아.
나무에 둘러싸인
천혜의 풀장에서
수영을 즐기기도 하고,
곳곳에 좌판을 벌인
노점상에서 원주민들이
만든 수공예품들도
만나볼 수 있다.

오호 델 아구아 팻말이 보인다. 차장 아저씨를 바라봤더니 아저씨가 웃으며 고개를 끄덕인다.

찻길을 건너 나무가 우거진 샛길로 10분 정도 걸어 들어가자 허름한 매표소가 나왔다. 매표소 입구에는 여러 나라의 인사말이 적혀 있었는데 반가운 한글도 눈에 띈다. 입장료를 내고 안으로 들어섰더니 울창한 나무들에 둘러싸인 천연 풀장이 그 자태를 드러낸다. 특별한 오염원이 없어서인지 물 또한 깨끗했다. 물론 과테말라의 세묵 참뻬이에 비할 바는 아니지만 나름 괜찮다. 여력만 된다면 오메떼뻬 섬에서 한나절 하이킹을 즐긴 후, 늦은 오후에 들러 피로도 풀 겸 쉬어가면 딱 좋은 곳인 듯하다.

누군가에게는 여행이지만 누군가에게는 삶이다

가뿐한 맘으로 물속에 들어가 30분 정도 휘저었더니 힘이 쭉 빠지는 게 느껴진다. 여행을 준비하기 전부터 나름 체력 관리를 한다고 했는데도 실상은 이렇다. 아직 시간적 여유가 있어 일단 5km 정도 떨어진 산따끄루스까지 걷기로 했다. 예쁜 길을 따라 천천히 주위를 음미하며 40여 분을 걸었더니 산또도밍고 표지판이 보인다. 왼쪽으로 꺾어 호수 방향으로 내려가자 드넓은 '해변'이 시야에 잡힌다. 아니 정확히 표현하자면 호반이라고 하는 게 맞지만 수평선이 보이는 호숫가에 겹파도가 밀려드는데 누가

이 풍경을 보고 호수를 상상할 수 있겠는가?

　다시 발걸음을 돌려 산따끄루스 방향으로 조금 더 걸어가자 한 아낙네가 어린아이를 업고 냇가에 웅크리고 앉아 빨래하는 모습이 보인다. 정겹게 느껴지는 그 모습을 카메라에 담고 싶어 초점을 맞추려는 순간, 갑자기 아낙 옆에서 놀고 있던 아이가 나를 향해 "No!"라고 크게 외치는 게 아닌가. 예상치 못한 아이의 울부짖음에 미안함이 봇물처럼 밀려왔다. 크게 실례한 듯해서 "로 시엔또Lo siento, 미안합니다"라고 말을 건네고는 바삐 발걸음을 옮겼다. 하지만 어린아이의 외마디는 내 맘속에 울림이 되어 그 파장을 넓혀 갔다.

　여행을 하다 보면 많은 사람들을 만나게 된다. 그들이 여행자든 현지인이든 상대방을 자신의 카메라에 담고 싶다면 최소한의 소통과 양해가 전제되어야 한다. 하지만 여행자인 우리는 누가 부여했는지 모를 '전지전능한 관찰자 시점'으로 유독 현지인들에게 무례를 범할 때가 많다. 현지인을 인격you이 아닌 대상it으로 보는 실수를 범하기 때문이다. 조금 전의 나처럼 말이다. 누군가에게는 여행이지만, 누군가에게는 삶이란 사실을 망각하지 않는

산또도밍고 해변(playa)을
안내하는 표지판.
깔끔한 디자인이 눈에 띈다.

산따끄루스 가는 길.
시간적 여유가 있어
예쁜 길을 따라
천천히 걸었다.
잘 포장된 아스팔트 너머
어떤 풍경이 펼쳐질지….

길 양쪽의 나무들이
터널을 이루며
길게 이어지는 길.
여행은 특별한
뭔가를 찾는 게 아니라
소소한 것에서 특별함을
느끼는 것이다.

산따끄루스 인근의 목가적인 풍경.
메리다 행 버스를 기다리는데 소와 말이 떼를 지어 지나가고 있다.

더없이 평화로운 저녁 무렵의 니카라과 호수. 이곳의 일몰은 어딘가의 일출이 되겠지.

배려 역시 필요함을 다시 한 번 깨닫게 되는 순간이다.

어느새 아스팔트 도로가 끝나고 갈림길과 마주했다. 산따끄루스다. 여기서 오른쪽 길로 곧장 가면 메리다가 나오지만 지금부터 비포장 길이어서 이곳에서 버스를 기다리기로 했다. 현재 시각 오후 2시 15분. 오호 델 아구아에서 오후 2시 30분에 출발하는 차니까 적어도 3시 전에는 이곳 산따끄루스에 도착할 듯하다. 마침 말과 소들이 도로를 따라 떼를 지어 지나가고 있어 조심스레 카메라의 초점을 맞추고는 버스를 기다린다.

그런데 왔어도 벌써 왔어야 할 버스가 오후 3시 30분이 지나도 나타나질 않는다. 더 이상 기다리기가 무료해서 일단 메리다 방향으로 걷기 시작했다. 비포장도로라서 발목에 힘이 많이 들어갔지만 견딜 만했다. 15분 정도 걸었을까? 숨넘어가는 버스의 엔진 소리가 뒤에서 들려왔다. 이미 사람들로 가득한 버스 안에 꼬깃꼬깃 몸을 욱여넣고는 울퉁불퉁한 비포장도로의 운율에 맞춰 한 시간가량 리듬을 탔더니 버스가 메리다에 정차했다.

숙소로 돌아오니 베키는 보이지 않고, 마리와 수니바가 흔들의자에 앉아 책을 읽고 있다. 수니바의 손에 두터운 무라카미 하루키村上春樹의 소설이 쥐어져 있길래, 하루키가 유럽을 여행하며 그의 대표작 『노르웨이의 숲(ノルウェイの森, 1987)』을 썼다는 얘기를 꺼냈더니 놀란 표정을 짓는다.

니카라과 호수의 환상적인 일몰.
붉게 떨어지는 해와 호수를 바라보는 새와
이 모든 것을 바라보는 나는 하나였다.

베키는 어디 갔냐고 묻고 싶었지만 괜스레 자기 검열에 걸려 생뚱맞게 주위에 밥 먹을 데가 어디 있냐고 묻고 말았다. 수니바가 점심 때 들렀다면서 인근 호스텔의 레스토랑을 소개해 준다. 뭔가 석연치 않은 기분이었지만 식사를 하고 오면 베키가 와 있을 거라는 막연한 기대를 품고 자리에서 일어섰다.

수니바가 추천해 준 레스토랑으로 들어서자 인상 좋은 아가씨가 호수가 보이는 테이블로 자리를 안내해 준다. 나름 깔끔함이 묻어나는 레스토랑에서 예상보다 이른 저녁을 홀로 맞이하게 되었다. 그리 배가 고픈 상황은 아니어서 느긋하게 저녁을 먹다 보니 한적하고 여유로움이 묻어나는 니카라과 호수 위로 살포시 노을이 내려앉는다. 더없이 평화로운 순간이다. 잠시 모든 걸 내려놓고 자연스레 스며드는 붉은 노을을 마음에 담아 본다.

베키와 헤어진 후, 그라나다에서 맞이한 헛헛한 주말

오전 8시 30분 버스를 타고 그라나다로 돌아가야 했기에 아침 일찍 눈을 떴다. 옆 침대를 봤더니 베키가 자고 있다. 조용히 일어나려는데 베키와 눈이 마주쳤다. 언제나 느끼는 거지만 베키는 웃는 모습이 참 예쁘다. 함께 밖으로 나와 커피를 시켜 놓고 어제 있었던 일들을 중심으로 이야기를 나누었다. 베키는 어제 하루 종일 숙소에서 쉬다가 잠시 해변에서 수영도 하고 저녁에는 숙소 주인장 집에 초대를 받아 다녀왔단다. 마리와 수니바도 있는데 왜 베키만 혼자 초대 받았는지, 몇 시에 들어왔는지 이것저것 궁금했지만 묻지 않았다. 오히려 베키가 나를 바라보며 묻는다. "어제 저녁에 잠시 숙소에 들렀을 때 안 보이던데, 몇 시에 들어왔어?" 아마 옆 호스텔의 레스토랑에서 니카라과 호수에 비친 노을에 빠져 있는 동안 베키가 숙소에 들렀나 보다.

오늘 그라나다로 돌아갈 건지 베키가 재차 묻는다. 마음 같아서야 베키와 함께 며칠만이라도 여행을 하고 싶었지만 그러기에는 일정이 빠듯했다. 계속 나만 뚫어져라 쳐다보고 있는 베키의 시선과 마주치기가 뭣해서 주위를 두리번거리며 베키의 오늘 일정을 되물었다. 왕복 4시간 정도 걸린다는 폭포엘 혼자 다녀올 거란다. 그런데 베키의 답변에서 이상하게 '혼자'라는 단어만이 내 귀에 꽂힌다. 때마침 마리와 수니바가 부스스한 모습으로 나왔다. 이들에게 베키랑 함께 폭포에 다녀오면 좋겠다고 얘길 했더니 별 반응이 없다. 알고 보니 애네들은 이미 카약에 꽂혀 있었다.

마리와 수니바가 바로 옆자리에 앉는 바람에 베키와의 대화는 더 이상 이어지지 못했다. 서로의 여행 일정만을 다 함께 공유한 후, 기회가 되면 다시 만나자는 막연한 인사를 뒤로하고 아쉬움만 품고 버스에 올랐다. 이내 니카라과 호수 반대편으로 꽤 많은 풍력발전기들이 시야에 잡힌다. 덴마크의 빈데비도 아닌 이

니카라과 호수의
풍력발전기들.
뜻밖의 광경에
그저 놀라울 따름이다.

곳 니카라과 호수에서 만난 해상 풍력발전기의 모습에서 낯섦과
반가움이 교차한다. 아마도 교토의정서Kyoto Protocol에 지정된 온실
가스 감축 의무국 중의 한 나라가 청정개발체제CDM 방식[6]으로 니
카라과에 투자한 것이거나 아니면 개발도상국의 재생 가능한 에
너지(풍력, 태양력, 바이오가스 등) 개발을 위해 1990년에 설립된
지구환경기금GEF의 지원을 받아 설립한 것이 아닐까 조심스럽게
추측해 본다. 물론 이러한 투자는 2차 세계대전 이후에 나타난
수출 주도형 산업화와 1980년대 이후의 신자유주의적 세계화가
실패로 돌아간 상황에서 지속 가능한 발전이라는 패러다임을 통
해 돌파구를 마련하고자 하는 중남미 국가들의 발전 전략과 맥
을 같이 하고 있기 때문에 가능한 일일 것이다.

---

6   교토의정서 제12조에 근거해, 온실가스 감축 의무국으로 지정된 나라가 비감
축 의무국을 대상으로 온실가스 감축 사업을 실시한 후, 이를 통해 달성된 실적을
자국의 온실가스 감축 목표 달성에 활용할 수 있도록 한 제도를 뜻한다.

알따그라씨아와 함께 육지로 가는 관문인 모요갈빠 선착장.

　버스는 표주박 모양의 오메떼뻬 섬을 구석구석 들르더니 베키와 함께 묵었던 알따그라씨아까지 내려갔다. 순간 베키와 함께했던 시간들이 머릿속을 스쳐 지나간다. 하지만 그런 나의 마음은 아랑곳하지 않은 채 무심한 버스는 알따그라씨아에서 방향을 되돌려 오메떼뻬 섬의 관문이라고 할 수 있는 모요갈빠Moyogalpa로 향했다. 단순 거리로 따지자면 메리다에서 모요갈빠까지는 약 34km이지만 버스가 모요갈빠에 도착한 시간은 오전 10시 30분이 지나서였다. 무려 2시간 가까이 걸린 셈이다.

　책자를 펼쳐 모요갈빠에 관한 정보를 훑어보는데 흥미롭게도 모요갈빠가 나우아뜰어로 '모기들의 서식지'라는 뜻이란다. 혹시나 하는 맘에 주위를 두리번거려 봤지만 모기 새끼 한 마리 보이질 않는다. 저출산 현상으로 인해 그 많았던 모기들의 대가 끊겼거나 아님 다른 곳으로 이주를 했나 보다.

마침 오전 11시 30분에 산호르헤로 출항하는 조그마한 어선 같은 배가 한 척 있어 곧바로 올라탔다. 생각 외로 파고가 높아 울렁거림이 꽤 심하다. 문득 뱃멀미를 하는 베키가 걱정되었지만 어쨌든 그건 베키의 몫인 듯해서 마지막으로 오메떼뻬 섬을 마음에 담는다. 옆으로 내가 탄 배와 똑같은 배가 베키가 있는 오메떼뻬 섬으로 향하고 있다.

출발한 지 1시간쯤 지나 산호르헤에 도착하자 택시 기사 한 분이 다가오더니 그라나다까지 30달러를 달란다. 씨알도 먹히지 않는 소리를 뒤로하고 독일에서 온 여행자들과 함께 택시에 동승하여 리바스 버스터미널로 가서 오후 2시에 출발하는 그라나다 행 버스에 올랐다. 버스는 2시간 정도 지나 그라나다의 공영시장Mercado Municipal 뒤쪽에 멈춰 섰다. 와보지 않았던 곳이라 살짝 낯설었지만 지도를 통해 여기서 몇 블록만 올라가면 중앙공원이 나온다는 것을 확인하자 이내 익숙한 느낌으로 다가왔다.

높은 파고를 넘고 넘어 오메떼뻬이 모요갈빠 선착장으로 가고 있는 배.

모요갈빠 선착장에서
산호르혜 선착장으로 떠날 채비를 마친 배.
마치 조그마한 어선 같았다.

그라나다의
뜨란스니까 버스 사무실.
띠까 사무실에서
멀지 않은 곳에 있다.

그라나다 행 버스가 출발하는
리바스 버스터미널.
버스를 기다리는 사람들로 북적인다.

그라나다 행 버스.
산호헤에서 그라나다까지는
2시간 정도 가야 한다.

여행자들로 북적이는 그라나다의 깔사다 거리.
뒤로 보이는 건물이 그라나다 대성당이다.

그라나다의 공영시장.

그라나다의 랜드마크인
그라나다 대성당.
마침 토요일이어서
미사에 참여할 수 있었다.

곧바로 숙소로 돌아와 맡겨 두었던 배낭을 찾아 짐을 푼 후, 코스타리카 행 버스를 예매하기 위해 띠까 사무실로 향했다. 문을 닫기에는 아직 이른 시간임에도 불구하고 사무실이 잠겨 있다. 다행히 그리 멀지 않은 곳에 뜨란스니까Transnica 버스 사무실이 열려 있다. 평일에는 오전 5시, 7시, 10시에 버스가 있지만 내일은 일요일이라서 오전 9시 30분에 출발하는 버스밖에 없단다.

코스타리카의 수도인 산호세까지 얼마나 걸리는지 물었더니 9시간 정도 잡아야 한단다. 선택의 여지없이 내일 출발하는 버스표를 예매하고는 중앙광장 앞 대성당으로 향했다. 토요일인데도 많은 사람들이 모여 미사를 드리고 있다. 잠시 앉아 머리를 조아리고는 깔사다 거리를 중심으로 목적 없이 거닐어 본다. 며칠 전 그라나다에 도착했을 때와는 달리 괜스레 마음이 살짝 헛헛했다. 베키 때문일까? 깔사다 거리 구석 모퉁이에 위치한 카페에 들어가 커피 한 잔을 시켜 놓고 호젓한 시간을 음미해 본다. 내일이면 니카라과와도 작별이다. 그러고 보니 벌써 한국을 떠난 지 한 달이 넘었다.

아메리카 원주민의 기원

아메리카 원주민의 기원과 관련해선 오랜 기간 동안 베링해협 (Bering Strait) 이주설이 대세를 이루어 왔다. 하지만 1997년 칠레 남부의 몬떼 베르데(Monte Verde) 유적이 고고학계로부터 공식 인정을 받으면서 배를 이용한 일군의 무리들이 알래스카 연안을 거쳐 아메리카 대륙의 태평양 연안을 따라 남진했거나 폴리네시아 쪽 남방의 섬들에서 이주해 왔다는 또 다른 학설들이 대두되었다. 그러나 2007년 멕시코 유까딴 반도의 수중동굴에서 1만 3000년 전 소녀인 '나이아'의 유해를 발굴해 DNA 분석을 한 결과, 또다시 베링해협 이주설이 설득력을 얻게되었다. 물론 언제 또다시 새로운 학설이 튀어나와 기존의 학설을 뒤엎을지는 아무도 알 수 없다. 최근에는 다양한 사람들이 다양한 루트를 통해 오랜 시간에 걸쳐 이주해 왔다는 이론이 설득력을 얻어 가고 있다. 이 중 오랫동안 학계의 정설로 자리 잡아온 베링해협 이주설을 근거로 아메리카 원주민의 기원을 간단히 언급하면 다음과 같다.

시베리아와 알래스카 사이에 있는 베링해협의 해수면이 낮아져 다리 구실을 해 주던 위스콘신 빙하기(Wisconsin Glacial Stage) 시절, 최초의 인류가 대략 3만 년 이전에 아메리카 대륙에 발을 디뎠고 약 1만 3000년 전에도 수많은 몽골리안(Mongolian) 계통의 인류가 아메리카 대

류으로 건너간 것으로 추정된다. 시베리아의 동쪽 끝 데즈뇨프곶(Cape Dezhnyov)과 알래스카의 서쪽 끝 웨일즈왕자곶(Cape Prince of Wales) 간의 거리가 85㎞ 정도밖에 되지 않아 빙하기 시절에는 그리 어렵지 않게 왕래가 있었던 듯하다.

하지만 빙하기가 끝나면서 베링해협의 수위가 다시 상승하자 아메리카에 정착한 사람들은 남쪽으로 서서히 이동하기 시작하였고, 약 1만 년 전을 전후하여 남미 지역에도 원주민들이 정착하여 살기 시작한 것으로 보인다. 이후 이들은 남미에서 안데스 문명을 중심으로, 중미에서는 메소아메리카 문명을 중심으로 찬란한 꽃을 피우게 된다.

이런 관점에서 보자면 1492년 끄리스또발 꼴론이 아메리카 대륙을 처음 발견했다는 것은 가당치도 않은 주장이다. 예컨대 1653년 거센 풍랑을 만나 제주도에 표류해 억류되었다가 1668년 네덜란드로 귀국하여 『하멜표류기』를 쓴 하멜(Hendrik Hamel, 1630~1692)을 조선을 '발견'한 사람이라고 하면서 그를 기념하여 조선을 '하멜'로 부른다고 상상해 보자. 그러면 이들의 마음을 십분 이해할 수 있지 않을까?

PART

6

Costa Rica

생태의 보고, 코스타리카

(5박 6일)

미소 냉전 질서가 지배하던 1949년, 군대를 폐지하고 군 예산을 복지와 교육에 투자한 나라. 전력 수급의 99%를 재생에너지에서 충당하는 나라. 국토의 1/4 이상이 국립공원과 보호구역으로 지정되어 있어 영화 〈쥬라기 공원〉의 촬영지가 된 나라. 최근에는 인간과 동물의 공생을 위해 동물원 없는 국가를 천명한 나라. 이방인까지도 포근하게 감싸주는 코스타리카의 품 안에서 자연과 인간의 공존을 생각해 본다.

Root-코스타리카

몬떼베르데 국립공원 ─›마누엘 안또니오 국립공원 ─›산호세

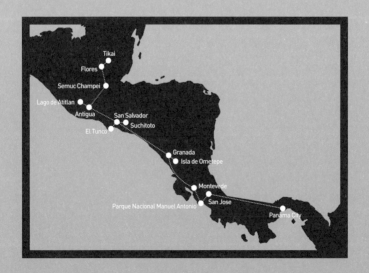

국경을 넘어 몬떼베르데로 가는 길

국토의 1/3 이상이 국립공원과 보호지역으로 지정되어 있는 코스타리카의 매력은 도심보다 대자연에 있기 때문에 이를 고려하여 일정을 다시 점검해 본다. 먼저 코스타리카의 수도인 산호세에서 북서쪽으로 150km 정도 떨어진 몬떼베르데 국립공원부터 들를 생각이다. 그런 다음, 현실적인 여건을 고려해 태평양 연안에 위치한 마누엘 안또니오 국립공원엘 갔다가 수도인 산호세를 경유해 파나마로 이동할 예정이다.

 오전 9시쯤, 그라나다의 뜨란스니까 버스 사무실에서 출국신고서와 세관신고서를 작성한 후 버스에 오르자 이내 승무원이 3

코스타리카 행 뜨란스니까 버스.
니카라과 국경을 넘어
다음 행선지로 날 데려갈 버스다.

뻬냐스 블란까스 지역의
니카라과 출입국 관리소
(Migración y Extranjería De Nicaragua).
출국하려는 사람들로 넘쳐난다.

달러와 함께 여권과 신고서를 가져간다. 3달러 중 2달러가 출국세, 그리고 1달러는 출입국 관리소 통행세다. 다행히 엘살바도르에서 탔던 띠까버스에서와 같은 꼼수는 없는 듯했다. 피곤함이 느껴져 잠시 눈을 감았는데 출발한 지 1시간 30분 만에 니카라과 국경에 있는 출입국 관리소에 도착했다.

승무원이 승객들을 대신해 출국 수속을 밟는 동안 버스에서 내려 출입국 관리소 주위를 한 바퀴 둘러본다. 생각 외로 여기 출입국 관리소 규모가 꽤 크다. 누가 이용하는지 몰라도 면세점까지 있다. 하지만 흥미를 돋울 만한 특별한 동인이 없어 곧바로 버스로 되돌아왔다. 마침 버스 기사와 눈이 마주쳐, 목적지가 몬떼베르데니깐 가까운 곳에 내려달라고 부탁했다. 그러자 내게 라 이르마La Irma라는 지명을 써 준다.

이윽고 도착한 코스타리카 출입국 관리소. 도로가 막혀서 그렇지 니카라과 출입국 관리소에서 걸어도 10분이면 도착할 근거리다. 그런데 코스타리카로 입국하기 위해 늘어선 줄이 장난이 아니다. 아마 1990년대 후반부터 니카라과의 정치·경제적 사정으로 인해 코스타리카로 이주하는 니카라과인들이 급증하였기 때문인 듯했다. 그러고 보니 코스타리카 내 니카라과 이주자에 대한 혐오가 최근 들어 사회문제가 되고 있다는 신문 기사를 읽은 기억이 떠올랐다.

어쨌든 선택의 여지없이 이들의 행렬에 맞춰 차례를 기다리고

또 기다린다. 주위에선 환전상들이 너도나도 "깜비오(환전), 깜비오Cambio"를 외쳐 대고 있어, 1달러가 얼마냐고 물었더니 510 꼴론colon이란다. 갑자기 숫자가 큰 단위로 바뀌었다.

무료하게 기다린 지 한 시간이 조금 지났을까? 드디어 내 차례가 되었다. 출입국 관리소 직원이 무표정한 얼굴로 나를 힐긋 쳐다보더니 며칠이나 머물 거냐고 퉁명스럽게 묻는다. 당연히 여행 목적으로 90일 무비자 체류 도장을 찍어줄 거라고 생각하고 있다가 갑작스런 질문에 당황해 1주일이라고 답하고 말았다. 그러자 말이 떨어지기가 무섭게 체류 기간을 정확히 일주일로 한정시켜 버린다. 야박하다.

버스는 오후 2시쯤 코스타리카 출입국 관리소를 벗어나 시원

뻬냐스 블란까스 지역의
코스타리카 출입국 관리소
(Dirección General de Migración y Extranjería).
길게 늘어선 줄 때문에 입국하는 데
1시간 정도 소요되었다.

코스타리카 경찰의 검문.
버스에 직접 올라와
일일이 검문을 실시한다.

하게 내달리기 시작했다. 도중에 한 번 경찰이 올라와 잠시 검문을 한 후, 버스는 쉬지 않고 달려 오후 4시가 넘어 한 휴게소에 도착했다. 아무래도 너무 많이 온 것 같아 은근 걱정이 되었다. 휴게소 직원과 주위 사람들에게 라 이르마라는 지명을 부각시켜 물었더니 아니나 다를까 모두가 한결같이 지났다고 얘길 한다. 곧바로 버스 기사에게로 향했다. 나를 보더니 5분만 더 가면 초메스Chomes라는 곳이 나오는데 거기서 몬떼베르데 행 버스로 갈아타면 된다고 일러 준다.

출발부터 꼬이기 시작한 코스타리카 여행

일단 초메스에서 내렸다. 나중에 확인해 본 결과, 라 이르마에서 약 19km를 더 내려온 것이다. 기사가 나를 쳐다보며 반대편으로 가서 버스를 타라고 일러 준다. 도로를 건너 버스 정류장 앞에 서 있는 사람들에게 다가가 몬떼베르데 초입에 있는 산따엘레나 Santa Elena로 가는 버스를 여기서 타면 되냐고 물었다. 모두가 "씨

(예), 씨si"라고 대답하면서 무슨 말을 덧붙인다. 문제는 그 뒷말을 알아들을 수 없다는 것이다.

이윽고 버스 몇 대가 연달아 정차했다. "산따엘레나?"라고 물었더니 모두가 아니라고 답한다. 다행히 버스 기사 한 분이 영어로, 이곳에서 산따엘레나 행 버스를 타는 게 맞지만 일요일은 오후 3시가 막차란다. 날벼락 같은 소리에 시계를 쳐다봤더니 오후 5시가 다 되어가고 있다.

마침 정류소 뒤쪽에 택시 한 대가 보여 산따엘레나까지 얼마냐고 물었더니 200달러라는 천문학적인 요금을 언급한다. 가기 싫다는 말을 에둘러 한 것일까? 낯선 시골 한 귀퉁이에서 오도 가도 못하는 신세가 되어 버렸다. 그것도 지금 막 도착한 코스타리카에서 말이다. 조금 있으면 어두워질 텐데 그 전에 대비책을 세워

깡촌 마을 초메스.
내릴 곳을 놓치는 바람에
듣도 보도 못한 낯선 곳에
홀로 남겨졌다.

초메스 버스 정류장.
이미 막차는 떠났고,
날은 곧 어두워질 것 같아
뭔가 방법을 찾아야 했다.

야 했다. 일단 갈증부터 해소하기 위해 인근 슈퍼에 들러 500ml 생수 한 병을 집어 들었더니 1달러가 넘는 600꼴론이다. 코스타리카로 넘어오면서 물가가 훌쩍 올라 버렸다. '중미의 알프스'라는 별칭이 자연만이 아니라 물가까지 포함한 말인가 보다.

갑자기 머릿속에서 '히치하이킹'이라는 단어가 떠올랐다. 이럴 때 아니면 언제 해 보겠냐는 생각에 지나가는 차를 보며 손을 흔들었더니 모두 다 손가락으로 뒤를 가리킨다. 아마도 버스를 타라는 말인 듯했다. 그렇다고 지나가는 차에다 대고 오늘이 일요일이어서 버스가 끊겼다고 큰소리로 설명할 수도 없는 노릇이 아닌가.

일단 배낭을 메고 산따엘레나 방향으로 걸으며 다시 히치하이킹을 시도했다. 20분 정도 지났을까? 대니라는 친구가 차를 세우더니 자기는 리베리아Liberia로 가는 길이라며 같은 방향이면 태워 주겠단다. 다행히 영어가 되는 친구다. 방향이 완전히 일치하지는 않았지만 일단 탔다. 그러고는 지금 상황을 설명한 후, 가까운 곳에 내려 달라고 부탁했더니 자기가 가는 길에서 조금 벗어난 곳이지만 훈따스Juntas까지 데려다 주겠단다. 지도를 살펴보니 훈따스는 산따엘레나로 가는 거점 마을 중 한 곳으로, 기사가 처음 언급한 라 이르마에서 산따엘레나 방향으로 6km 정도 더 들어간 곳이었다.

마을에 도착하자 대니가 직접 숙소까지 알아봐 준다. 인터넷 가능한 숙소가 1박에 8000꼴론이라고 얘기해 주면서 산따엘레나까지 태워주지 못한 것에 대해 미안해한다. 고마운 친구다. 대니와는 그렇게 작별을 고한 후, 좀 더 저렴한 숙소도 찾아볼 겸 자그마한 동네를 한 바퀴 둘러보기로 했다. 갑자기 10대 후반으로 보이는 젊은 친구가 다가와, 자기는 영어를 연습해야 한다며 다짜고짜 이야기를 하잖다. 위험한 친구는 아니라는 게 직감적으로 느껴져 말을 섞어가며 함께 다른 숙소를 찾아 나섰다. 하지만 가격만 비싸지 딱히 더 나은 점이 없는 듯해서 데니가 알아봐 준 여인숙 느낌이 물씬 풍기는 숙소로 되돌아왔다.

예상하지 못한 낯선 곳에서의 1박. 내일 아침 산따엘레나로 출발하는 버스 시간표라도 미리 확인해 놓아야 될 듯해서 다시 물어물어 버스 정류장을 찾아갔지만 매표소의 문이 잠겨 있다. 오늘 하루는 예상과 달리 뭔가 계속 어그러지고 미끄러지는 느낌이다.

무거워진 발걸음을 옮기며 생각해 본다. 여행도 또 하나의 삶이다 보니 왜 굴곡이 없겠는가. 문제는 그 순간, 그 상황에 너무 깊이 매몰되어 감정의 균형을 잃기보단 좋았던 기억들을 떠올리며 마음을 중화시켜야 한다는 것! 내겐 바로 지금이 그러한 때인 듯해서 숙소로 돌아와 샤워부터 한 후, 기분 전환 겸 컴퓨터를 켰다. 때마침 SNS에 반가운 베키의 글이 기다리고 있다. "토미, 네 말대로 배를 타고 산호르헤로 나올 때 조금 고생했어. 그래도 죽진 않았지. 난 지금 산호세에 막 도착했는데 넌 어디야? 조만간 보자. 연락 줘. 안녕."

생태 관광의 메카, 몬떼베르데에서의 야간 산행

눈을 뜨자 화창한 코스타리카의 아침이 새로운 하루를 선물한다. 버스 출발 시간부터 확인하기 위해 부스스한 모습으로 슬리퍼를 끌고 버스 매표소로 갔지만 아직 문이 닫혀 있다. 터미널 주위에 앉아 계신 어르신들께 산따엘레나 행 버스 출발 시간을 여쭤 봤더니 동일하게 오전 9시 30분이라는 답이 돌아온다. 이정도면 확실한 듯했다.

아직 시간적으로 여유가 있어 동네를 한 바퀴 둘러보기로 했다. 청소하는 아저씨가 거리를 열심히 쓸고 있다. 그러고 보니 다른 중미 국가들과 달리 거리가 무척 깨끗하다. 숙소로 돌아와 떠날 채비를 마친 후, 잠시 은행에 들러 환전까지 끝냈다. 1달러에 506꼴론, 출입국 관리소의 환전상들이 510꼴론을 언급했던 기억이 떠올랐다. 때늦은 아쉬움이 살짝 일었지만 뭐, 그리 큰 차이는 아니다. 동네에서는 달러도 받아주는데 통상 500꼴론으로 거래되고 있으니 그런 대로 나쁘지 않다.

문제는 걸음마 단계의 스페인어 실력이다. 한 달 만에 겨우 십 단위에 익숙해졌는데 이제부터는 백 단위 수에 적응해야 했기 때문이다. 일주일 일정의 짧은 코스타리카 체류 기간 동안 숙지하기에는 무리가 따를 듯해서 다시 메모지와 필기구를 꺼내들었다. 자신 없을 때는 메모가 최고다.

정시에 출발할 것 같았던 버스는 예정 시간보다 20분 늦은 오전 9시 50분쯤에 출발했다. 마을을 벗어나자 이내 비포장 산길이다. 들리는 말로는 열대우림을 보전하기 위해 비포장도로를 고수하고 있단다. 메마른 먼지들이 존재감을 드러내며 텃세를 부렸지만 화창한 날씨는 이에 아랑곳하지 않고 버스가 가야 할 길을 열어 주고 있다. 출발한 지 2시간쯤 지나자 드디어 산속 작은 마을인 산따엘레나에 도착했다.

가이드북에 언급된 숙소 중 산장 느낌이 물씬 풍기는 곳에 짐

훈따스에서 몬떼베르데로
데려다 줄 버스.
일이 한 번 꼬이니까 쉽게 갈 길을
참 어렵게도 간다.

몬떼베르데 가는 길.
비록 비포장도로였지만 파란 하늘만은
답답한 가슴을 뻥 뚫리게 해 주었다.

을 푸는데 마주치는 직원들이 꽤 친절하다. 부탁하지도 않았는데 아침 식사가 남았다며 과일이랑 빵, 그리고 우유 등을 건네준다. 잠시 후, 숙소 직원인 호세가 개들을 산책시켜야 한다며 특별한 계획이 없으면 함께 나가잖다. 마침 미국에서 온 케이시와 하트 커플도 따라 나서겠다고 해서 넷이서 개들을 데리고 산따엘레나 마을을 둘러보기로 했다.

내리쬐는 햇살이 살짝 따가웠지만 불어오는 산들바람이 쾌적함을 더해 주는 화창한 오후. 시선을 끌어당길 만한 특별한 무엇이 존재하진 않았지만, 한국의 둘레길처럼 아껴 가며 걷고 싶은 길들이 계속 이어진다. 틈틈이 개들과 장난도 치며 가벼운 발걸음으로 따라가고 있는데, 갑자기 호세가 길이 아닌 곳으로 방향을 틀더니 키가 훤칠한 나무 앞으로 데려간다. 두 나무의 가지

몬떼베르데 초입에 위치한
산따엘레나의 숙소(Casa Tranquilo).
산장 느낌이 물씬 풍기는 곳이다.

산따엘레나에서 만난 걷고 싶은 길.
몸도 마음도 마냥 행복해지는 느낌이었다.

나무 안이 텅 비어 있는 연리지.
몸과 체력만 된다면 꼭대기까지
순식간에 올라갈 수 있다.

가 맞닿아 하나가 된 연리지다. 그런데 신기하게도 나무 안이 텅 비어 있다. 호세가 웃음을 머금으며 우릴 한 번 쳐다보더니 비어 있는 나무 안을 통해 단숨에 꼭대기까지 올라가 버린다. 하트가 따라 나섰지만 아쉽게도 큰 덩치 덕분에 끝까지 오르진 못했다. 나도 나무에 의지해 몇 걸음 떼어 본다. 볼수록 신기한 나무다.

이렇게 하루를 정리하기엔 아쉬움이 남아 숙소로 돌아오자마 자 망설임 없이 야간산행투어를 신청했다. 물론 몬떼베르데 국립공원에 관한 자료들에서 490종의 나비와 100여 종의 포유류, 2500여 종의 식물, 그리고 400종 이상의 조류가 서식하고 있다는 사실을 미리 확인했기 때문이다. 우리나라에서 보기 힘든 생물들을 만날 수 있을까? 살짝 설레는 맘으로 미팅 포인트에 도착했다. 참가자들은 몇 개의 그룹으로 나뉘었는데 나는 영어를 사용하는 그룹에 배정되었다. 이스라엘에서 온 여행객 4명이랑 미

야간산행투어에서 만난 생명체들.
보기 힘든 생물들을 만날 수 있다는 기대감과 달리
반딧불이, 나무늘보, 아기 뱀 정도만 만날 수 있었다.
하지만 숲 여기저기에서 초록빛을 발사하는
반딧불이가 장관이었다.

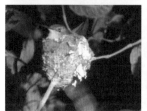

국에서 온 3명, 그리고 나, 이렇게 8명은 손전등을 하나씩 받아들고 가이드를 따라 산속으로 들어섰다.

날이 어두워지자 숨어 있던 반딧불이들이 도처에서 초록빛을 발사하며 반짝거리기 시작했다. 그러나 예상했던 것과는 달리 2시간 동안 숲 속을 헤집고 돌아다니며 본 것이라곤 높은 나뭇가지에 매달려 있는 나무늘보와 아기 뱀, 이구아나와 작은 곤충류 등이 전부였다. 하지만 아쉽거나 실망스럽지는 않았다. 밤하늘 가득 수놓은 별들과 울창한 숲 사이로 끊임없이 재잘거리며 다가오는 호명되지 못한 생명체들이 왜 몬떼베르데가 생태관광의 메카로 불리는지 몸소 체험할 수 있었던 소중한 시간이었기 때문이다.

몬떼베르데 국립공원은 코스타리카의 대표적인 생태 공원이지만, 이곳에 처음 살기 시작한 사람은 미국인들이었다. 1950년대 초반, 미국 알라바마 출신의 퀘이커교도Quaker 12가족이 한국

야간산행투어에서 만난
이구아나.
손전등의 불빛에도
이구아나의 초록 몸이
선명하게 보인다.

전쟁으로 인한 징집과 수감을 피해 이곳에 정착하면서 오늘에 이르게 된 것이다. 면적이 무려 200km², 우리나라 여의도 면적의 70배 정도로 그 규모가 어마어마하다.

한라산 높이의 산도 언덕이라고 불리는 곳

중미의 마지막 나라인 파나마에서 남미의 관문인 콜롬비아로 내려가야 할 날이 다가오고 있다. 파나마에서 콜롬비아로 가는 방법은 크게 두 가지가 있다. 씨우닫 데 빠나마Ciudad de Panamá, 이하 파나마시티에서 손쉽게 비행기를 이용하는 방법과 카리브해의 산블라스 군도를 경유해 요트를 타고 가는 방법이다. 아직 무엇을 이용할지 결정하지 못한 상태에서 일단 항공권부터 알아본다. 익스피디아Expedia, 프라이스라인Priceline, 트래블로시티Travelocity, 스피릿에어spiritair 등 여러 항공 사이트를 검색해 봤지만 가격대가 모두 만만치 않다.

육로로는 왜 국경 통과가 불가능한지 찾아봤더니, 파나마와 콜롬비아 국경 사이에 있는 다리엔 정글Selva de darién 지역에 게릴라 단체들이 빈번하게 출몰하기 때문이란다. 그러고 보니 아메리카의 남북을 관통하는 국제 도로망인 팬아메리칸 하이웨이가 단절된 곳도 바로 이곳이다. 물론 아주 드물게 육로를 통해 가는 이들도 있다곤 하지만 호기를 부릴 상황은 아닌 듯했다. 일단 몇 가지 정보들을 메모해 놓고 남들보다 조금 늦게 몬떼베르데에서의 하루를 맞이한다.

'사람은 죽어 천국에, 바리스타는 죽어 코스타리카에 가기를 희망한다'는 말이 있을 정도로 코스타리카는 '세계 최고의 품질'을 자랑하는 커피 생산지다. 주인장은 자랑스럽게 오늘의 일정으로 내게 커피농장투어를 권했다. 하지만 커피농장투어는 이미 콜롬비아에 점찍어 둔 곳이 있어 정중히 거절했더니 이번에는 어드벤처투어를 추천해 준다. 한국의 성인 남자라면 군대에서 싫어도 해야 하는 게 유격훈련인데 굳이 돈까지 들여가며 여기서 혼자 땀 뺄 필요는 없을 듯했다. 결국 1842m 높이의 쎄로 아미고스Cerro Amigos 등반을 선택했다. 날씨가 좋을 때는 북동쪽으로 약 20km 떨어진 원뿔형 모양의 활화산인 아레날 화산Volcan Arenal, 1657m도 볼 수 있단다. 게다가 입장료 없이 갈 수 있다는 주인장의 말에 더욱 솔깃해진 것이다.

흥미로웠던 것은 한라산급 높이임에도 불구하고 '몬떼monte, 산'가 아닌 '쎄로cerro, 언덕'로 불린다는 사실이었다. 아마도 산따엘레나 자체가 해발 1000m가 넘는 곳에 위치해 있기 때문인 듯했다.

먼저 산따엘레나 중심가에 있는 버스 매표소에서 내일 오전 6시에 떠나는 뿐따레나스Puntarenas 행 버스표부터 예매했다. 물론 내일 최종 목적지는 코스타리카에서 가장 작은 마누엘 안또니오 국립공원(16km²)이다. 하지만 그곳까지 가는 직행버스가 없기 때문에 일단 뿐따레나스로 간 다음, 다시 갈아타야 한다. 승차권 예매가 끝나자 마음이 말랑해졌다. 화창한 날씨를 벗 삼아 아미고스 언덕 입구를 향해 천천히 걷고 있는데, 아이는 뒤에다 팽개쳐 두고 부부끼리 정답게 손을 잡고 걸어가는 모습이 눈에 띈다. 고개를 푹 숙이고 뒤따라 걷고 있는 아이에게서 나름 심각함이 묻어났지만 그 모습에 웃음이 나오는 건 인간 본성의 문제가 아니라 이미 내가 '어른'이 되었기 때문이리라.

잠시 풍경 삼매경에 빠져 걷다가 이윽고 큰 주유소를 발견했다. 숙소에서 얻은 간이 지도에 의하면 이 주유소를 바라보고 왼쪽으로 꺾어 쭉 올라가면 TV타워가 있는 아미고스 언덕의 정상이 나온다. 숨을 크게 한 번 들이킨 후, 본격적인 산행에 들어갔다. 생각 외로 무척 가파른 오르막길이 처음부터 기다리고 있다. 얼마 올라가지도 않았는데 나무 사이로 불어오는 바람소리가 꽤 매섭게 들렸다. 간혹 뒤에서 그 소리가 들릴 때면 마치 자동차가 가속 페달을 밟고 올라오는 듯한 느낌이 들 정도였다.

두 손을 꼭 잡고
정답게 걸어가는 부부 뒤로
고개 숙이고 따라가는 아이.

아미고스 언덕 정상에서
바라본 아레날 화산.
1시간의 고생을 보상이라도 하는 듯
멋진 대자연이 기다리고 있다.

아미고스 언덕으로 가는 중에
맞닥뜨린 멋진 숙소(Hotel Belmar)와
깔끔한 레스토랑(Restaurante Antawara).

산따엘레나
버스 매표소.

아미고스 언덕 아래로
잘 가꿔진 동산

아미고스 언덕 정상에서 본 문명을 지운 자연의 푸르름.

그렇게 한 시간가량을 억척같이 올랐더니 드디어 정상이 보인다. TV 송신소가 있어 아미고스 언덕 정상의 풍경이 요란할 만큼 예쁘진 않았지만 지평선 끝까지 문명을 지운 대자연의 푸르름이 시원함을 전해 준다. 다행히 날씨까지 화창해서 구름을 머금은 아레날 화산도 시야에 잡힌다. 하산할 때에는 발목에 더 많은 힘이 들어갔지만 남미에서의 산악트레킹을 위해 나름 체력을 길러 온 내게 큰 문제가 되진 않았다.

하지만 숙소로 돌아와 잠시 해먹에 몸을 뉘었는데 벌써 땅거미가 지고 있다. 잠시라도 몬떼베르데에서의 석양과 마주하고 싶은 맘에 다급하게 숙소를 나섰다. 도로 옆 나무 위에서 세상만사 모든 걸 등지고 곤히 자고 있는 나무늘보를 발견했지만 일단 노을부터 봐야겠다는 생각에 발걸음을 재촉했다. 아쉽게도 살짝 늦은 시간이어서 제대로 된 노을을 볼 순 없었지만 다행히 석양의 끝물을 확인할 수 있었다. 문득 인생의 황혼에서 청춘과 마주하고 싶다는 생뚱맞은 생각이 머리를 스치고 지나간다.

몬테베르데에서 마누엘 안또니오로

쌀쌀한 새벽 공기가 잠이 덜 깬 시신경을 몰아세우는 아침, 짐 보관료로 1000꼴론을 더 내고서야 오전 6시에 출발하는 버스에 몸을 실었다. 비포장도로를 달리며 졸다 깨다를 반복하고 있는

데 어느 순간 창밖으로 익숙한 풍경이 보인다. 초메스였다. 사흘 전의 황당했던 그 느낌이 아지랑이처럼 되살아났지만 이내 무거운 눈꺼풀이 또다시 내려앉았다.

버스는 한 시간가량을 더 달려 목적지인 뿐따레나스에 도착했다. 곧장 마누엘 안또니오 행 버스가 출발하는 또 다른 터미널로 이동했다. 오전 11시에 출발하는 버스가 있어 승차권을 끊어 놓고 뿐따레나스 해변 쪽으로 발걸음을 옮겼다. 마침 인포가 보여 뿐따레나스 지도를 한 장 얻어서 느긋하게 해변을 어슬렁거려 본다.

1949년 평화헌법을 통해 군대를 폐지하고 1983년에는 영구 비무장 중립국임을 천명한 코스타리카. 그런데도 특이하게 이곳 뿐따레나스 해변에는 조형물로 포가 설치되어 있다. 아마 식민지 시절, 스페인 군대가 사용하던 포인 듯했다.

산호세와 께뽀스 행 버스가
출발하는 뿐따레나스 버스터미널
(Terminal de buses de Puntarenas).
버스터미널은 누군가에겐
여행이 시작되는 곳이고,
누군가에겐 여행이 끝나는 곳이다.

해변에 설치되어 있는 포.
영구 비무장 중립국과는 거리가 먼
설치물이다.

께뽀스에서 출발하는
마누엘 안또니오 국립공원 행 버스.
개중에 이 버스는 깔끔한 편이었다.

마누엘 안또니오 국립공원 인근에서 묵었던
숙소(Backpackers Manuel Antonio).
주인장의 이기적인 셈법에 정나미가 떨어졌다.

다시 버스에 올라야 할 시간. 코스타리카의 녹록지 않은 물가와 달리 대중교통과 일상생활 관련 제반 시설들은 중미의 여타 국가들과 크게 다르지 않았다. 특히 노후화된 차량에서 뿜어내는 매연은 여기도 만만치 않다.[1] 에어컨 없는 만원 버스 안에서 3시간 이상을 시달린 끝에 마누엘 안또니오에 도착했다. 하지만 엄밀히 말해 이곳은 마누엘 안또니오 국립공원과는 6km 떨어진 께뽀스Quepos라는 마을이다. 이곳에 숙소를 잡는다면 국립공원 인근보다 상대적으로 저렴한 가격에 숙박을 할 수 있지만, 산따엘레나에서부터 함께 차를 타고 왔던 여행자들이 국립공원 인근에 있는 숙소를 예약해 놓았다고 해서 그들을 따라가기로 했다.

---

1   코스타리카는 차량 수명이 평균 16년이 넘는 노후 차량으로 인해 대기오염과 이산화탄소 배출 증가가 당면 현안으로 떠오르고 있다.

도미토리 1박에 12달러. 꼴론으로 지불하면 달러당 520으로 계산해야 하고, 달러로 지불하면 거스름돈은 꼴론으로 돌려주는 데 이때는 달러당 500으로 계산해 준단다. 주인장의 나무랄 데 없는 이기적 셈법에 순간 정나미가 뚝 떨어졌지만 날씨도 덥고 몸은 지친 상태여서 1박쯤이야 하는 맘으로 짐을 내려놓았다.

오후 4시, 몸은 피곤했지만 중천에 떠 있는 태양이 나를 밖으로 내몰았다. 가볍게 산책이나 할 요량으로 국립공원 방향으로 걷는데 예상 외로 짜임새 있는 건물들이 도로를 따라 쭉 늘어서 있다. 그중에서도 여객기를 개조해 만든 호텔 입구가 시선을 사로잡았다. 전반적인 분위기가 부산 해운대 달맞이고개와 사뭇 비슷하다고 생각하며 천천히 걷고 있는데 갑자기 전깃줄 위로 원숭이 한 마리가 재빠르게 지나간다. 몬떼베르데에선 그렇게 찾아 헤매도 보이지 않던 원숭이들이 여기선 한두 마리가 아니

안또니오 국립공원 가는 길

국립 공원 가는 길에 만난 호텔
(Hotel Costa Verde).
여객기를 출입구로 사용하는
독특한 호텔이다.

전깃줄 위로
지나가는 원숭이.
이곳은 온통
원숭이 세상이다.

코스타리카에서 가장 작은 국립공원인
마누엘 안또니오 국립공원의 허름한 입구.

다. 내일이 살짝 기대되는 순간이다.

어느새 도착한 마누엘 안또니오 국립공원 입구. 굳건히 잠겨 있는 정문 옆 안내판에는 개장시간이 오전 7시부터 오후 4시까지라고 적혀 있다. 오늘은 입장할 수 없다는 뜻이다. 이른 저녁을 해결하기 위해 인근 식당으로 들어섰더니 가격대가 거의 유럽 수준이다. 그나마 상대적으로 저렴한 해물볶음밥을 주문해 놓고 주인장에게서 여러 가지 여행정보들을 얻고 있는데, 국립공원 정문과 어깨를 마주한 산바다Hotel San Bada 호텔 주인이 한국인이란다.

호기심에 끌려 부산의 코모도호텔 느낌이 물씬 풍기는 산바다 호텔로 들어가 가격을 물었더니 1박에 109달러. 여행의 끝자락이었다면 큰 맘 먹고 하루 이틀 정도는 이런 곳에서 머물며 여독을 풀어 보겠지만 지금으로서는 그저 입맛만 다실 뿐이다. 호텔을 나오려다 때마침 들어오는 사장과 마주쳤다. 코스타리카에서 태어난 젊은 한인 2세였다. 잠시 인사를 나누는데 서툴지만 예의 바른 한국말로 호텔 루프탑에 지금 올라가면 예쁜 석양을 볼 수 있을 거라고 알려 준다. 덕분에 엘리베이터를 타고 옥상으로 올

한국인이 운영하는
산바다 호텔.
숙박을 하지 못했지만 사장의 배려로
멋진 노을을 볼 수 있었다.

산비다 호텔 루프탑에서 본 석양.
석양은 매번 다른 느낌으로 다가온다.
오늘은 왠지 태평양 너머
고향 생각이 함께한다.

라가 태평양을 붉게 물들이고 있는 노을과 마주할 수 있었다.

현재 시각 오후 5시 40분, 한국 시간으로는 다음날 오전 8시 40분이다. 지금 저물어가는 저 태양이 한국에선 아침을 밝히고 있겠지? 오늘따라 괜스레 마음의 시선이 태평양 너머로 드리운다.

세계가 인정한 아름다운 마누엘 안또니오 국립공원

미국에서 온 알전과 조나단, 그리고 스웨덴에서 온 산드라와 함께 도미토리에서 하루를 보냈다. 이들 중 알전은 어릴 때 태권도를 배워서 지금도 1에서 10까지의 숫자를 한국어로 읽을 줄 안다. 그리고 조나단은 한국 출신의 친구가 있어 내가 한국인이라는 걸 알자마자 바로 한국말로 인사를 건넨다. 오늘은 애네들과 함께 마누엘 안또니오 국립공원엘 들렸다가 오후 2시 30분에 출발하는 직행버스를 타고 산호세로 갈 예정이다.

국립공원 입구에 도착하자 조나단과 산드라가 어제 만났다던 가이드를 찾는다. 알전도 동참할 분위기여서 함께 투어에 참여하려고 했지만 투어비가 1인당 20달러라는 말에 가이드 없이 혼자 다니기로 마음을 고쳐먹었다. 옆에 있던 알전이 나와 함께 가겠단다. 잠시 후, 조나단과 산드라의 가이드가 내게 살짝 다가오더니 옆에 지나가는 다른 가이드를 붙여 주며 10달러씩만 내고

안또니오 국립공원 가이드 투어.
약 90분간 진행된다.

투어에 참여하라고 조용히 일러 준다. 10달러면 괜찮다 싶어, 알전에게 얘길 했더니 알전도 좋단다. 모두 함께 줄을 서서 국립공원 입장료를 내고 가이드와 함께 안으로 들어서려는 순간, 조나단과 산드라의 가이드가 우리 가이드에게 이들을 넘겨주고는 웃으며 어디론가 사라져 버린다.

코스타리카에서 가이드 자격증을 취득하기 위해서는 식생, 지리학, 생물학, 곤충학, 언어 등 꽤 까다로운 자격시험을 거쳐야 한다는데 조나단과 산드라를 넘겨준 그 친구는 아마도 무늬만 가이드인 브로커인 듯했다. 결국 조나단과 산드라는 20달러씩을, 알전과 나는 10달러씩을 내고 같은 가이드에게서 설명을 듣는 황당한 상황이 벌어졌다. 알전과 나는 아무 말도 못하고 눈치만 보며 묵묵히 가이드를 따라나섰다.

약 90분간 이루어진 가이드 투어는 울창한 숲길을 따라가며 가이드가 뭔가를 발견하면, 그(녀)가 가져온 커다란 줌 망원경을 통해 투어 참가자들이 직접 들여다 본 후, 가이드의 설명이 덧붙여지는 방식으로 진행되었다. 마누엘 안또니오 국립공원 입구에서 큰길을 따라 곧장 걸으면 해변 가는 길과 전망대 가는 길로 갈라지는 곳까지 20분이면 충분하지만 이것저것 보면서 가이드의 설명을 듣다 보니 족히 한 시간은 걸렸다. 덕분에 높은 나뭇가지 위에서 떨어질 듯 안 떨어지며 위태롭게 잠을 자고 있는 원숭이와 새초롬한 앵그리버드의 실재 모델인 뚜깐또꼬Tucán Toco, 토코투칸, 그리고 세상의 모든 불만을 한 아름 껴안고 나무 한 귀퉁이에 웅크리고 뒤돌아 앉아 있는 나무늘보 등 다양한 동물군들을 관찰할 수 있었다.

그 후, 갈림길에서 해변 방향으로 꺾어 내려가자 온 사방을 거침없이 뛰어다니고 있는 흰머리카푸친원숭이El mono cariblanco o capuchino와 아메리카너구리El mapache boreal o racuna 등이 보인다. 이쯤 되면 가이드 투어는 막바지에 다다른 것이다. 가이드는 눈앞에 펼쳐진 마누엘 안또니오 해변Playa Manuel Antonio과 그 뒤편에 위치한 남에스빠디야 해변Playa Espadilla Sur으로 우리를 데려가선 작별 인사

생태계의 보물 창고인
마누엘 안또니오 국립공원에서 만난 동물들.
사방으로 뛰어다니는 아메리카너구리와
장난기 많은 흰머리카푸친원숭이, 한 쌍의
뚜깐또꼬 등 처음 보는 동물들이었다.

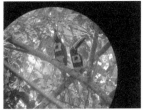

를 고한다. 이제부터 수영을 하고 싶은 사람은 수영을 하고, 열대우림의 장관을 만끽하고 싶은 사람은 오솔길을 따라 산책로를 걸으면 된다.

풍요로운(리까, rica) 해안(꼬스따, costa)이라는 뜻을 지닌 코스타리카를 방문한다면 열대우림과 백사장, 그리고 생태계의 보물 창고를 가까이서 마주할 수 있는 마누엘 안또니오 국립공원은 꼭 놓치지 말아야 할 명소인 듯했다.

2011년 미국 경제전문지 포브스Forbes가 전 세계 700여 개의 국립공원 중 가장 아름다운 12개의 국립공원을 선정하였는데, 이때 11위를 차지한 곳이 바로 이곳 마누엘 안또니오 국립공원이다. 그렇다면 1위는 어디일까? 미국 캘리포니아에 위치한 요세미티 국립공원Yosemite National Park이다. 미국의 경제전문지가 자국의 국립공원을 세계 1위로 선정한 대목에서 살짝 신빙성이 떨어졌지만 요세미티 국립공원의 아름다움에 이의를 제기할 사람은 없을 듯하다.

여하튼 세계 11위를 차지한 마누엘 안또니오 국립공원의 백미는 뭐니뭐니 해도 숲과 해변의 절묘한 조화에 있다. 여기에다 단위 면적당 생물 다양성이 세계 2위에 올라 있고, 전 세계 생물의 5%가 서식하고 있는 코스타리카의 건강한 생태계가 마누엘 안또니오 국립공원에 화룡점정을 찍으면서 코스타리카를 찾는 방문객들을 불러 모으고 있는 것이다.

숲과 해변의 절묘한 조화로 유명한
마누엘 안또니오 국립공원.

숲길을 따라 20분 정도 올라가면
전망대가 나오고, 전망대에서는
그림 같은 에스꼰디도 해변이 보인다.
에스꼰디도 해변은
국립공원 제일 안쪽에 있으며,
이름도 '숨겨진'이란 뜻을 지니고 있다.

흥미로운 사실은 원래 이곳이 미국인 소유의 당근농장이었단
다. 하지만 코스타리카 정부의 과감한 녹지정책의 일환으로 이
곳이 1972년 국립공원으로 지정되면서 지금은 코스타리카의 대
표적인 국립공원으로 자리매김하게 되었다.[2] 물론 1985년 이후,
코스타리카 정부가 본격적으로 생태관광을 육성하기 시작하면
서 생태계 파괴에 대한 우려의 목소리가 높아지고 있기도 하다.

2　　지난 30년 동안 숲의 면적이 두 배 이상 증가한 것은 코스타리카 정부의 강
력한 녹지정책 때문이다. 1995년에 만들어진 환경행정법원(Tribunal Administrativo
Ambiental, TAA)은 막강한 권한을 가지고 환경 파괴 범죄를 단속하기 시작했고,
1997년에는 석유와 석탄 등 화석연료를 사용하는 경제활동에 환경파괴 비용으로
3.5%의 탄소세를 매기기 시작했다. 거둬들인 세금으로는 산림보호기금을 만들어
환경파괴로 인해 큰 피해를 입을 수밖에 없는 가난한 사람들의 삶의 질을 높이는
데 사용하고 있다.

야자수 나무가 늘어선
복에스빠디야 해변.
국립공원 입구에 있는 해변으로
말이 필요 없는 곳이다.

북에스빠디야 해변에서 만난
개인용 쌍동형 요트
(Yate Catamarán).

　친구들은 세계 10대 해변 중 하나로 선정된 마누엘 안또니오 해변에서 수영을 하기로 결정했고, 나는 전망대를 들르기 위해 홀로 발걸음을 옮겼다. 울창한 숲길을 따라 넉넉히 20분이면 도착 가능한 전망대. 주위의 울창한 나무들로 인해 시야가 완전히 확보되진 못했지만 달리 생각하면 그런 모습으로 인해 더욱 자연스러움이 묻어나는 곳이었다. 파도소리를 들으며 해변으로 되돌아 내려오는데 비키니만 입고 숲길을 걷는 사람들이 심심찮게 눈에 띈다. 도저히 어울릴 것 같지 않은 어색한 조화가 자연스럽게 느껴지는 이 조화는 무엇일까?

　이번에는 살짝 방향을 틀어 국립공원 제일 안쪽에 위치한 뿌에르또 에스꼰디도 해변Playa Puerto Escondido으로 향했다. 해변의 이름 자체가 '숨겨진escondido' 해변이어서 그런지 사람들이 많이 찾질 않아 밀려오는 파도소리가 더욱 생동감 있게 느껴졌다. 마지막으로 국립공원 입구에 있는 북에스빠디야 해변Playa Espadilla Norte까지 섭렵한 후, 산호세 직행버스를 타기 위해 께뽀스로 향했다.

막간을 이용해 버스터미널 인근 패스트푸드점에서 간단하게 요기를 하고 나자 친구들이 속속 버스터미널에 도착했다. 함께 버스에 올라 빈자리를 찾아 앉는데, 마침 칠레에서 온 마라라는 친구의 옆자리가 비어 있어 양해를 구하고 앉았다. 가족과 함께 여행 중인 마라가 파나마에 가면 산호섬들이 그림같이 펼쳐져 있는 산블라스엘 꼭 가봐야 한다고 귀띔해 준다. 배편을 통해 콜롬비아로 넘어가려면 꼭 들러야 하는 곳이기도 해서 무게 중심이 비행기보단 배 쪽으로 확실히 기울어져 버렸다. 마라와 함께 이야기를 나누며 칠레에 대한 여행정보까지 얻다 보니 어느새 산호세의 버스터미널이다.

충만한 인생이여, "뿌라 비다!"

영국의 신경제재단NEF은 전 세계 국가들을 대상으로 삶의 만족도, 기대 수명, 생태발자국(탄소지수) 등을 종합하여 2006년부터 3년마다 지구행복지수HPI 순위를 발표하고 있다. 발표 결과를 보면 코스타리카는 첫해에만 3위를 차지하였을 뿐, 2009년도에 이어 2012년, 그리고 2016년 1월에도 당당히 1위를 차지하였다. 우리나라는 어떨까? 아쉽게도 한국은 2006년도에 102위를 기록했지만 2009년도엔 68위, 2012년도엔 63위로 조금씩 나아지다가 2016년도엔 140개 국가 중 80위로 다시 뒤처졌다.

지속 가능한 발전이라는 측면에서도 모범 사례가 되고 있는 코스타리카는 이미 전력 수급의 99%를 수력(75%), 지열(13%), 풍력(10%), 바이오매스(1%) 등과 같은 재생에너지를 통해 충당하고 있다.[3] 또한 여기에 머물지 않고 독립 200주년을 맞이하는 2021년까지 탄소중립[4]을 실현하기 위해 박차를 가하고 있다.

코스타리카의 역사를 조금만 소급해 보면, 눈에 띄는 몇 가지 정책들을 발견할 수 있다. 이미 1870년에 무상 의무 초등교육을 실시했을 뿐만 아니라 이듬해인 1871년에는 종교의 자유를 보장하는 법률을 제정하였고, 1887년에는 사형 제도를 폐지했다. 1948년에는 의료보험 개혁을 통해 무상의료를 실시하였고, 1949년에는 세계 최초로 평화헌법을 제정하여 군대를 폐지하였다. 이후, 군사 시설은 박물관, 도서관, 대학 등으로 전환되었고, 국방에 들어갈 예산은 보건과 교육에 투자되어 국민들의 삶의 만족도를 높였다. 이런 코스타리카가 1983년에는 영구적, 적극적, 비무장 중립국을 천명하기에 이른다.[5] 코스타리카 국민들이 사람을 만나거나 헤어질 때 즐겨 사용한다는 "뿌라 비다¡Pura Vida!,

---

3 2004년에 코스타리카의 동부 해안에서 유전을 발견했지만 환경파괴를 이유로 스스로 산유국의 길을 포기한 코스타리카는 재생에너지 개발에 집중하여 오늘날에 이르게 된 것이다.

4 탄소중립이란 인위적으로 배출되는 탄소의 양만큼 대기 중의 탄소를 흡수할 수 있는 나무 심기 등과 같은 대책을 수립하여 실질적인 배출량을 0으로 만들겠다는 개념이다.

충만한 인생!"라는 인사말이 이러한 측면을 잘 반영해 주고 있다.

하지만 대부분의 중남미 국가들과 달리, 유독 코스타리카만이 새로운 민주주의를 탄생시키며 성공할 수 있었던 까닭은 무엇이었을까? 우선 지리적인 요건을 빼놓을 수 없다. 메소아메리카 문명과 안데스Andes 문명 사이에 낀 변방이라는 지리적 요건으로 인해 원주민들이 거의 살지 않아 코스타리카인들 간의 인종적 동질성을 확보할 수 있었던 것이 중요한 요인이다. 참고로 백인과 혼혈 94%, 흑인 3%, 원주민 1%, 그 외의 사람들이 2%를 차지하고 있다.

그러나 결정적인 이유는 정치적 선택에서 찾을 수 있다. 중남미 민주주의 네트워크REDLAD의 사무총장을 역임한 오스까르 알바레스 아라야Óscar Álvarez Araya가 지적하듯이, '착한' 반공국가를 기치로 내걸고 일찌감치 미국의 편에 섰기 때문이다. 다른 말로 하자면 '자유와 인권의 수호자'인 미국의 레이더망에 포착되지 않았기 때문에 역설적으로 코스타리카는 자국의 민주체제를 방어할 수 있었던 것이다.[6]

---

5   많은 사람들은 군대가 없으면 국가 안보를 어떻게 지키느냐고 질문한다. 하지만 코스타리카 국민들은 군대가 있으면 어떻게 민주주의를 유지할 수 있느냐고 반문한다. 군대를 보유하고 있기 때문에 서로를 더 의심하게 되고 도리어 전쟁의 위험성까지 높아진다고 생각하는 코스타리카인들은 군대를 갖지 않는 것이 바로 최대의 방위력이라고 주장한다. 코스타리카의 헌법 제12조는 다음과 같이 명시되어 있다. "상비기관으로서의 군대를 금지한다(Se proscribe el Ejercito como institucion permanente)."

비둘기 도시, 산호세에서의 평화와 쇠창살

중미답지 않은 높은 물가로 인해 코스타리카의 수도 산호세는 오전에 살짝 스캔만하고 곧바로 떠나기로 마음을 굳혔다. 이른 아침, 숙소에서 가장 가까운 곳에 위치한 국립공원Parque Nacional과 문화광장Plaza de la Cultura부터 들르기 위해 재빨리 움직였다. 중미 어디에서나 볼 수 있는 정형화된 공원과 광장이었지만 산호세만의 특징을 꼽자면 평화의 상징인 비둘기 동상들이 곳곳에 세워져 있다는 것이다.

자세히 들여다보면 모양은 같지만 채색된 색깔이나 담고 있는 내용이 모두 다 제각각인 비둘기 동상들이 공원이나 광장에 국한되지 않고 산호세 도처에 널리 퍼져 있다. 평화를 염원하는 코스타리카인들의 마음이 느껴지는 대목이다. 평화에 대한 이들의 갈망과 열정은 신호등 벨소리에서 나는 비둘기 울음소리에서도 확인할 수 있다. 그러나 지금은 아침 출근 시간, 여기저기서 울려대는 차들의 경적소리로 인해 비둘기의 울음소리는 힘없이 묻혀 버리고 만다.

---

6   미국이 구대륙(유럽)의 문제에 관여하지 않는 대신 구대륙 국가들은 '신대륙'에 간섭하지 말라는 1823년의 먼로 독트린(Monroe Doctrine) 이후, 미국은 두 가지 원칙하에 중남미 정책을 펼쳐 왔다. 그중 하나가 외부 세력의 중남미 침투를 철저하게 막겠다는 것이고, 또 다른 하나가 바로 중남미 지역에서 미국의 절대적 주도권을 행사할 수 있도록 하겠다는 것이다. 결국 이러한 입장에 근거하여 지난 100여 년간 미국은 자국의 이익에 필요하다면 언제든지, 무력 침공까지 서슴지 않으면서 중남미 국가들의 내정에 간섭해 왔다.

산호세 도처에 세워진 다양한 비둘기 동상.
모양도 제각각이고, 담고 있는 내용도 제각각이다.

산호세의 중심에 위치한
중앙공원.

중앙공원 앞에 위치한 산호세의
메뜨로뽈리따나 대성당.
안타깝게도 쇠창살로 둘러싸여 있어
마음이 편치 않았다.

문화광장에서 시작되는 보행자도로를 따라 비둘기 동상에 그려져 있는 내용물들이 무엇을 상징하고 있는지 하나하나 확인하며 걷다 보니 어느새 산호세의 중심인 중앙공원Parque Central에 이르렀다. 그러나 나의 눈살을 찌푸리게 만든 것은 다름 아닌 공원 앞 메뜨로뽈리따나 대성당Catedral Metropolitana을 둘러싸고 있는 쇠창살이었다. 평화를 바라는 이들의 열망과는 달리, 대성당 외에도 대다수의 산호세 주택 창문들이 다른 중미 국가들처럼 쇠창살로 막혀 있었다. 세계에서 유일하게 군대가 없는 중립국이어서 유엔평화대학UPEACE이 있는 코스타리카였지만, 쇠창살에 막혀 있는 집들과 대성당을 바라보며 현실과 이상 간의 괴리를 다시 한 번 절감하게 된다. 그래서인지 한국대사관에서도 여행자들에게 다음과 같이 주의를 부탁하고 있다.

"한국에서는 코스타리카가 행복지수 세계 1위 등 거주하기에 매우 좋은 국가로 알려져 있어 범죄 발생률이 낮고 치안이 좋은 것으로 인식될 수 있으나, 코스타리카가 중미 역내에서 비교적 치안이 양호한 국가일 뿐 한국에 비해 살인사건, 절도, 강도 등이 많이 발생하는 등 생각했던 것과 현실 사이에는 많은 차이가 있습니다."

문득 '평화'라는 낱말이 머릿속에서 맴돌았다. 흔히 어떠한 상황에서도 무력이나 폭력을 사용하지 않는 상태를 평화라고 정의

한다. 하지만 적어도 이곳 산호세에서의 평화는 집집마다 쳐 놓은 물리적 쇠창살의 경계를 없애는 것에서부터 시작되어야 하지 않을까 생각해 본다. 쇠창살 밖에서 친구를 부르고, 쇠창살 안에서 친구를 바라보며 자라는 아이들을 위해서라도 말이다.

중미의 마지막 나라인 파나마로

파나마시티 행 버스표를 예매하기 위해 엑스쁘레소 빠나마Expreso Panamá 버스사무실로 발걸음을 옮겼다. 가는 도중, 산호세의 시외 버스 터미널인 꼬까꼴라 터미널Terminal Coca-Cola을 지나는데 터미널 입구에 늘어선 택시들이 시선을 끌어당긴다. 경상남도와 처음 연을 맺었을 때, 택시의 색깔이 모두 노란색이었던 것이 이색적이었는데 이곳 산호세의 택시들은 모두 붉은색이다.

산호세의 시외버스 터미널인
꼬까꼴라 터미널.
입구에 늘어선 붉은색 택시들이
강렬한 인상을 준다.

파나마시티 행
엑스쁘레소 빠나마버스.
15시간을 달려
파나마로 날 데려다 줄 교통편이다.

곳곳에서 품어 나오는 쾌쾌한 냄새와 시끌벅적한 고함 소리로 북새통을 이루고 있는 꼬까꼴라 터미널을 지나자 이내 엑스쁘레소 빠나마 버스사무실이 보인다. 하루에 한 대, 낮 12시에 출발하며 15시간 소요된다는 파나마시티 행 버스표를 예매했다.

그런 다음 숙소에 들러 잠시 쉬다가 시간에 맞춰 짐을 챙겨 되돌아왔다. 굳이 띠까버스와 비교하자면 거의 도긴개긴이지만 좌석의 폭만큼은 아주 조금 더 넓은 듯했다. 그런데 이 버스, 에누리 없이 진짜 정각에 출발해 버린다.

버스는 도중에 휴게소를 잠시 들렀다가 오후 6시쯤 코스타리카 출입국 관리소에 도착했다. 꽤 굵은 비가 내리는 저녁, 마침 대기하고 있는 사람이 거의 없어 어렵지 않게 출국수속을 마친 후, 파나마 출입국 관리소로 이동했다. 언제나처럼 입국 수속을

6시간을 달려 도착한 빠소 까노아스 지역의 코스타리카 출입국 관리소(Dirección General de Migración y Extranjería)에서 출국 수속을 밟았다.

빠소 까노아스(Paso Canoas) 지역의 파나마 출입국 관리소(Migración y Naturalización). 이곳에서 파나마 입국 수속을 하게 된다.

밟기 위해 줄을 서서 기다리고 있는데, 통행료로 1달러를 걷어 가며 여권에 인지를 붙여 준다. 이내 입국수속까지 마쳤다. 버스로 되돌아가려고 하자 세관 직원이 짐 검색을 해야 한다며 각자의 짐을 가지고 들어오라면서 서류 한 장씩을 건네준다. 간단히 기입한 후, 형식적인 검사를 마치고 버스에 오르려는데 이번에는 버스 앞에서 여권 검사를 한 번 더 한다. 입국수속을 밟았는지에 대한 재확인이다. 생각보다 까다로웠지만 출입국 수속 시간이 그리 많이 소요되지는 않았다.

현재 시각 오후 7시 10분, 하지만 파나마는 다른 중미 국가들과 달리 한 시간의 시차가 있어 파나마 시간으로는 오후 8시 10분이다. 시계를 맞추고 한 시간쯤 달렸을까? 큰 슈퍼와 식당이 마주보고 있는 곳에 정차하더니 여기서 식사를 하고 가겠단다.

라스 로마스(Las Lomas) 지역의
슈퍼마켓(S/C El Economico)과
파나마 입국 후, 처음으로
저녁식사를 한 식당(Rest. Vielka).
배낭여행자에게 저렴한 물가는
행복의 또다른 이름이다.

파나마의 공식 화폐가 달러였기에 잠자고 있던 달러를 다시 꺼내 볶음밥과 닭다리 하나, 그리고 음료를 시키자 모두 다 합해 4달러가 나왔다. 갑자기 풍요로움이 물밀 듯 밀려온다. 배낭여행자에게 저렴한 물가란 행복의 또 다른 이름이다.

버스에 다시 올라타자 저항할 수 없는 포만감이 소리 없이 밀려와 나도 모르게 깊은 잠에 빠져들었다. 잠시 누군가 올라와 여권을 한 번 체크한 기억이 흐릿하게 남아 있었지만 덴마크에서 온 아네테와 라우라가 다 왔다고 깨우기 전까지 정신 줄을 놓아 버렸다.

시계를 보니 새벽 4시, 정확하게 15시간 만에 파나마시티의 알브루크Albrook 터미널에 도착한 것이다. 정신부터 수습한 후, 아네테와 라우라와 함께 택시를 잡아타고 파나마시티의 역사지구인 까스꼬 비에호Casco Viejo로 향했다. 가이드북에 추천되어 있는 호스텔을 찾아갔지만 만원이라고 해서 다시 같은 택시에 올라 또 다른 호스텔을 들렀다. 하지만 여기도 상황이 다르지 않다. 내가 가진 정보로는 파나마시티 구시가지에 더 이상의 호스텔은 없었다.

깜깜한 새벽, 뾰족한 방법이 없는 상황에서 운전기사가 구시가지를 한참 헤매더니 불 켜진 한 호텔로 데려다 준다. 쓰리 룸을 사용하는 조건으로 1인당 16.5달러를 내란다. 새벽부터 손님을 잘못 만나 고생한 운전기사에게 세 명이서 1달러씩을 더 거두어 감사의 마음을 전한 후, 이곳에 짐을 풀었다. 중미의 마지막 나라인 파나마에 드디어 도착했다.

호명되지 못한 문명

그렇다면 앞서 언급한 메소아메리카 문명과 안데스 문명은 유럽에 의해 기술된 세계사 속에서 어디쯤 위치해 있을까? 독일의 관념 철학을 완성했다고 일컬어지는 헤겔의 『역사철학 강의(Vorlesungen über die Philosophie der Weltgeschichte, 1837)』를 살펴보면 어느 정도 그 답을 유추해 볼 수 있다. 지천명(知天命, 50세)을 넘긴 지긋한 나이의 헤겔은 이 강연에서 세계를 문명의 태동인 동양과 문명의 완성인 서양으로 나눈 후, 서양과 동양에 들지 못한 아프리카는 세계사에 속한 지역이 아니며, 중남미 또한 인류의 역사가 시작도 되지 못한 곳이라고 혹평을 가하게 된다. 비단 이러한 사고는 헤겔에게 국한된 것이 아니었다. '근대 민주주의의 아버지'로 추앙받는 몽테스키외는 '대단히 현명한 존재인 신께서 정신을, 그것도 선한 정신을 검은 육체에 부여하셨다는 것은 생각도 할 수 없는 일'이라고 언급하였다. 이밖에도 『순수이성 비판(Kritik der reinen Vernunft, 1781)』의 저자, 임마누엘 칸트는 '인디언은 문명화되기 불가능할 뿐만 아니라 멸종될 운명을 타고난 사람들'이라고 잘라 말했을 만큼 이러한 생각은 당대 유럽의 '보편적 사고'였다. 특히 자신들의 선조에 의한 '신대륙 발견'이 정당화되기 위해서라도 사실의 진위와 무관하게 아메리카에는 역사가 없어야만 했다.

그렇기에 아메리카의 문명이 '4대 문명'과 함께 세계사 속에 어깨를 나란히 하지 못한 것은 '역사'를 독점한 유럽의 입장에서 볼 때 당연한 귀결일 수밖에 없다. 이들은 당대의 모든 학문을 총동원하여 유럽의 우월성을 증명하기 위해 혈안이 되어 있었다. 그것도 자칭 '계몽주의 시대', '이성의 시대'라고 일컬어지는 18세기 이후에 말이다. 우리는 이들의 행태를 '문명화된 야만'이라 부를 수 있을 것이다.

더 큰 문제는 지금도 아무런 의심 없이 유럽, 특히 서유럽의 관점에서 '세계사'를 배우며 우리의 세계관을 형성해 나가고 있다는 데 있다. 그러다 보니 세계의 역사는 4대 문명으로부터 시작되어 그리스와 로마를 통해 유럽으로 전해진 후, 르네상스와 종교개혁, 그리고 산업혁명을 거쳐 지금의 '진보'에 이르렀다는 너무나도 익숙한 레퍼토리가 우리에게 각인되어 있는 것이다. 이들의 논리를 따라가 보면, 1000년의 역사를 지배해 온 이슬람 사회는 본질적으로 유럽에 속했던 과학을 일시적으로 보존하였다가 십자군전쟁 후 다시 유럽에 건네주고는 소리 소문 없이 역사의 뒤안길로 사라지고 만다. 아프리카와 아메리카는 유럽이 호명하지 않으면 역사에 등장하기조차 힘든 타자일 뿐이다.

전체주의의 본질을 집요하게 탐구하였던 한나 아렌트(Hannah Arendt, 1906~1975)는 『예루살렘의 아이히만(Eichmann in Jerusalem, 1963)』에서 악의 평범성(Banality of Evil)을 언급하며, 그 원인으로 '생각 없음(thoughtless)'을 지적하였다. 특히 정치 철학자로서 아렌트는 소크라테스의 죽음 이후, 서구 철학의 전통은 철학과 정치를 스스로 분리시킴으로써 소크라테스가 실천했던 사회적 역할, 즉 사회 구성원들이 스스로 생각하도록 유도하는 산파적 기능을 외면하였다고 진단하였다. 이러한 아렌트의 논조를 염두에 두고 진솔하게 우리 자신과 지금의 현실을 대면시켜 보자. 어떤 연유에서든 우리는 우리의 기준을 잃어버리고 유럽에 의해 '날조된' 세계사를 '생각 없이' 받아들임으로써 그들의 관점을 지금까지 비호해 왔다는 부끄러운 사실과 직면하게 될 것이다.

아담과 하와는 유럽인?

일찍이 학교에서 추호의 의심도 없이 달달 외웠던 이른바 인류 4대 문명의 발상지에 관한 기억을 떠올려 보자. 분명 우리는 중국의 황하 문명과 인도의 인더스 문명, 그리고 메소포타미아 문명과 이집트 문명을 인류의 4대 문명이라고 배웠다. 그렇다면 메소아메리카 문명과 안데스 문명은 무엇일까?

안타깝지만 역사는 언제나 승자의 입장에서 기술되어 왔다. 부인할 수 없는 사실은 아프리카와 중남미를 수탈한 결과, 세계의 변방이었던 유럽이 18세기 이후 세계의 절대 강자로 군림하게 되었다는 것이다. 이에 대해 안드레 군더 프랑크(Ander Gunder Frank, 1906~1975)는 『리오리엔트(ReORIENT : Global Economy in the Asian Age, 1998)』에서 다음과 같이 말한다.

> "유럽이 아메리카에서의 착취를 통해 얻은 은으로 아시아 경제라고 하는 열차의 3등 칸에 달랑 표 한 장을 끊어 올라탔다가 얼마 뒤 객차를 통째로 빌리더니 19세기에 들어서는 아시아인을 열차에서 몰아내고 주인 행세를 하는 데 성공했다."

그런 그들이 절대 강자로 등극하자마자 이내 세계를 유럽과 비유럽으로 이분화했다. 그러고는 진리와 자유를 갈망하는 유럽은 언제나 합리적이고 이성적일 뿐만 아니라 순수한 도덕성을 추구하는 존재로 미화시킨 반면, 비유럽 지역은 역사적 사실과 무관하게 폄하시키는 작업에 치중하게 된다. 마치 레온 페스팅거(Leon Festinger, 1919~1989)가 주장한 "인간은 합리적인 존재가 아니라 합리화하는 존재다"라는 말을 증명이라도 하듯이 말이다.

그러나 그런 그들도 중국과 인도, 그리고 이집트만큼은 외면하기 힘들었던 것 같다. 고전 경제학의 창시자로 일컬어지는 아담 스미스(Adam Smith, 1723~1790)조차 "중국과 이집트, 그리고 인도는 세계의 어떤 나라들보다 부유하다. 그중에서도 특히 중국은 유럽의 어느 곳보다도 훨씬 부강한 나라다"라고 고백할 정도니 말이다. 하지만 유럽의 관점에선 찬란했던 이들의 문명도 과거에 머물 뿐이다. 결국 문명의 발상지를 '구상'함에 있어, 그들은 자신들의 뿌리라고 할 수 있는 메소포타미아에다가 당시 결코 무시할 수 없었던 중국과 인도, 그리고 이집트 문명을 덧붙인 후 자신들의 모든 지식을 총동원하여 '4대 문명'의 정당성을 부여한 것인지도 모른다.

메소포타미아가 자신들의 뿌리가 된 것도 313년 밀라노칙령에 의해 기독교가 공인된 이후, 기독교를 받아들인 유럽이 자신들을 아브라함의 자손이라고 믿었기 때문이며, 아브라함의 고향이 바로 메소포타미아 지역이었기 때문은 아니었을까? 해방 철학의 창시자인 엔리케 두셀(Enrique Dussel, 1934~)은 『1492년 타자의 은폐: '근대성 신화'의 기원을 찾아서(1492: El encubrimiento del Otro. Hacia el origen del "mito de la Modernidad", 1992)』에서 이들은 아담과 이브까지도 유럽인으로 여겼다고 지적하고 있다. 참고로, 언어적으로 볼 때 유럽은 그리스어와 라틴어로부터 파생된 6개의 제국 언어인 스페인어, 포르투갈어, 프랑스어, 영어, 독일어, 이탈리아어를 사용하는 지역을 일컫는다.

PART

7

Panamá

운하의 나라, 파나마

(7박 8일)

대서양과 태평양을 연결하는 교통의 요지이자 세계 해운 무역의 허브 역할을 하는 파나마운하를 가진 파나마. 이러한 파나마에는 사람들에게 잘 알려지지 않은 아름다운 산블라스 군도가 있다. 에메랄드 빛 보석을 카리브해에 흩뿌려 놓은 듯한 378개의 산호섬들로 이루어진 산블라스 군도와 마주할 때면 이율배반적일 뿐만 아니라 비현실적인 느낌에 감탄사가 절로 나온다.

Root-파나마

파나마시티 →파나마운하 →산블라스 군도 →뿌에르또 오발디아

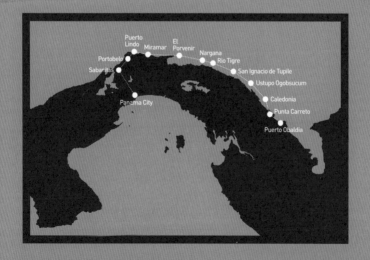

치킨버스와 저상버스가 공존하는 파나마시티

너무 피곤해서 한숨 자고 일어났더니 오전 10시가 넘어 버렸다. 아네테와 라우라는 씻지도 않고 짐만 정리해 놓고 바로 나갔나 보다. 21살이라는 이들의 젊음과 북유럽 출신이라는 건장함 앞에 절로 머리를 숙이게 된다.

오늘의 일정은 교과서에서만 접했던 파나마운하엘 들르는 것. 여행 책자에 의하면 새벽에 내렸던 알브루크 터미널로 다시 가서 버스를 타야 한다고 적혀 있다. 방문을 열고 나오자 젊은 직원이 깍듯하게 인사를 건넨다. 파나마에서 콜롬비아로 넘어갈 때, 비행기가 아닌 배를 이용해 산블라스를 거쳐 가기로 마음을 굳혔기에 직원에게 교통편을 물었다. 직원이 이내 난감한 표정을 짓더니 정확한 정보를 확인해서 나중에 알려 주겠단다. 고맙다는 말을 남기고 숙소를 나섰다.

1980년대 명동거리의 느낌이 물씬 풍기는 중앙로Av. Central를 따라 5월5일광장Plaza Cinco de Mayo에 도착하자 예상치 못한 저상버스가 부드럽게 미끄러져 들어온다. 한국의 저상버스가 색깔만 흰색 바탕에 주황색으로 바뀌었다. 마침 알브루크 행 버스다. 호주머니에서 차비를 꺼내 올라타려는데 안 된단다. 버스카드가 없으면 낡고 비좁은 치킨버스를 타야 된다고 일러 준다. 하는 수 없이 버스에서 내리려고 하자 그런 내가 애처로웠는지 버스기사

까스꼬 비에호와
5월5일광장을 연결하는
보행자 전용 도로인 중앙로.

치킨버스와 저상버스가
공존하는 파나마시티.
단, 저상버스는
버스카드가 있어야 탈 수 있다.

구시가지의 관문인
5월5일광장.
명성에 비해 낙후되고
썰렁하게 느껴졌다.

가 자기 카드를 꺼내 단말기에 갖다 대더니 들어가란다. 대신 차비는 현금으로 버스기사에게 줬다. 창밖으로 노후한 치킨버스가 소음과 함께 시꺼먼 매연을 뿜어내며 스쳐 지나간다.

매연과 경적소리에 뒤덮인 도심 사이로 치킨버스와 저상버스가 공존하는 파나마시티. 그 중심가에서 그리 멀지 않은 곳에 알브루크 터미널이 쇼핑몰과 함께 위치해 있다. 지나가는 사람에게 파나마운하로 가는 교통편을 물었더니 택시를 타면 된다는 너무나 지당한 말씀을 하신다. 마침 띠까 버스사무실 옆으로 인포가 보여 직원에게 물었더니 12번 출구로 가서 버스를 타라고 일러준다. 직원이 설명한 길을 따라 푸드코트가 있는 터미널 끝까지 가 보았지만 11번 출구가 마지막이다. 한참을 헤매다가 푸드코트 인근 버거킹 옆으로 출구 번호조차 없는 샛길을 하나 발견했다. 혹시나 하는 맘에 그 길을 따라 나가 봤더니 출구 바깥쪽 오른편으로 12번 출구가 숨어 있다. 때마침 파나마운하의 첫 번째 수문인 미라플로레스Miraflores로 가는 버스가 오후 1시에 있어 터미널 이용료 10센트를 별도로 지불하고 몸을 실었다.

택시를 이용해도 기본요금이면 넉넉히 도착할 거리에 위치한 미라플로레스. 버스에서 내려 건너편 길을 따라 쭉 안으로 들어가자 큰 건물이 하나 보인다. 운하를 보려면 높은 곳으로 올라가는 게 상책인지라 입장료를 내고 곧장 전망대로 올라갔다. 마침 자그마한 요트 두 척이 운하를 지나가고 있다. 30분 정도 기다리

한 건물에 버스터미널과
쇼핑몰이 있는 복합 건물.
건물 중앙에 위치한
쇼핑몰과
터미널 끝에 위치한
푸드 코드는
항상 많은 사람들로
넘쳐난다.

파나마운하를
가기 위해 다시 찾은
알브루크 버스터미널.
중심가에서 그리
멀지 않은 곳에
위치해 있다.

책으로만 봤던 파나마운하.
파나마운하의 첫 번째 수문인 미라플로레스를
작은 요트 두 척과 대형 화물선이 지나가고 있다.

면 큰 배가 들어온다는 걸 확인하고는 건물 내에 위치한 기념품 가게에 잠시 들렀다가 시간 맞춰 다시 전망대로 돌아왔다.

때마침 대형 화물선이 천천히 수문을 통과하고 있다. 배가 한 번 통과할 때마다 대구 시민의 하루 식수 총량에 버금가는 약 5200만 갤런(약 1억 9700만 리터)의 물이 사용된다고 한다. 안내 책자에 의하면 하루에 40척 정도의 배가 통과하는데 그 비용은 선박의 무게에 따라 달리 책정된단다. 재밌는 사실은 이 기준을 근거로 미국의 리차드 핼리버튼Richard Halliburton이라는 사람이 1928년 수영으로 파나마 운하를 통과하면서 36센트를 냈다는 기록도 있다.

미국, 결국 파나마운하를 선택했다

파나마는 스페인 식민지 시절부터 수송의 중심지로 발전해 왔다. 광활한 아메리카 대륙의 지도를 펼쳐 놓고 보면 가느다란 띠같이 생겨, 아메리카의 남과 북을 잇고 있는 누운 S자 모양의 나라가 바로 파나마다. 이러한 파나마가 번영을 구가하게 된 것은 1848년 미국이 멕시코에게 '빼앗은' 캘리포니아에서 황금이 발견되면서부터다.

캘리포니아의 황금 소식은 '길가에 차이는 돌을 집어 보니 황금이고, 금을 캐는 광부들이 모이는 선술집 마루만 쓸어도 주머니 가득 금가루를 채운다'는 과장된 소문으로 포장되어 꼬리에 꼬리를 물고 퍼져 나갔다. 너도나도 일확천금을 꿈꾸며 서부로 몰려드는 사람들로 인해 캘리포니아는 순식간에 골드러시Gold Rush로 들끓었다.[1] 하지만 많은 사람들이 험난한 북미 대륙을 직접 가로지르기보다는 상대적으로 안전한 파나마 노정을 선호했기 때문에 파나마에는 황금의 땅, 기회의 땅으로 가려는 뜨내기들로 넘쳐났다.[2]

물밀듯이 밀려드는 사람들을 감당하기 위해 급기야 미국의 자금으로 1855년 파나마 철도가 개통되면서 더 많은 사람들이 뉴욕 항에서 배를 타고 파나마로 내려왔다. 이들은 파나마의 꼴론Colón에 도착해서 철도를 이용해 파나마시티로 이동한 후, 다시 배를 타고 캘리포니아의 샌프란시스코 항으로 들어갔다.

이후 1869년에 북미 대륙을 가로지르는 대륙횡단철도가 등장했다. 하지만 이내 포화상태에 달하자 태평양과 대서양을 잇는 운하의 필요성은 더욱 절실해졌다. 결국 192km의 수에즈운하를 완공시킨 프랑스가 1881년 파나마운하 건설에 뛰어 들게 된다.

---

1   기존에 1만 5000명에 불과했던 캘리포니아의 인구는 골드러시로 인해 1849년에는 10만 명, 1852년에는 무려 25만 명으로 불어났다. 유독 1849년에 그 수가 많아서 황금을 찾아 캘리포니아로 몰려든 사람을 49ers(Forty niners)라고 부른다.

2   파나마 노선 외에도 뉴욕 항에서 증기선을 타고 산후안 데 니카라과(San Juan de Nicaragua)로 내려가서 작은 배로 산후안 강과 니카라과 호수를 지나 육로로 산후안 델 수르(San juan del Sur)까지 이동한 뒤, 다시 배편으로 캘리포니아의 샌프란시스코 항으로 가는 니카라과 노선도 있었다.

하지만 파나마운하는 모래땅을 파 지중해와 홍해를 연결시킨 수평식 수에즈운하와는 차원이 달랐다. 80km 남짓한 길이의 파나마운하는 암반투성이의 지질에다가 높낮이의 차이로 인해 운하를 계단식으로 만들어 배를 끌어올렸다가 다시 끌어내리는 계단형 갑문식 설계를 해야 했다. 뒤늦게 기존 계획을 변경했지만 기술력의 부재, 황열병과 말라리아와 같은 전염병의 발생, 부정부패와 자금 부족으로 프랑스는 1889년에 결국 운하 건설을 포기하게 된다.

한편 1898년 스페인과의 전쟁을 통해 태평양과 대서양을 잇는 단축 항로의 필요성을 절감한 미국이 본격적으로 운하 건설을 계획하게 된다. 이미 프랑스의 실패를 직접 목도한 미국으로서는 파나마운하보다 지리적으로 가까운 니카라과운하 쪽에 무게 중심이 쏠려 있었다. 파나마운하에 대한 이권을 갖고 있던 사업가들이 파나마운하가 니카라과운하보다 수로 길이도 짧고 그동안 프랑스가 진행시켜 놓은 것들이 있어 공사기간을 단축시킬 수 있다며 미국 의회를 전방위로 공략했지만 대세를 바꾸지는 못했다.

그러던 어느 날, 결정적인 반전이 일어난다. 파나마운하의 이권을 갖고 있던 프랑스 운하 기술자 뷔노 바리야Philippe Bunau-Varilla가 모모뜸보Momotombo 화산이 폭발하는 모습이 그려진 니카라과 정부의 5쎈따보스centavos짜리 우표와 '니카라과는 화산활동이 빈번한 지역이므로 운하는 파나마에 건설하는 것이 옳다'는 내용의 편지를 상원의원들에게 발송한 후, 여론전을 펼친 것이다. 결국 미국 상원은 파나마운하 쪽으로 입장을 선회하게 된다.

파나마운하와 함께 시작된 파나마의 역사

1821년, 스페인으로부터 독립한 파나마 지역은 당시 콜롬비아의 영토였다. 미국은 파나마운하를 99년간 임대하기 위해 일시불 1000만 달러에 매년 25만 달러의 사용료를 지불하는 조건으로 콜롬비아와 조약을 체결하려 했다. 하지만 콜롬비아 의회는 미국의 오만함과 자국에 불리하다는 이유로 비준을 거부했다. 그러자 미국은 파나마 분리주의자들을 부추겨 1903년 파나마의 독립을 이끌어낸 후, 99년이 아닌 영구 소유권을 골자로 하는 조약을 파나마 정부와 맺어 버린다. 결국 미국에 의해 재개된 운하 공사는 2만 7500여 명의 노동자들이 공사 중에 목숨을 잃는 우여곡절 끝에 1914년 8월 15일 완공되었다. 이때부터 미국은 해상의 주도권을 거머쥐며 막대한 이윤을 누리게 된다.[3]

그러나 파나마의 입장에서 볼 때, 파나마운하의 개통은 굴욕적인 역사의 시작이었다. 급기야 1964년 1월, 파나마운하의 국유화를 요구하는 파나마 학생들과 운하 주둔 미군과의 유혈사태

3　선박이 뉴욕에서 출발해 샌프란시스코에 도착하려면 기존에는 남미의 끝을 돌아 2만 2500km를 항해해야 했다. 하지만 파나마운하가 개통되면서 1만 3000km가 단축되어 9500km만 운항하면 도달할 수 있게 되었다.

가 발생하면서 일시적으로 외교관계가 단절되는 등 주권 회복 운동의 열기가 점차 커져 갔다. 하지만 무역통상의 핵심 요충지 인 파나마운하를 반환할 경우, 경제는 물론이거니와 안보상 심 각한 위기를 초래할 수 있다는 우려로 인해 미국은 이를 받아들 이지 않았다. 그러다가 지미 카터가 대통령으로 당선된 직후인 1977년, 인권과 도덕 외교를 표방한 카터 행정부가 파나마와 신 조약Tratados Torrijos-Carter을 체결하면서 1999년 12월 31일까지 파나 마운하를 반환키로 약속하게 된다.[4]

물론 신조약 체결 이후에도 미국은 파나마에 대한 지배권을 놓지 않으려고 했다. 한 예로 1985년 이후 실권을 잡은 노리에가 Manuel Noriega 장군이 반미민족주의노선을 표방하자, 미국 부시 행 정부는 아예 파나마 정권을 무너뜨리는 만행을 저질렀다. 1989 년 12월 '정당한 명분 작전Operation Just Cause'이라는 이름하에 2만 명이 넘는 지상 병력과 막대한 공군력을 동원해 노리에가 정권 을 전복시키고, 그를 미국의 마이애미로 잡아가 '국제 마약 사 범'이라는 명목으로 종신형에 처한 것이다. 주권국가에 대한 후 안무치한 행동임은 두말할 나위도 없다.

우여곡절 끝에 파나마운하는 1999년 12월 31일 정오를 기점 으로 드디어 파나마 소유로 넘어왔다. 현재 파나마 정부가 운하

---

4   당시 지미 카터 대통령은 베트남전쟁의 비극과 파나마운하의 존재를 연결시 켜 파나마운하를 맹목적 애국주의, 과도한 개입 정책, 미국적 이상의 왜곡을 상징 하는 기념물로 간주했다.

를 통해 거둬들이고 있는 수입은 파나마 국내총생산GDP의 15%
에 육박하고 있다고 한다.

길지 않은 파나마의 역사를 되돌아볼 때, 파나마는 운하로 인
해 탄생한 국가임과 동시에 이들의 역사는 미국으로부터 운하를
돌려받기 위한 투쟁의 역사였다고 해도 과언이 아닐 듯하다. 게
다가 파나마 정부는 한계에 달한 운하의 물동량 처리 능력을 높
이기 위해 2007년, 54억 달러를 투입하여 2016년 6월 26일 파나
마운하를 확장 개통하였다. 이제 파나마운하는 명실상부한 이들
의 미래가 되어 가고 있는 것이다.[5]

파나마운하를 뒤로 하고 다시 버스를 타기 위해 큰 도로로 나
왔지만 언제 버스가 올지 도무지 알 수가 없다. 마치 한국 시골
의 버스 정류소처럼 어떠한 정보도 버스 정류소에 기재되어 있
지 않았다. 문득 파나마시티에서 본 저상버스가 생각났다. 저상
버스의 진가는 버스가 정차할 때, 버스 정류소의 보도 턱과 버스
가 평행을 이루게 연결시켜 주는 데 있다. 유모차를 끌고 나온
부모나 보행에 불편한 분들이 계단을 올라야 하는 수고로움 없
이 손쉽게 버스를 이용하도록 돕는 것이다. 하지만 이곳 저상버

---

5   파나마운하 확장 이후, 통과 가능한 선박의 최대 규모는 기존의 파나맥스급
(길이 294.1m, 폭 32.3m)에서 네오 – 파나맥스급(길이 366m, 폭 49m)으로 확대되었
다. 이에 따라 적재 가능한 길이 20ft(약 6m) 컨테이너박스 개수도 과거 5000개에
서 최대 1만 4000개로 급증하였다.

스는 한국과 마찬가지로 보도 턱을 전혀 염두에 두지 않고 정차를 해댄다. 이럴 거라면 굳이 일반버스의 두 배 가격인 저상버스를 재정적 부담을 감수해 가며 무리하게 배치한 이유가 무엇일까 하는 의구심이 들었다.

짧은 생각이지만 차라리 매연방지용 보조 장치를 장착한 일반버스를 배차시키고, 그 차액으로 버스 정류소에 필요한 편의시설과 노선표를 설치하여 승객의 편리를 도모하는 것이 현실적으로 더 낫지 않을까?

혼자 쓸데없는 생각에 몰두해 있다가 혹시나 하는 맘으로 히치하이킹을 시도했더니 이내 지나가던 차가 멈춰 선다. 운하에서 근무하는 분인데 퇴근길이란다. 덕분에 편하게 알브루크로 되돌아오게 되었다. 익숙한 건물이 가까워지자 즐비하게 늘어선 노란색 택시들이 눈에 띈다. 아무래도 산호세의 빨간색 택시보다 친근하게 느껴지는 건 한국에서 봐 왔던 익숙함 때문인 듯했다.

숙소로 돌아오는 길에 5월5일광장 인근 슈퍼엘 잠시 들렀더니 마침 아네테와 라우라가 장을 보고 있다. 오늘 하루 있었던 일들을 중심으로 함께 수다를 떨며 숙소로 돌아와서는 내일 일정 이야기를 나누었다. 아쉽게도 아네테와 라우라는 내일 아침 일찍 이곳을 떠날 예정이란다. 덩달아 내 마음도 부산해졌다. 잠시 고민을 하다가 내일 아침에 까스꼬 비에호만 잠시 들렀다가 콜롬비아 행 배편을 알아보고 바로 움직이기로 했다.

알브루크
버스터미널 앞에서
손님을 기다리고 있는
노란색 택시들.

5월5일광장 인근의
간이 이발소. 간판에는
초고속 이발(Speed Barber)이라고
적혀 있다.

중미 여행 중에 현지인들과 마주할 때면 보통 나를 보고 치노 Chino, 중국인냐고 묻는다. 아니라고 대답하면 그 다음으로 나오는 말이 하뽀네스Japonés, 일본인다. 그것도 아니라고 말하면 꼬레아노 Coreano, 한국인냐고 묻기도 하고 갸우뚱거리기도 하는데, 오늘은 두 번씩이나 대뜸 필리삐노Filipino, 필리핀인냐고 묻는다. 배낭을 둘러메고 집을 나설 때만 해도 말끔했는데 여기저기서 여행의 흔적들이 나의 게으름과 어우러져 묻어나는 모양이다. 그렇다고 필리삐노 는 좀 심하지 않나? 물론 필리핀을 경시해서 하는 말은 아니다.

하얀 건물에 주황색 지붕이 아름다운 까스꼬 비에호

이른 아침, 리셉션 구석에서 컴퓨터를 붙들고 앉아 있는데 아네테와 라우라가 무거운 배낭을 메고 나온다. 함께 사진을 찍자고 해서 짧은 추억을 카메라에 저장한 후, 석별의 아쉬움을 포옹으로 달랜다. 여행은 시간이라는 틀에 구애받지 않고 사람 간의 관계를 친밀하게 이끄는 매력이 있는 듯하다. 아마도 자본주의라는 격식에서 벗어난 인간 본연의 감정이 우연과 인연이라는 이름하에 낯선 곳에서 여행자로 엮이면서 일어나는 자연스러운 현상이지 않을까?

다시 혼자가 된 나. 배편에 대한 정보를 알아봐 주기로 한 직원이 오전 8시 30분에 출근한다기에 컴퓨터를 잠시 덮어두고 까스꼬 비에호로 향했다.

프란씨아 광장에서 바라본 까스꼬 비에호.
까스꼬 비에호는 1673년에 세워진 도시로, 삼면이 벽으로 둘러싸여 있다.

이해를 돕기 위해 잠시 언급하자면, 스페인 식민지 시절의 유적지 중 파나마시티에서 가장 오래된 지역은 빠나마 비에호Panamá Viejo다. 이곳은 중남미에서 노획된 약탈품들을 스페인으로 보내기 위해 1519년에 건설된 곳이다.[6] 당시 빠나마 비에호는 누에바에스빠냐 부왕령의 수도인 멕시코시티와 뻬루 부왕령의 수도인 리마와 함께 중남미에서 가장 부유한 도시였다. 하지만 1671년 영국의 '해적'[7] 헨리모건Henry Morgan에게 함락당하는 비운을 맞이한다. 정확히 말하자면 스페인 군대가 물러나면서 스스로 빠나마 비에호의 화약고를 폭파한 것이 멸망의 직접적인 원인이었다.[8]

그 후 스페인 군대는 빠나마 비에호에서 약 8km 떨어진 산펠리뻬San Felipe 지역에 1673년 새롭게 도시를 재건하게 되는데, 바로 그곳이 까스꼬 비에호인 것이다. 삼면이 벽으로 둘러싸여 있고, 나머지 한 면도 바다로 막혀 있는 까스꼬 비에호는 당시의

6　빠나마 비에호로 들어온 약탈품들은 원주민들의 어깨에 지워져 카리브해의 뽀르또벨로(Portobelo)로 보내진 후, 다시 배에 실려 스페인의 까디스(Cádiz)로 보내졌다.

7　통상적으로 해적이라고 하면 사적 목적을 위해 선박을 약탈하고 폭행을 자행하는 자를 일컫는다. 하지만 17~18세기의 해적(Corsario)은 자국의 용인하에 해상이나 해안에서 소규모의 게릴라전(일명 꼬르사리오 전투)을 펼쳐 적에게 손해를 입히고 자신들은 경제적 이익을 획득했던 자들을 일컫는다.

8　아메리카에서 수탈한 은이 유럽으로 유입되어 유럽 자본주의 발전에 밑거름이 되었다. 하지만 스페인의 경우, 그러한 은이 자본의 원시적 축적을 통한 산업화의 기반으로 사용되지 않고 귀족계급의 사치와 왕실의 제국주의 전선 확대를 위한 경비로 충당되었다. 결국 아메리카의 부는 스페인을 거쳐 영국, 프랑스, 네덜란드 등으로 모두 빠져 나가 결과적으로 이들을 부강케 했다.

모습이 잘 보존되어 있어 파나마시티를 방문하는 여행객이라면 파나마운하와 함께 꼭 들러볼 만한 곳이다.

보행자 전용도로인 중앙로를 따라 가벼운 발걸음으로 구시가지의 심장이라 할 수 있는 독립광장Plaza de la Indipendencia을 거쳐 태평양과 마주한 프란씨아 광장Plaza de Francia으로 향했다. 이곳에서 까스꼬 비에호를 멀리서 찍으면 유럽 느낌이 물씬 풍기는 하얀 건물에 주황색 지붕의 예쁜 풍광 사진을 얻을 수 있다.

다시 발걸음을 돌려 볼리바르 공원Parque Bolivar 옆 산프란씨스꼬 교회Iglesia de San Francisco에 이르자 반대편으로 마천루가 즐비한 다운타운이 그 위용을 드러낸다. 멕시코시티와 깐꾼에서도 빌딩들을 보긴 했지만 홍콩의 느낌이 묻어나기는 이번이 처음이다. 물론 뒷골목에는 중미 특유의 빈민가가 상존해 있지만, 간만에 만난 도시라는 느낌이 그리 나쁘지만은 않았다. 마지막으로 예배가 한창 진행 중인 산호세 교회Iglesia de San Jose엘 잠시 들렀다가 숙소로 돌아왔다.

숙소 리셉션으로 들어서자, 기다리던 직원이 "부에노스 디아스"라고 경쾌한 목소리로 아침 인사를 건넨다. 나름의 방법을 찾은 듯, 그의 똘망똘망한 눈빛과 목소리에서 자신감이 묻어난다.

"뽀르또벨로Portobelo에서 출발하는 2박 3일이나 4박 5일 여정의 콜롬비아 행 요트투어를 신청해서 산블라스의 아름다운 산호섬

까스꼬 비에호의 산프란씨스꼬 교회에서 바라본 파나마시티의 다운타운.
홍콩의 마천루를 연상시킨다.

산호세 교회의
황금 제단(Altar de Oro).
교회에서는 한참 예배가
진행되고 있었다.

들을 즐기며 콜롬비아로 내려가는 것이 일반적인 방법이라고 하네요. 다른 호텔에선 예약을 받는다고도 하는데 아쉽게도 저희 호텔에는 예약 시스템이 없어요. 아무래도 뽀르또벨로로 직접 가서 예약하는 게 더 저렴할 거예요. 만약 산블라스만 들른 후, 파나마시티에서 비행기를 이용하려고 한다면 파나마시티에서 출발하는 2박 3일 여정의 산블라스 투어에 참여하면 된답니다. 이건 팁이에요."

요트투어의 시발점, 뽀르또벨로로 가는 길

직원의 설명에서 2박 3일 요트투어가 뇌리에 꽂혔다. 고맙다는 인사와 함께 배낭을 둘러메고 숙소를 나섰다. 일단 알브루크로 가야했기에 5월5일광장으로 향했다. 무거운 배낭도 있고 해서 새침한 저상버스를 타려고 시도하다가 두세 번 연속으로 튕겼다. 버스카드가 없다는 이유에서였다. 선택의 여지없이 언제나 웰컴을 외쳐 대는 치킨버스에 올랐다.

도심을 에워싸고 있는 매연과 시도 때도 없이 울려대는 경적 소리를 벗 삼아 알브루크 터미널에 도착하자마자 뽀르또벨로로 가는 방법부터 확인해 본다. 일단 카리브해 연안에 위치한 자유무역 도시 꼴론 행 버스를 타고 가다가 사바니따스Sabanitas에서 내려 뽀르또벨로 행 버스로 환승해야 한다.

꼴론 행 17번 시외버스.
뽀르또벨로로 가려면 사바니따스에서
내려 환승해야 한다.

사바니따스의 레이슈퍼 앞에서
버스를 기다리는 사람들.

현재 시각 낮 12시 40분. 인포로 가서 꼴론 행 버스가 몇 시에 있냐고 물었더니 오후 3시라는 답변이 돌아온다. 혹시나 해서 꼴론이 아니라 뽀르또벨로로 가려고 한다고 말하자 직원 중 한 명이 자기를 따라오란다. 그러고는 주차해 있는 많은 버스들 중 하나를 지목하더니 저 차를 타라고 일러 준다. 오후 1시에 출발하는 꼴론 행 버스였다. 꼴론? 분명 인포에서는 오후 3시라고 했는데…. 머릿속에선 물음표들이 떠올랐지만 일단 탔다는데 의미를 두고 빈자리를 찾아 앉았다. 이윽고 버스가 묵직한 시동을 건다.

버스에 오른 지 50분 정도 지나자 파나마시티에서 약 61km 떨어진 사바니따스의 레이슈퍼El Rey Supermarket 앞에 도착했다. 규모

요란한 소리를 내며 도착한
뽀르또벨로 행 치킨버스.
치킨버스는 30분 간격으로 출발한다.

가 꽤 큰 슈퍼 앞은 많은 사람들로 북적였다. 설마 이 모든 사람들이 다 뽀르또벨로 행 버스를 기다리는 건 아닐 거라고 생각하며 그들에게로 다가섰다. 마침 배낭여행자로 보이는 친구가 시야에 잡힌다. 옆으로 다가가 말을 걸었더니 자신도 지금 뽀르또벨로로 가기 위해 버스를 기다리고 있단다. 캐나다 출신의 에어론이다.

뽀르또벨로를 가는 여행자라면 십중팔구가 요트투어를 통해 콜롬비아로 내려가는 것이 그 목적이다. 에어론에게 앞으로의 여행 일정을 묻자, 2월 22일에 출발하는 4박 5일 여정의 콜롬비아 까르따헤나 데 인디아스^{Cartagena de Indias, 이하 까르따헤나}[9] 행 요트를 490달러에 예약했단다. 에어론에게서 여러 가지 정보들을 얻고 있는데 30분마다 도착하는 뽀르또벨로 행 치킨버스가 주위의 모든 소리를 압도하며 다가온다.

---

9   스페인의 항구도시인 까르따헤나의 이름을 딴 도시로, 스페인의 도시와 구별하기 위해 뒤에 인디아스(Indias)를 추가하였다. 카리브해 연안에 위치한 콜롬비아 북부의 항구도시로서 볼리바르 주(Departamento de Bolívar)의 주도이자 콜롬비아의 주요 관광지 중 한 곳이기도 하다. 파나마에서 까르따헤나로 가기 위해서는 카리브해 남단을 건너야 한다.

버스는 이미 만차였지만 사람들은 이에 아랑곳하지 않고 익숙하게 자신들의 몸을 차곡차곡 욱여넣었다. 더 기다려 봤자 상황이 달라질 것 같지 않다는 판단하에 앞뒤로 배낭을 걸친 채 나도 그들 속으로 비집고 들어갔다. 왕년의 학창시절, 이런 분야에선 나름 일가견이 있었기에 한 치의 망설임도 없었다. 하지만 곱디곱게 자란 에어론은 꾸역꾸역 승객들 사이를 파고드는 나의 행동을 신기한 듯 쳐다만 보고 있다가 결국 버스에 오르지 못했다. 간신히 문을 닫은 버스가 이내 움직이기 시작했다. 창밖으로 나를 향해 손을 흔들고 있는 에어론이 시야에 잡힌다. 무리 속에서 가까스로 팔을 빼내어 에어론에게 잠시 손을 흔들고는 비좁은 공간 안으로 밀치고 들어가 겨우 자리를 잡았다. 그 와중에도 엄마 품에서 새근새근 잠자고 있는 귀여운 아기가 있다.

발 디딜 틈도 없이 빼곡한
뿌르또벨로 행 치킨버스 내부와
그 와중에도 엄마 품에서 잠든 아기.
그래 세상 뭐 별 거 있나.

끄리스또발 꼴론의 작은 어촌, 뽀르또벨로

사바니따스에서 36km 떨어진 뽀르또벨로까지는 한 시간 정도가
소요되었다. 에어론과 만나기로 한 숙소를 물어물어 찾아갔더니
도미토리 1박에 11달러, 인터넷 사용료가 하루에 3달러, 로커나
수건 사용료도 각각 하루에 1달러씩이다. 좀 야박하다는 생각이
들었지만 오는 길에 들른 호텔이라는 간판을 달고 있는 숙소들과
비교하면 그나마 양호한 편이어서 선택의 여지가 없었다.

 일단 짐을 풀고 숙소 주인장인 잭에게 콜롬비아 행 배편을 물
었더니 22일에 출발하는 4박5일 여정의 배는 이미 예약이 끝났
다며, 자기 친구에게 다른 배편이 있는지 알아봐 주겠단다. 때마
침 에어론이 웃으며 올라온다. 그의 흐트러진 머리카락과 옷매

뽀르또벨로에서 묵었던 숙소
(Captain Jack's Hostel)의 라운지.
캡틴 잭이라고 불리는
숙소 주인장이 무선으로
요트들과 통신을 시도하고 있다.

무새를 보자 웃음이 나왔다. 버스에서의 한바탕 전쟁이 온몸으로 전해졌다. 에어론과 하이파이브를 한 후, 마을을 둘러보기 위해 홀로 숙소를 나섰다.

1502년, 네 번째 항해에 나선 끄리스또발 꼴론이 이곳에 도착해서 마을의 이름을 '아름다운 항구'라는 뜻의 뽀르또벨로로 지었다고 한다. 두 개의 도로가 중심축으로 이루어져 있는 작은 어촌 뽀르또벨로에서 들러볼 만한 곳으로는 17~18세기에 지어진 산헤로니모 요새Fuerte San Jeronimo와 18세기에 새로운 방어 시스템으로 구축된 산띠아고 요새Fuerte Santiago인 듯했다. 이들 요새는 1588년 깔라이스Calais, 칼레 해전에서 스페인의 '무적함대'가 영국 해군에 의해 격파된 후, 중남미에서도 영국과 프랑스 등으로부터 강력한 도전에 직면한 스페인이 이들을 방어하기 위해 만든 것이다.

산띠아고 요새 뒤로
미국과 유럽인이 소유한
요트들이 카리브해를
장악하고 있다.

산헤로니모 요새의 고즈넉함이 화창한 하늘과 푸르른 카리브해와 어우러지면서 뽀르또벨로만의 독특한 풍광을 자아내고 있다.

당시의 흔적을 고스란히 머금고 있는 포와 요새의 고즈넉함이 화창한 하늘과 푸르른 카리브해와 어우러져 뽀르또벨로만의 독특한 풍광을 선사한다. 하지만 바다 위를 장악한 요트들 대부분이 미국이나 유럽인들의 소유라는 말에 마음이 살짝 불편해졌다.

이내 출출함이 느껴져 인근 슈퍼로 향했다. 슈퍼 주인이 나를 보자마자 중국말로 인사를 건넨다. 나중에 확인한 사실이지만 이곳 뽀르또벨로에 있는 슈퍼들은 죄다 중국인 소유라고 한다. 19세기 파나마 철도 건설을 위해 유입된 중국인들이 자신들만의 유통망을 구축해 꽤 성공적으로 파나마에 정착한 듯하다.

숙소로 돌아왔더니 잭이 또 다른 정보를 들고 왔다. 22일에 콜롬비아로 떠나는 배가 한 대 더 있긴 한데 이 배도 4박 5일 여정에 가격이 535달러란다. 왜 투어 비용이 더 비싸냐고 묻자 요트 상태에 따라 가격이 조금씩 달라진단다. 콜롬비아까지 1박 2일이면 충분한 거리를 산블라스의 섬들을 전전하며 4박 5일 동안 지낸다는 게 썩 내키지 않았다. 혹시 2박 3일 여정의 배는 없냐고 잭에게 다시 묻자, 그런 요트가 한 대 있긴 한데 지금 콜롬비아에 가 있단다. 잭이 내 어깨를 툭 치며 잘 생각해 보란다. 어떻게 해야 할까? 때마침 숙소의 인터넷 선에 문제가 생겨 인터넷도 되질 않는다.

콜롬비아 행 배편 찾아 삼만리

다음 날 아침, 다른 방법을 찾아보기로 했다. 마침 잭이 보여 산블라스 군도가 시작되는 엘 뽀르베니르El Porvenir로 가는 방법을 물었더니, 일단 버스를 타고 미라마르Miramar까지 가서 부정기적으로 운행되는 엘 뽀르베니르 행 란차를 타야 한단다. 하지만 그 란차라는 게 아무런 안전장치가 없기 때문에 권하고 싶은 생각이 전혀 없다고 덧붙인다. 고맙다는 말을 건네고는 일단 숙소를 빠져나왔다. 설마 방법이 없겠냐는 태평스런 생각이 다소나마

나의 조급함을 달래 주었다.

고진감래라고 했던가? 수소문 끝에 브라질 출신의 가브리엘이라는 친구가 아미고Amigo라는 요트로 콜롬비아를 오간다는 사실을 확인할 수 있었다. 바로 그 길로 그 친구가 잘 간다는 까피딴 모르간Capitán Morgan이라는 카페를 찾아 갔다. 하지만 아직 이른 시간이라 문이 닫혀 있다.

이른 아침, 발길 가는 대로 뽀르또벨로를 거닐어 본다. 1598년에 설립되었다는 뽀르또벨로 병원El Hospital de Portobelo이 눈에 띈다. 책자에 의하면 현재는 검은 그리스도의 박물관Museo del Christo Negro으로 사용되고 있단다.[10] 검은 그리스도? 이름에서 풍기는 묘한 호기심 때문에 들어가 보고 싶은 충동이 일었지만 때마침 파나마의 축제 기간이어서 휴관이다.

참고로, 2월에 열리는 파나마 축제는 기독교의 '재의 수요일 Miércoles de Ceniza' 직전 4일간 공식적으로 개최된다. 기독교 교회력에 따르면 예수의 부활 이전, 일요일을 뺀 40일간을 사순절四旬節이라고 한다. 사순절 기간 동안에는 예수가 광야에서 금식하며 고행한 것처럼 육식을 끊고 예수의 수난과 죽음을 묵상하게 된

---

10 기독교 신앙과 원주민의 토착 신앙이 혼교(混交)된 한 형태로, 뽀르또벨로에서는 해마다 10월에 검은 그리스도의 축제(Festival del Cristo Negro)가 성대하게 열린다.

다. 그중 재의 수요일은 사순절의 첫날을 일컫는데, 이날은 죽음을 상징하는 재를 머리에 얹고 우리 자신의 모습을 신앙적으로 되돌아보는 '참회의 날'이기도 하다. 그렇기에 사순절 기간을 앞두고 열리는 이 축제에서는 남아 있는 고기를 다 먹어 치우며 회포를 풀어 보자는 일탈과 향연의 의미가 포함되어 있다. 이것이 바로 까르나발Carnaval, 이하 카니발의 기원이기도 하다.[11]

오전 10시쯤 카페에 다시 들렀더니 문이 열려 있다. 한껏 기대를 안고 카페 안으로 들어섰지만 안타깝게도 가브리엘은 만나지 못했다. 대신 카페 주인장에게서 꽤 유용한 정보를 얻을 수 있었다. 똑같은 4박 5일의 여정이지만, 출발하는 인원이 4명만 되면 1인당 400달러에 내일이라도 당장 콜롬비아의 까르따헤나로 떠날 수 있다는 것이다. 22일까지 이틀을 더 기다릴 필요가 없다는 말에 살짝 귀가 솔깃해졌지만 지금 당장 어디서 3명을 모아 온단 말인가. 혹시나 하는 맘에 엘 뽀르베니르 애길 꺼냈더니 거기로 가면 까르따헤나 행 투어 비용이 좀 더 저렴하다고 알려 준다. 순간 엘 뽀르베니르로 가야겠다는 확신이 부드럽게 뇌리에 안착했다.

---

11 카니발의 어원은 라틴어로 '고기를 제거한다'는 뜻을 지닌 까르넴 레바레 (Carnem Levare)와 '고기와 작별을 고한다'는 까르네 발레(Carne Vale)에서 유래하였다. 하지만 '고기'를 뜻하는 caro와 '잔뜩 배불린다'는 뜻을 지닌 valens의 합성어라는 얘기도 있다.

라시드와 처음 만난
뿌르또벨로 버스 정류소.
우리는 의기투합하여
고생길에 함께 올랐다.

일단 엘 뽀르베니르로 가기 위해서는 미라마르로 가야 한다. 몇 시에 차가 있는지 확인하기 위해 어제 내렸던 버스 정류소로 갔더니 마침 알제리 출신의 라시드가 그곳에서 버스를 기다리고 있었다. 서로 인사를 나누며 얘기를 나누는데, 자기는 25일까지 콜롬비아 보고따에 도착해야 하기 때문에 22일까지 기다릴 수가 없어 지금 뿌에르또 린도Puerto Rindo로 가서 배편을 알아보려고 한단다. 미라마르를 거쳐 엘 뽀르베니르로 가는 게 더 낫지 않겠냐고 했더니, 그럼 뿌에르또 린도부터 들러 확인해 보고 배편이 없으면 엘 뽀르베니르로 가잖다. 혼자가 아니라는 게 이렇게 든든할 수 있을까? 숙소에 들러 배낭을 둘러메고 라시드와 함께 뿌에르또 린도 행 버스에 올랐다.

뿌에르또 린도에서의 굴욕

치킨버스인데도 버스 내부가 밝은 톤으로 꽤 아기자기하게 꾸며져 있다. 가만히 생각해 보니 이제껏 탔던 치킨버스들마다 운전기사의 취향에 따라 버스 내부가 달리 꾸며져 있었던 듯했다. 시원한 바닷바람을 맡으며 15분 정도 지났을까? 이내 갈림길El Cruce de Nombre de Dios이 나왔다. 왼쪽으로 가면 뿌에르또 린도가 나오고 오른쪽으로 가면 빨렌께Palenque 해변을 거쳐 미라마르가 나온다는 팻말이 보인다. 버스는 왼쪽으로 접어들어 10여 분 더 가더니 뿌에르또 린도에 멈춰 섰다.

마침 두 명의 여행자들이 보여 물었더니 자신들은 22일 출발에, 4박 5일 여정으로 450달러를 줬단다. 라시드가 안으로 들어가 직접 확인해 보고 나오더니 우리가 원하는 배가 없다고 얘길 한다. 이제 엘 뽀르베니르에 희망을 걸어야 할 차례, 미라마르 행 버스를 타기 위해서는 차를 타고 오면서 봤던 갈림길까지 다시 가야 한다. 하지만 무거운 배낭을 메고 푹푹 찌는 날씨와 벗하며 걷기에는 무리가 따를 듯해서 오후 1시에 도착한다는 버스를 기다리기로 했다.

뿌에르또 린도 행
치킨버스의 산뜻한 내부.
치킨버스는 기사의 취향에 따라
내부 모습이 달라진다.

뿌에르또 린도와 빨렌께로
갈라지는 갈림길.
내 여행의 갈림길이기도 했다.

정류소 인근에 조그마한 구멍가게가 보여 뭐가 있나 확인해 봤지만 아쉽게도 먹음직스러운 게 보이질 않는다. 만만해 보이는 아이스크림을 하나 주문했더니 임신한 여인이 수줍은 웃음과 함께 아이스크림을 푸짐하게 퍼서 건네준다. 그런데 의외로 아이스크림이 부드럽고 맛있다. 하나 더 시켜 먹었더니 나름 점심 한나절은 버틸 수 있을 듯했다.

다시 버스 정류소로 나오자 기괴한 옷을 입은 청년과 일행들이 도로를 점거하고 오는 차들을 가로막으며 돈을 뜯어내고 있다. 일명 삥을 뜯고 있는 것이다. 물론 카니발 기간에만 허용되는 행동이다. 분장한 옷이 재밌게 보여 옆으로 가서 이런저런 말을 붙여 봤더니 순박한 시골 동네 청년과 아이들이라는 것을 금방 확인할 수 있었다. 문득 나도 한 번 써 보고 싶다는 생각에 커

뿌에르또 린도에서 바라본 카리브해.
아쉽게도 뿌에르또 린도에서 출발하는 배편이 없어
발길을 돌려야 했다.

다란 탈을 잠시 빌렸지만 안타깝게도 들어가질 않는다. 옆에 있던 아이들이 박장대소를 하며 난리다. 그런 내가 안쓰러웠는지 그 청년이 다시 탈을 뒤집어쓰고는 나를 향해 포즈를 취해 준다. 사진을 찍으라는 배려다.

이윽고 버스가 도착했다. 라시드와 함께 다시 버스에 올라 갈림길까지 갔더니 정류소 인근 슈퍼에 앉아 있던 사람들이 미라마르 행 버스가 오후 2시 30분에 도착한다고 얘길 해 준다. 한참을 기다려야 했기에 갈림길 바로 옆에 위치한 피자가게로 들어가 라시드와 함께 익숙한 맛에 빠져 들려는 순간, 미라마르 행 버스가 도착했다. 사람들이 알려 준 시간보다 50분이나 일찍 도착한 것이다. 허둥지둥 정신없이 버스에 오르면서 2시 30분이라고 말해 줬던 이들을 향해 고함을 한 번 내질렀더니 모두가 재밌다고 껄껄대며 웃는다. 밉지 않은 그들의 모습에서 야릇한 정감이 느껴진다.

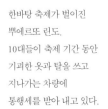

한바탕 축제가 벌어진
뿌에르또 린도.
10대들이 축제 기간 동안
기괴한 옷과 탈을 쓰고
지나가는 차량에
통행세를 받아 내고 있다.

미라마르에서 마주한 마음이 가난한 자의 축제

꼴론에서 출발한 미라마르 행 버스는 뽀르또벨로를 거쳐 놈브레 데 디오스Nombre de Dios와 비엔또 프리오Viento Frio, 그리고 빨렌께 해변을 지나 미라마르로 가는데, 종점은 미라마르 다음 정거장인 꽌고Cuango다.

한국의 시골버스처럼 이곳 치킨버스에도 당연히 노선 안내도가 부착되어 있지 않다. 그렇다고 안내 책자에 나와 있는 것은 더더욱 아니다. 그런데도 이렇게 자세히 기술할 수 있는 것은 버스에서 만난 한 청년 때문이다. 꽌고가 고향인 이 청년은 축제 기간 동안 부모님을 찾아뵙기 위해 파나마시티에서 사바니따스를 경유해 꽌고 행 버스를 탔는데, 때마침 내가 그의 옆자리에 앉은 것이다. 목적지가 미라마르라고 얘길 했더니, 갑자기 품에서 스마트폰을 꺼내 들곤 능숙한 손놀림으로 구글 지도를 이용해 버스 노선도를 찾아 설명까지 덧붙인다. 이 오지에서 생각지도 못한 상황을 목도하며 너무 놀라 순간적으로 입이 다물어지지 않았지만 애써 태연한 척, 고맙다는 말을 건네고는 라시드와 함께 창밖의 풍경에 초점을 맞췄다.

출발한 지 1시간 남짓 지나자 목적지인 미라마르에 도착했다. 한국의 시골과 엇비슷한 느낌이 묻어나는 정류소 앞 구멍가게에서 음료를 하나 사서 마시며 잠시 숨을 돌리는 동안 라시드는 벌써 주인장에게 엘 뽀르베니르로 가는 방법을 물어봤나 보다. 여

미라마르에서 바라본
카리브해의 다양한 풍광들.

기서 콜롬비아로 직행하는 배는 없지만 엘 뽀르베니르까지 가는 배는 내일 오전 6시에 있단다. 편도 비용이 자그마치 180달러, 하지만 우리 외에도 엘 뽀르베니르로 가려는 가족이 있어 그들 4명까지 합하면 총 6명이기에 30달러씩만 내면 될 거 같다고 자세히 설명해 준다.

스페인어가 능숙한 라시드로 인해 어느 순간부터 마음에 여유가 생겼다. 국경없는 의사회에서 일을 하고 있는 라시드는 '언어장애'가 있는 나를 대신해서 열심히 정보를 수집한 후, 내가 이해할 때까지 차근차근 설명하면서 언제나 나의 의사를 되묻는 멋진 친구다.

라시드와 함께 인근 숙소에 짐을 풀었다. 중남미 여행 중 처음으로 만난 에어컨 딸린 방이다. 물론 성능을 기대한다는 건 무리다. 와이파이가 안 되는 좁은 방에서 멍 때리고 앉아 있기 뭣해서 샤워만 끝내고 다시 밖으로 나왔다. 꽤 무더운 날씨였지만 한국과 달리 그리 습하지는 않아 불쾌지수가 높진 않다. 혹시 인터넷을 이용할 수 있는 곳이 있을까 싶어 가게로 가서 물었더니 중국인이 운영하는 슈퍼엘 가면 된단다.

중국인 30대 젊은 부부가
운영하는 미라마르의 슈퍼.
이들 부부의 배려로 한동안
'문명의 세계'와 접속할 수 있었다.

숙소로 되돌아와 컴퓨터만 챙겨 들고는 중국인 슈퍼를 찾아 나섰다. 30대 젊은 중국인 부부가 운영하고 있는 가게였는데 흔쾌히 인터넷 사용을 허락해 줘서 잠시 동안 인터넷의 세계로 빠져들었다. 속도도 그리 나쁘지 않아 이 순간만큼은 내가 지금 어디에 있는지를 잊고 세계 곳곳을 누벼 본다. 한 시간쯤 지났을까? 마음 같아서야 가게 문을 닫을 때까지 죽치고 앉아 있고 싶었지만 더 이상 폐를 끼치기가 뭣해서 몇몇 요깃거리들을 사들고 숙소로 발걸음을 돌렸다.

그런데 어디에선가 시끌벅적한 소리가 나더니 점점 가까워지고 있다. 조그마한 어촌인 이곳 미라마르에서도 축제가 벌어진 것이다. 단출하게 북 2개만으로 흥을 돋우고 있었지만 참여한 이들의 열기만큼은 브라질의 여느 축제 못지않다. 유려한 몸동작과 카리브해 특유의 리듬이 보는 이로 하여금 마음을 열고 동참하게 만드는 묘한 마력을 지닌 듯했다. 성경에서 말하는 '마음이 가난한 자'란 바로 이들을 두고 한 말이 아닐까?

미라마르에서
벌어진 축제.
유려한 몸동작과
특유의 리듬이
함께하고픈
마음을 불러일으켰다.

카리브해와 한바탕 난리를 치르다

어젯밤, 라시드가 퍼브에 들러 콜롬비아 행 요트에 대한 정보를 얻었나 보다. 오늘 아침에 엘 쁘르베니르로 가서 어떤 방법으로든 랄루네가Isla de Lalunega라고 하는 섬까지만 가면 내일 오후 3시 쯤 콜롬비아로 가는 요트가 우리를 픽업하러 온단다. 랄루네가 섬에서 남미의 관문인 콜롬비아까지는 만 하루가 걸리기 때문에 내일 밤은 산블라스 섬들 중 한 곳에서 묵고, 그 다음날인 23일 오후 늦게 파나마와 국경을 마주한 콜롬비아의 까뿌르가나Capurgana에 도착할 수 있단다. 비용은 숙박과 식비를 제외하고 120달러. 최종 목적지가 까르따헤나가 아닌 까뿌르가나여서 그렇지, 나쁜 조건은 아닌 듯했다. 그런데 랄루네가라는 섬은 어디쯤 붙어 있는 것일까? 여행 책자를 아무리 뒤져도 나오질 않는다.

엘 쁘르베니르로 데려준다던 배와의 약속 시간인 오전 6시가 살짝 넘었지만 파도소리 외에 아무런 인기척도 들리지 않는다. 밤새도록 보초를 서고 있던 군인이 어딜 가냐고 묻는다. 엘 쁘르베니르로 간다고 했더니 일하러 가냐고 되묻는다. 내 몰골이 필리삐노를 넘어 드디어 막노동꾼의 경지에 도달했나 보다. 나름 아침 일찍 일어나 세수도 하고 머리까지 감았는데도 말이다. 콜롬비아에 도착하면 기필코 머리부터 깎아야 될 듯하다.

그런데 허름해 보이는 화물선 안에서 갑자기 사람이 툭 튀어나오더니 한 손으로 자기 배를 쓰다듬으며 산블라스에 가냐고 퉁명스럽게 묻는다. 엘 뽀르베니르로 간다고 했더니 오전 8시에 출발하니깐 타란다. 말이 잘 통하지 않아 라시드를 부르자, 라시드가 우리는 이미 예약해 놓은 란차가 있다고 말을 건넨다.

약속 시간이 30분 정도 지났을까? 란차의 선주가 흥분한 모습으로 바닷가에 나타났다. 함께 출발하기로 했던 가족과 연락이 되질 않는단다. 오전 7시를 넘어 8시가 다 되어 가는데도 연락이 되질 않나 보다. 결국 라시드와 나는 허름한 화물선에 20달러씩을 지불하고 몸을 실었다. 시간은 좀 더 소요되지만 가격도 저렴하고 예쁜 섬들도 볼 수 있어 좋을 것 같다고 라시드가 나를 다독인다.

어쨌든 날씨 하나는 너무나 화창한 아침이다. 뒤를 돌아보며 마지막으로 미라마르를 마음에 담아 본다. 순박한 사람들과 원시성이 강하게 느껴졌던 어젯밤 축제의 잔상이 마음속에서 파도와 함께 출렁이고 있음이 느껴졌다.

하지만 카리브해에서의 평온함도 잠시, 승선한 지 5분도 채 되지 않아 배가 전후좌우로 각도를 벌여 나가기 시작했다. 배의 엔진에서 나는 그을린 냄새까지 진동하자 인내라는 단어는 나의 뇌리에서 미련 없이 떠나가 버렸다. 이 배에서 일하는 센따미또는 나름의 노하우가 있는 듯, 거의 드러누운 상태로 꼼짝도 않는

성난 카리브해.
승선 때까지만 해도
얌전했던 파도가
돌변해 나를 괴롭혔다.

다. 목적지까지 3시간 정도 소요될 것을 예상하며 순간순간 시계를 확인했지만 배터리 떨어진 시계처럼 바늘은 움직일 생각을 하지 않는다.

더욱 험악해져 가는 파고로 인해 배 안에서 중심 잡기도 힘든 상황, 갑자기 선장이 선원들을 향해 소리친다. "배가 기울어지는 반대 반향으로 움직이며 배의 무게 중심을 맞춰야 해. 서둘러!" 순간 위험이 피부로 감지되었다. 지금부터는 나의 개인적 안위를 떠나 배의 안전을 위해 함께 움직여야 했다. 높은 파도 때문에 중심을 잃고 한쪽으로 쏠리는 물건들을 잡아다가 있는 것 없는 것 다 동원해 고정시켜 가며 라시드와 나는 다른 두 선원과 함께 정신없이 움직였다. 모두가 한바탕 난리를 치고 있는 동안 지지대를 꽉 잡고 드러누워 있던 센따미또는 밉상스럽게 미동도 하지 않았다.

엘 뽀르베니르 행 화물선.
화물선에 타기 전까지만 해도
소요시간은 길어졌지만
값도 싸고 예쁜 섬도 볼 수 있다는
희망이 있었다.

생각보다 더 열악했던 화물선.
4시간 가까이 꼼짝없이 거친 파도에
맞서 싸워야 했다.

얼마나 지났을까? 파도의 기세가 한풀 꺾이자 안도의 한숨이 절로 나온다. 출발한 지 4시간 만에 드디어 엘 뽀르베니르에 도착했다. 그 사이에 라시드는 5번이나 토를 하고 장난이 아니었다.

산블라스 군도의 관문, 엘 뽀르베니르

인간의 속성 중 망각의 능력은 어디까지일까? 엘 뽀르베니르의 아름다움과 마주한 순간, 앞서 고생했던 기억들이 하얗게 사라져 버렸다. 말로 형용하기 힘든 에메랄드 빛 바다와 잘게 부서진

산블라스 군도가 시작되는 엘 뽀르베니르.
현실과 이상의 경계를 지워 버린 엘 뽀르베니르는
이제까지의 고생을 거짓말처럼 지워 버렸다.

유리알처럼 눈부신 하얀 백사장이 푸른 하늘과 조화를 이루며 그림 같은 풍광을 자아내고 있었다. 그뿐만이 아니었다. 그 사이로 보이는 쿠나Kuna 원주민들의 전통 가옥과 야자수들이 마치 마그리트René Magritte의 그림처럼 현실과 이상의 경계를 흩뜨려 놓았다. 게다가 문명의 상징이라고 할 수 있는 세련된 요트가 엘 뽀르베니르의 아름다움에 마침표를 찍는다. 순간 엘 뽀르베니르의 이율배반적인 아름다움에 몸과 마음이 부드럽게 젖어들었다. 물론 산블라스 군도에 있는 모든 섬들이 다 이렇지는 않을 것이다.

어디선가 여권을 가지고 오라는 낯익은 목소리가 나를 현실 세계로 되돌려 놓았다. 라시드였다. 이곳 엘 뽀르베니르는 산블라스가 시작되는 곳임과 동시에 파나마의 출입국 관리소가 있는 곳이다. 콜롬비아로 넘어가야 하는 우리는 여권만을 소지한 채 출입국 관리소로 향했지만 출입국 관리소 직원은 뿌에르또 오발디아Puerto Obaldia에서 받으라며 출국 도장을 찍어 주지 않는다. 이유인즉 여기서 출국 도장을 받으면 파나마의 산블라스의 섬들을 들르지 못하고 곧장 콜롬비아로 넘어가야 하기 때문이란다.

엘 뽀르베니르의 출입국 관리소.
산블라스 섬들을 구경하려면
이곳에서 출국 도장을 받으면 안 된다.

다시 배가 있는 곳으로 되돌아오자 화물선 선장이 우리에게 새로운 제안을 한다. 자기들은 내일 오후 3시까지 산이그나씨오 데 뚜삘레San Ignacio de Tupile, 이하 산이그나씨오까지 내려가는데 마음이 있으면 같이 가잖다. 잠은 배에서 자고 식사 포함해서 1인당 20달러씩만 더 내면 된단다. 라시드가 나를 쳐다본다. 라시드의 뜻에 따르겠다고 했더니 타고 가잖다. 엘 뽀르베니르로 올 때 그렇게 힘들었는데도 모든 기억이 초기화되었나 보다. 책자에 나와 있는 지도를 통해 콜롬비아의 국경과 마주하고 있는 곳이 뿌에르또 오발디아라는 것은 확인했지만 산이그나씨오라는 섬은 그 어디에도 보이질 않는다. 산블라스만 생각하고 왔다가 구체적인 지명 앞에 차츰 나의 머리가 산화되어 가고 있는 중이다.

산블라스 군도란 엘 뽀르베니르에서 콜롬비아 국경과 마주한 뿌에르또 오발디아까지 카리브 해안을 따라 산재해 있는 378개의 산호섬들을 일컫는다. 대부분의 섬들이 무인도이지만 49개의 섬에는 쿠나 원주민들이 거주하고 있다. 이들은 16세기 이후, 입으로 부는 독화살cerbatana을 지닌 무시무시한 부족들에게 밀려 콜롬비아에서 이곳까지 이주해 왔다고 한다.[12] 지금은 관광업과 전통 직물 판매, 어업 및 코코넛 생산과 같은 농업 등을 통해 삶을

---

12   유럽인에 의해 '아메리카'로 명명되기 이전부터 쿠나족은 그들이 아는 땅의 전부를 '아비아 얄라(Abia Yala)'라고 불렀다. 이 말은 '성숙한 땅', '위대한 어머니 땅'이라는 뜻을 지니고 있다.

꾸려 나가고 있는 이들에게서 흥미로운 점을 발견했다. 그것은 바로 지척에 육지를 두고도 농사를 지을 때에만 배를 타고 육지로 나간다는 것이다.

교통편이 원활하지 못해 관광객들의 발걸음이 잦은 곳은 아니지만 진정한 카리브해의 진면목과 마주하고 싶다면[13] 이곳 산블라스가 적격인 듯했다. 행정적으로 산블라스는 쿠나 원주민에 의해 자치주로 운영되고 있는 쿠나 얄라 지구Comarca de Kuna Yala에 속한다.

바다로 버려지는 생활 쓰레기와
태양광 폐널의 어색한 조화

우리가 탄 화물선은 원주민이 거주하는 산블라스의 섬들 가운데 규모가 꽤 큰 섬들에 생필품 등을 정기적으로 공급하는 일종의

---

13 경비행기 외에도 파나마시티에서 2박 3일 여정의 산블라스 투어를 신청하면, 일단 사륜구동 지프차를 타고 체뽀(Chepo)를 지나 카리브 해안에 위치한 까르띠(Carti)까지 가게 된다. 그곳에서 다시 배를 타고 몇몇 예쁜 섬들을 들르며 여유롭게 2박을 한 후, 다시 지프차를 타고 파나마시티로 되돌아오게 된다.
또 다른 방법으로는 카리브 해안의 뽀르또벨로와 같은 곳에서 4박 5일 여정의 요트투어를 신청해 4일간 산블라스의 섬들을 즐긴 후, 마지막 날 콜롬비아로 내려갈 수도 있다. 잘 찾아보면 아주 가끔씩 2박 3일 투어가 있기도 하다. 만약 미라마르나 까르띠까지 가서 화물선이나 원주민들이 이용하는 란차 등을 이용해 콜롬비아로 내려가고자 한다면 산블라스에서의 '낭만'은 접어야 할지도 모른다.

보급선이다. 육지로부터 생필품들이 공급되면 인근의 작은 섬들에 사는 원주민들이 큰 섬으로 와서 필요한 물품을 사가는 식으로 이들의 삶이 꾸려지고 있었다.

　오전과 달리 잔잔한 바다를 벗 삼아 한 시간 남짓 갔더니 엘 뽀르베니르와는 모든 게 상반된 솔레닫 미리안Soledad Mirian이라는 듣도 보도 못한 허름한 섬에 도착했다. 우리가 타고 온 화물선이 생필품을 비롯해 잡다한 것들을 하역하는 동안 잠시 섬 안으로 발을 들여놓았다. 빼곡히 들어찬 쿠나 원주민의 움막들 사이로 생각지도 못한 광경을 목도했다. 그것은 다름 아닌 생활쓰레기였다. 이곳 원주민들이 버린 쓰레기가 파도로 인해 오도 가도 못하고 섬 주위를 맴돌며 카리브해를 멍들이고 있었다.

　인도양의 꽃이라 불리는 몰디브가 관광객들이 버리고 간 쓰레기로 몸살을 앓고 있는 것과 달리, 이곳 산블라스의 섬들은 원주민들이 아무 생각 없이 내다 버리는 생활쓰레기로 곤욕을 치르고 있는 중이다. 물론 산블라스 섬들 중 사람이 사는 섬에 국한

엘 뽀르베니르와는
모든 게 상반된 솔레닫 미리안 섬.
낡은 집에 원주민들이 버린
생활쓰레기로 지저분했다.

솔레달 미리안과
태양광 패널의 어색한 조화.
친환경과 반환경이 자연스럽게
동거하고 있다.

된 이야기다. 문득 산블라스에 사는 쿠나 원주민들의 인구가 크
게 증가하지 않는 것이 그나마 다행이라는 '잔인한' 생각까지 들
었다.

그런데 이곳에서 예상치 못한 태양광 패널도 발견했다. 섬으
로 들어가는 입구의 전등이 태양광 패널과 연결되어 있는 것을
시작으로 섬 안쪽에 태양광 패널들이 간헐적으로 눈에 띄었다.
전기를 끌어올 수 있는 방법이 없다 보니 정부가 융자를 해 줘
설치한 것들이란다. 생활 쓰레기와 태양광 패널이라는 어색한
조화를 뒤로 하고 다시 배는 산블라스의 또 다른 섬으로 향했다.

배 안에서는 외형상 보스 기질이 다분해 보이는 프란씨스꼬
가 칼을 들고 숙달된 솜씨로 점심을 준비하기 시작했다. 외모에
서 느껴지는 위압감 때문에 말 붙이기가 조심스러웠는데 의외
로 순박한 친구다. 위생 관념은 부족했지만 우리를 위해 맛난
닭고기 수프를 만들어 주었다. 다함께 배의 빈 공간에 둘러 앉
아 파도를 벗 삼아 식사를 하는 동안 우리가 탄 배는 그림 같은

솔레닫 미리안 섬과
별반 다르지 않은 뿐따 빨로마.

카리브해로 바로 버려지는
뿐따 빨로마의 뒷간과
집들이 다닥다닥 붙어 있는 섬 내부.

섬들을 다 외면하고 뿐따 빨로마Punta Paloma라는 족보에도 없는 섬에 멈춰 섰다.

아니나 다를까, 이곳도 쓰레기로 뒤덮여 있다. 하지만 이곳에서 나의 시선을 사로잡은 것은 원시성을 온전히 보전하고 있는 재래식 화장실이었다. 정확히 표기하자면 '뒷간'이라는 단어가 더 잘 어울릴 듯했다. 선착장 옆으로 연약한 나무 기둥에 엉성한 양철을 덧씌워 놓은 뒷간은 바람만 세차게 불어도 곧 무너질 것 같았다. 게다가 양철이 모자랐는지 바다 쪽으로는 뒷간이 시원하게 오픈되어 있었다. 란차를 타고 들락거리는 사람들은 안중에도 없는 듯했다. 뒷간 내부가 궁금해 살짝 들여다봤더니 아주 심플하다. 발 디딜 넓은 널빤지 둘만이 자신들의 존재가 화장실에 귀속되어 있다는 것을 스스로 증명하기 위해 발버둥치고 있는 듯했다. 물론 널빤지 아래로는 입이 닳도록 극찬을 아끼지 않았던 카리브해가 유유히 흐르고 있다.

문명에 찌든 1인으로서 이러한 '자연스러움'이 잠시 낯설게 느껴졌다. 하지만 흐르는 시간과 더불어 문명이라는 오염된 안경을 벗어버리자, 응당 그럴 수밖에 없는 이들의 생활양식이 오해의 영역에서 이해의 영역으로 나의 마음을 되돌려 놓았다. 하지만 라시드처럼 뒷간 주위에서 샤워 겸 수영을 할 엄두는 내지 못했다.

나르가나 카니발에서
쿠나 원주민과 하나가 되다

센따미또가 섬 안으로 들어가는 게 보여 따라나섰다. 나를 놀라게 한 것은 섬 중앙의 넓은 움막 안으로 대형 앰프까지 갖춰 놓은 '클럽'이 존재한다는 사실이었다. 이곳에서 쿠나 원주민들은 어떤 음악을 들으며 여가 활동을 하는지 호기심이 돋았지만 이내 마음을 접고 마을을 찬찬히 둘러보기로 했다.

센따미또가 다가오더니 음료수를 마시지 않겠냐고 묻는다. 얘네들은 배에서 일하는 선원이어서 비록 상표가 불분명한 음료수였지만 배에서 자유롭게 꺼내 먹을 수가 있었다. 하지만 우리는 그래도 이 배를 이용하는 명색이 고객이지 않는가. 센따미또에게 라시드 것과 내 것으로 2달러를 건네며 출처가 분명한 음료수 두 개를 부탁했다. 하지만 함께 찾아간 가게에는 아쉽게도 내가 찾는 음료수가 보이질 않았다. 괜스레 듣도 보도 못한 음료수를 마시다가 배탈이 나면 아까 봤던 그 뒷간에서 일을 봐야 한다는 생각에 음료수를 포기할 수밖에 없었다. 힘들더라도 파나마 국

대형 앰프까지 갖춰 놓은
뿐따 빨로마의 커뮤니티 공간.

필요한 물건들을
구입하기 위해
리오 아수깔 섬에
잠시 정박한 요트.

경을 넘을 때까지는 먹는 것조차 조절해야 할 판이다.

센따미또가 다른 곳엘 가 보자며 내게 1달러를 더 요구했다. 밉상스럽긴 했지만 귀여운 구석도 있어 그 정도쯤이야 하는 맘에 가볍게 팁으로 1달러를 쥐어 줬더니 음료를 사서 곧 뒤따라온다며 먼저 배로 가 있으란다. 아무런 의심 없이 센따미또의 말만 믿고 배에 먼저 오르자 나만 기다렸다는 듯 배가 곧바로 움직이기 시작했다. 센따미또가 타지도 않았는데 말이다. 황당해 하는 나의 표정을 프란씨스꼬가 읽었나 보다. 이 섬이 센따미또의 고향이라면서 웃는다. 라시드에게 자초지종을 소상하게 얘기해 줬더니 나중에 자기가 하나 사 주겠다며 따라 웃는다. 어이가 없었지만 재밌는 추억거리라는 생각에 나 또한 웃음으로 마무리했다.

다시 배는 한참을 달려 리오 아수깔Río Azúcar이라는 섬에 도착했다. 우리가 탄 초라한 화물선과는 비교할 수 없는 멋진 요트가 문명의 존재감을 드러내며 이곳에서 쉼을 구하고 있다. 그 안에 타고 있던 여행자에게 물었더니 뽀르또벨로에서 나흘 전에 출발해 내일 콜롬비아에 도착할 예정이란다. 순간 저항할 수 없는 뿌듯함이 밀려왔다. 우리는 오늘 아침에 출발해서 여기까지 왔는데 말이다. 잘하면 내일, 늦어도 모레면 콜롬비아로 넘어갈 수 있다는 확신이 들자, 우리의 선택이 탁월했다는 생각과 함께 달콤한 희망이 미소처럼 피어오르기 시작했다. 하지만 곧이어 씁쓸함도 함께 밀려왔다. 콜롬비아까지 가는 과정을 즐기기보단 콜롬비아에 도착해야 한다는 목적성에 매몰되어 있는 나의 또 다른 모습을 발견했기 때문이다.

잠시 후, 하역을 마친 배는 인근의 나르가나Nargana라는 섬으로 향했다. 책자에도 명기되어 있는 이 섬은 이제껏 들렀던 섬들과는 뭔가가 달라도 확실히 달랐다. 꽤 그럴 듯한 은행도 있고 말이다. 게다가 마주 보고 있는 섬Corazón de Jesús과는 꽤 튼실한 다리로 연결되어 있었다. 프란씨스꼬가 다가오더니 여기서 자고 내일 출발하잖다.

느긋한 맘으로 섬을 한 바퀴 둘러보는데 카니발이 한창인 듯, 반대편 섬에서 꽤 요란한 소리가 들려온다. 호기심에 한걸음에 달려갔더니 카니발의 여왕으로 뽑힌 앳된 소녀를 필두로 화려하게 치장한 원주민들이 형형색색의 안경을 끼고 퍼레이드를 하며

꼬라손 데 헤수스 섬과 튼튼한 다리로 연결되어 있는 나르가나.
이제까지 들렀던 섬들보다는 규모도 크고 시설도 발달했다.

나르가나 섬에 있는
국립 은행(Banco Nacional)

꼬라손 데 헤수스 섬에서
벌어진 화려한 축제.
섬 전체가 들썩들썩 요란하다.

이방인인 나를 위해 일부러
포즈를 취해 준 섬마을 주민들.

축제는
개도 즐겁게 만드나 보다.
축제를 구경하고 있는 개가
마냥 귀엽기만 하다.

한껏 물이 올라 있다. 낮은 담장 너머로 머리를 빠끔히 내밀고 있는 개와 함께 축제의 객이 되어 이런 그들을 마냥 부러운 시선으로 쳐다만 보고 있는데, 우리 쪽에도 뭔가 다른 기운이 감지되었다. 우리 배가 정박해 있는 나르가나 섬에서도 막 축제가 시작된 것이다. 반대편 섬과는 달리 축제를 위해 크게 준비한 것은 없는 듯 보였지만 다양한 크기의 북을 중심으로 흥만큼은 그 어디 못지않았다. 북을 치며 행진하는 무리에 슬쩍 끼어들자 누군가 북을 하나 덥석 떠넘긴다. 이미 발동이 걸린 상태여서 거리낌 없이 그들의 장단에 맞춰 축제에 스며들었다. 삶을 살아가며 뭔가에 매몰되어 나를 잊어야 하는 순간이 있다면 바로 이때라는 생각이 들었다. 물론 그 덕에 나의 손은 헐크의 손처럼 퉁퉁 부어 버렸지만 말이다.

쿠나 원주민들의 섬만 족집게처럼 골라 들르다

바다를 수줍게 물들이고 있는 태양과 함께 산블라스에서의 새로운 하루를 맞이했다. 오늘 아침은 라시드가 유러피언 스타일로 준비를 하고 있다. 조금이라도 거들어야겠다는 생각에 라시드 옆을 서성거리며 눈치껏 움직였지만 그리 큰 도움이 되지는 못하는 듯했다. 그 동안 다른 사람들은 하역 작업을 하더니 오전 8시쯤 다시 출항을 재개했다.

나의 일부를 놓아두고픈
산블라스의 아름다운
산호섬들 중 하나.
불행인지 다행인지
나의 산블라스 섬 여행은
주로 원주민들의 민낯을 보는
생활형 투어였다.

파도가 조금 높았지만 어제와 비교하면 가뿐한 애교다. 혹시 돌고래라도 지나가나 싶어 열심히 쳐다봤지만 드문드문 예쁜 섬들만이 멀리서 카리브해를 지키고 있다. 나의 일부를 놓아두고 싶은 곳은 바로 저런 산호섬들인데 애석하게도 우리가 탄 배는 쓰레기로 가득 찬 산블라스의 원주민 섬들만 족집게처럼 골라 들르고 있는 중이다. 살짝 내 처지가 안쓰러웠지만 달리 생각해 보면 이것도 꽤 독특한 경험인 듯했다.

1시간쯤 지나자 리오 띠그레Río Tigre라는 섬이 시야에 들어온다. 이제는 패턴을 숙지했기 때문에 섬에 도착하자마자 묻지도 않고 익숙하게 섬을 휘젓고 다녔다. 예상 외로 마을이 깨끗하다. 마을 중심에는 우리네 마을회관 같은 대형 움막이 있었는데, 때마침 섬마을의 모든 어른들이 다 모여 어떤 심각한 의제를 가지고 마을회의를 하고 있는 듯 보였다. 다시 발걸음을 옮겨 마을의 공터

나르가나 섬을 뒤로 하고 도착한 리오 띠그레

리오 띠그레 섬에서 만난 귀여운 아이들.
예상 외로 깨끗한 마을 중심에는
우리네 마을회관 같은 곳이 있어 흥미로웠다.

로 들어서자 동네 꼬마들이 보인다. 노는 모습이 귀여워 살짝 카메라를 꺼내 들었는데 갑자기 어디선가 나타난 마을 청년이 내 앞을 가로막았다. 파나마 정부로부터 발급받은 공문서 같은 걸 보여 주며 내게 뭐라고 말을 한다. 직감적으로 분위기는 인지했지만 구체적으로 뭐라고 하는지 알아들을 수가 없어 나의 '구세주'인 라시드에게 데려갔다.

둘이서 잠시 얘기를 나누더니 라시드가 나에게 다가와, 이 마을에선 규정상 관광객이 허락 없이 사진을 찍으면 5달러의 벌금을 내야 한다고 설명해 준다. 변명의 여지가 없는 건 아니지만 어쨌든 나의 행동이 경솔했던 것을 시인할 수밖에 없는 상황이었다. 하지만 그런 규칙이 있다면 선착장에 크게 써 붙여 놓든지, 아무런 정보도 고지해 주지 않고 다짜고짜 5달러를 내라고 하는 건 불합리하다는 생각이 들었다. 라시드에게 이들의 불합리함을 강변했더니 그 청년과 한참을 더 이야기한 후에야 무마되었다. 옆에 있던 프란씨스꼬와 안또니오가 그런 나를 보며 빙그레 웃는다.

머쓱해진 상황을 해소하기 위해 나도 하역 작업에 나섰다. 출처가 불분명한 콜라 한 병을 얻어먹고 내가 한 일은 맥주를 내리는 일이었는데, 어림잡아 24개들이 맥주 박스 250개는 내린 듯하다. 이 많은 맥주가 며칠이나 갈지 알 수는 없지만 다 먹고 버려진 맥주 캔들은 생활 쓰레기가 되어 또다시 이 섬 주위를 떠돌아다닐 것은 불을 보듯 뻔했다.

화물선의 하역 작업.
원주민들의 섬에 들를 때마다
반복되는 일이다.

　　모든 하역 작업을 마치고 그늘진 곳에 앉아 지도를 펼쳤다. 프
란씨스꼬가 다가와 여기서 3시간 정도 곧장 가면 이 배의 최종
목적지인 산이그나씨오에 도착한단다. 그 섬이 어디쯤에 있냐고
물었더니 엘 뽀르베니르와 뿌에르또 오발디아의 중간 지점을 가
리킨다. 안또니오가 산이그나씨오에서 콜롬비아 국경과 마주한
뿌에르또 오발디아의 출입국 관리소까지는 빠른 배로 4시간 정
도 소요된다고 얘길 건넨다. 거리만을 가지고 단순 계산을 하면,
미라마르에서 뿌에르또 오발디아까지는 빠른 배로 10시간 정도
면 충분할 것 같아 보였다.

오도 가도 못하고 산블라스에 갇히다

우리가 탄 배는 낮 12시쯤 다시 움직이기 시작했다. 산이그나씨오까지는 지금부터 3시간, 하지만 그 3시간이 문제였다. 한 시간쯤 지나 의자에 앉아 있던 라시드가 넘어지는 것을 필두로 배가 다시 사방으로 흔들리기 시작했다. 하역 작업을 통해 몸이 가벼워진 배는 중심을 잡지 못하고 더욱 세차게 뒤뚱거렸다. 웬만하면 옆으로 쓰러진 짐들을 고정시켜 가며 갈 텐데 이번엔 도저히 그럴 상황이 아니었다. 넘어지면 넘어지는 대로 쳐다만 보며 한 시간 정도를 달리자 옆으로 자그마한 섬들이 보인다. 다행히 섬들이 높은 파도를 막아 줘 한숨을 돌리는가 싶었는데 갑자기 성능이 좋아진 우리 배는 곧바로 섬들을 빠져나와 또다시 파도와 맞서며 전진하기 시작한다. 이러기를 수차례, 오후 3시가 조금 넘어 드디어 산이그나씨오에 도착했다.

선착장에 발을 들여놓기가 무섭게 경찰관이 다가왔다. 여권을 보여 주자 여권 사진과 얼굴을 한 번씩 번갈아 쳐다보더니 바로 돌려준다. 라시드가 경찰관에게 뿌에르또 오발디아 행 배편에 대해 묻는 동안 옆에서 간절한 눈빛으로 경찰관의 입만을 쳐다보았다. 그런데 청천벽력 같은 이야기가 그의 입에서 흘러나왔다. 없단다. 오늘 뿌에르또 오발디아 행 배가 없단다. 그럼, 내일은? 잘 모르겠단다. 순간 흐릿했던 희망은 산산이 부서지고 절망

산이그나씨오 섬에서 바라본 카리브해.
구름 사이로 쏟아져 내려오는 햇살과 바다가 한 폭의 수묵화를 그려 내는 듯하다.

카리브해의
성난 파고와 맞서며
힘들게 도착한
산이그나씨오의 선착장

이 화석처럼 날아와 박혔다.

스위스처럼 초 단위의 시간 개념을 요구하는 것도 아니고 단지 내일 배가 오냐고 물었을 뿐인데 모르겠다니…. 물론 우리가 로마에 왔으니 로마법을 따르는 건 맞는데, 이곳에서 뿌에르또 오발디아 행 배편을 묻는 것은 한국에서 서울 가는 기차가 있냐고 묻는 거나 매한가지 아닌가. 그런데 매일 선착장 앞 간이 경찰서에서 죽치고 앉아 자리를 지키고 있는 경찰관이 모르면 누가 안단 말인가? 나는 제대로 된 화장실에서 볼 일도 보고 싶고, 샤워도 하고 싶고, 인터넷도 하고 싶은데 말이다.

라시드가 엊그제 밤에 만났다던 요트 주인과 통화를 시도했다. 다행히 그 친구가 전화를 받았다. 그런데 미라마르를 출발했어야 할 이 친구가 아직도 미라마르에 묶여 있단다. 말로는 오늘이 아닌 내일 오후 2~3시쯤, 우리가 있는 산이그나씨오에 온다고 하지만 신뢰할 수 있는 말은 아닌 듯했다. 라시드도 예민해졌다. 살며시 라시드 옆으로 다가가 너무 걱정하지 말라고, 분명 방법이 있을 거라고 다독이면서 내 자신도 위로해 본다. 선택의 여지없이 오늘은 이곳에서 자야 한다. 문제는 내일이다. 기필코 내일은 뿌에르또 오발디아 행 배를 타야 하는데 말이다.

아주 작은 일상이 그리운 밤, 우리가 처한 상황을 알고 있던 안또니오가 조용히 다가와 해먹을 설치해 준다. 그 마음이 너무 고마웠지만 잠자리로는 불편할 듯해서 안또니오가 보이지 않는 것을 확인한 후, 선착장 바닥 한편에 침낭을 깔고 누웠다. 오후 10시가 되자 경찰서의 불도 꺼졌다. 불확실한 내일 앞에서 막연한 희망의 끈을 놓지 못하고 있는 나에게 푸르게 빛나는 밤하늘의 별들이 묻는 듯했다.

"재밌냐?"

그 와중에도 떠오른 섬마을 만들기 구상

노상에서 잤더니 자그마한 기척에도 잠이 깬다. 해돋이라도 봐야겠다는 생각에 섬 반대편으로 향했다. 상황은 먹먹했지만 카리브해를 따뜻하게 물들이고 있는 찬란한 태양 앞에서 새롭게 마음을 추슬러 본다.

선착장으로 되돌아오면서 산이그나씨오 마을을 한 바퀴 둘러

산이그나씨오에서 맞이한 장엄한 카리브해의 일출. 잠든 세상을 밝게 비추는 태양 앞에서 마음을 다시 부여잡아 본다.

보는데, 마치 이미지화 된 한국의 70년대 새마을운동처럼 자기 집 마당과 골목을 청소하고 있는 사람들이 여기저기서 보인다. 원주민이 사는 산블라스의 49개의 섬들을 모두 다 들러본 것은 아니지만 한국에서 유행처럼 번지고 있는 '마을 만들기'라는 틀을 이곳에 접목시킨다면 좋은 성과를 거둘 수 있을 거라는 생각이 문득 들었다. 물론 이러한 확신의 근원에는 저마다의 개성을 지닌 섬마을들의 개별적 특성과 어르신들을 중심으로 한 생명력 있는 공동체성이 확인되었기 때문이다. 여기에 파나마 정부의 정책적 지원만 이루어진다면 그 효과는 끝 간 데 없이 뻗어나갈 듯 보였다.

나의 구상은 이렇다. 먼저 파나마 정부가 산블라스의 지속 가능한 발전 계획을 수립한 후, 세계에 흩어져 있는 환경 기금들을 끌어들여 산블라스 군도를 청정지역으로, 에너지 자립 섬마을 지구로 선포하는 것이다. 이와 더불어 쿠나 원주민 자치구의 독특성과 천혜의 아름다운 산블라스의 자연을 부각시켜 생태관광을 활성화시키는 것이다. 당연히 관광객들에게 높은 통행세를 받아야 한다. 이는 곧 쿠나 원주민들의 경제적 생활 향상으로 이어질 것이고, 수입의 일정 부분은 다시 환경기금으로 조성하여 산블라스에 재투자하는 방식으로 순환시켜야 한다.

미시적 측면에서는 마을 학교를 근간으로 교사, 어린이, 학부모 순으로 그 반경을 넓혀 가며 이들의 의식 개선 사업부터 진행

아침 일찍 둘러본
산이그나씨오 섬.
아직 본격적인 움직임은
찾아볼 수 없고,
모든 것이 조용하고
차분하다.

새로 짓는 집 옆에서 만난
정겨운 풍경.
나무와 나무 사이에 줄을 걸어
빨래를 널어놓았다.

해야 한다. 이러한 수고로움이 자신들의 삶을 더욱 윤택하게 만들어 가는 과정임을 깨닫게 하는 게 급선무일 것이다. 특히 눈살을 찌푸리게 했던 쓰레기문제부터 해결해야 한다. 하지만 이러한 과정이 절대 녹록지 않다는 것은 우리가 타고 온 배에서 바로 들통이 났다.

한 번은 라시드와 함께 주방장인 프란씨스꼬에게 왜 바다에 쓰레기를 버리면 안 되는지, 어떤 건 버려도 되고 어떤 건 버리면 안 되는지를 찬찬히 설명해 주었다. 덩치가 산만 한 프란씨스꼬가 우릴 힐긋 쳐다보며 사용한 비닐과 캔들을 큰 비닐 하나에 차곡차곡 모으면서 빙그레 웃는다. 정말 잘했다며 그런 프란씨스꼬를 입에 단내가 나도록 칭찬해 주었다. 그런데 때마침 나타난 안또니오가 아무렇지도 않게 그 큰 비닐을 바다로 휙 집어던져 버리고는 자기도 칭찬해 달라는 듯 우릴 쳐다보는 게 아닌가. 허망함의 끝이 이런 게 아닐까?

이런저런 생각에 빠져 있다 보니 벌써 선착장에 도착했다. 섬마을 사람들에게 뿌에르또 오발디아 행 란차가 언제 오는지 물

요트를 타고
콜롬비아에서 출발해
산블라스 섬들을
여유 있게 둘러보고 있는
노부부.
나도 저 나이가 되면
저렇게 살 수 있을까?

으면 백이면 백, 모두의 답이 다 다르기 때문에 라시드와 교대로 '선착장 근무'를 하며 언제 올지 모를 뿌에르또 오발디아 행 란차를 기다리기로 했다.

한 번은 요트를 가진 백인 노부부가 잠시 섬에 들렀는데 아섭게도 우리와는 반대 방향으로 움직이고 있었다. 맥주와 필요한 생필품들을 구입하고는 안전한 여행을 하라며 우리를 향해 손을 흔드는데, 그런 노부부를 한동안 부러운 시선으로 쳐다보았다. 문득 나도 저 나이에 저럴 수 있을까 하는 생각과 함께 평생 고생만 하고 사신 우리네 어르신들, 특히 내 걱정만 하고 계실 할머니가 눈에 밟혔기 때문이다.

오전 10시가 조금 넘은 시간, 다시 자유로워진 몸을 이끌고 마을 안쪽 큰 공터에서 열리고 있는 학생들의 배구 경기를 지켜보았다. 나름 눈에 띄게 실력이 출중한 학생도 보인다. 한참을 쳐다보고 있는데 어디선가 물소리가 들렸다. 하루에 한 번 공급되는

마을 안쪽 공터에서는
학생들의 배구 경기가
열리고 있었다.

2박 3일을 함께했던 화물선.
모든 일을 마치고
미라마르로 되돌아가고 있다.

섬마을의 급수 시간이다. 이틀간 계속 씻지도 못했는데 이때다 싶어 양치질도 하고 머리도 감고 나니 마음도 덩달아 밝아졌다.

이윽고 프란씨스꼬가 준비한 마지막 점심시간이 다가왔다. 2박 3일간 함께 겪었던 우여곡절들을 회상하며 마지막을 웃음으로 마무리 짓는다. 드디어 우리가 타고 온 배를 미라마르로 되돌려 보내야 하는 시간이 다가왔다. 고맙다는 인사를 건넨 후, 화물선이 시야에서 사라질 때까지 계속 손을 흔들며 그리움을 담는다.

좌충우돌 산블라스 탈출기

화물선이 사라진 지점에서 란차 한 대가 들어오고 있다. 희망지수가 급상승했지만 안타깝게도 뿌에르또 오발디아까지 가지는 않는단다. 이들의 목적지는 지명부터 너무나도 낯선 우스뚜뽀 오곱수꿈Ustupo Ogobsucum, 이하 우스뚜뽀이라는 섬이다. 1인당 25달러를 달란다. 지도를 꺼내 물어봤더니 산이그나씨오에서 뿌에르또 오발디아까지의 거리의 약 1/3 지점에 위치해 있었다. 무작정 기다리느니 차라리 콜롬비아 국경과 가까운 곳으로 내려가는 게 나을 것 같아 둘이 합해서 35달러에 합의한 후 란차에 올랐다. 우리가 타고 왔던 화물선으로는 족히 4시간은 잡아야 할 거리였지만 이 란차는 나름 쾌속정이었기에 1시간 만에 주파가 가능하단다.

규모는 작았지만 나름 지붕도 있고 괜찮아 보였다. 배 앞쪽으로 짐을 싣고 그 위에다 큰 비닐 같은 방수 천을 덮어씌운 후, 구명조끼를 입고 자리에 앉았다. 배가 시동을 걸고 출발하자 물살을 가르며 나아가는 속도가 꽤 날쌔다. 파도와 부딪히며 란차의 끝이 하늘을 향할 때마다 놀이동산의 바이킹을 타는 듯 가슴을 쓸어내렸지만 이제 모든 것은 복불복인 듯했다. 뽀르또벨로에서 잭이 왜 이런 배를 권하고 싶지 않다고 했는지 몸소 체험하고 있는 중이다. 그나마 다행인 것은 파고가 높지 않다는 것이다.

우스뚜뽀에 도착하자 여기도 나름 꽤 큰 섬이라는 걸 한눈에 알 수 있었다. 섬마을 중 처음으로 음식을 파는 식당이라는 '낯선 존재'를 발견했기 때문이다. 들어가서 코코넛을 하나 사서 마

우스뚜뽀 행 란차.
뿌에르또 오발디아에 가까이 갈 수 있다면
위험하다는 란차도 마다하지 않았다.

시며 뿌에르또 오발디아 행 배편을 묻자 오후 3시에 출발하는 배가 있단다. 물론 팩트가 검증되지 않은 말이었지만 모처럼 접하게 된 반가운 정보는 한동안 라시드와 나의 마음에 안식을 가져다주었다. 식당 안에는 놀랍게도 당구대도 있어, 몇몇 청년들에게 큐대 잡는 법을 가르쳐 주며 오후 3시가 되기만을 기다렸다.

하지만 오후 3시 30분이 되어도 아무런 소식이 없다. 당연히 좀 늦을 거라고 예상은 했지만 고요한 바다는 우리를 조금씩 불안하게 만들었다. 확인해 봐야겠다 싶어, 주위 사람들에게 다가가 재차 물었더니 뿌에르또 오발디아 행 배편이 오늘은 없단다. 숨을 크게 한 번 들이키며 마음을 진정시킨 다음, 다시 확인 절차에 들어갔다.

그 결과, 배가 한 대 들어오긴 하는데 뿌에르또 오발디아 행 란차가 아니라는 것까지는 확실하게 확인했다. 당연히 그 배가 어디까지 가는지에 대해서는 답하는 이들마다 또 분분하다. 성격 급한 사람들은 자기들끼리 언성을 높이기도 한다. 조금 전까지 뿌에르또 오발디아 행 란차가 온다고 확답을 했던 사람들의 표정을 살피자 모두 모르쇠로 일관하고 있다. 속에서 천불이 났지만 망망대해를 바라보며 마음을 진정시킨다. 사실 그들이 배를 못 오게 한 것도 아닌데 누굴 탓하겠는가. 그저 나의 선택이 지금의 상황을 만든 것인데 말이다.

이내 란차 한 대가 들어왔다. 가능한 뿌에르또 오발디아와 가

우스뚜뽀 섬마을의
선착장.

우스뚜뽀의 마을 규모를
한눈에 짐작케하는
슈퍼 겸 식당과 당구대.
작아도 있을 것은 다 있다.

우스뚜뽀의 다음 행선지인
깔레도니아 행 란차.

까운 곳까지 갈 수 있길 바라며 물었더니 깔레도니아Caledonia라는 섬까지 25달러씩을 내란다. 깔레도니아는 오늘 아침 머물렀던 산이그나씨오에서 뿌에르또 오발디아까지의 거리에서 보자면 2/3 지점에 위치한 곳이다. 라시드가 란차 운전사와 1인당 20달러에 합의하면서 내일 아침, 책임지고 뿌에르또 오발디아 행 란차와 연결시켜 준다는 다짐을 받아 냈다. 물론 신뢰하기 힘든 약속이었지만 달리 방법이 없었다. 지금 우리는 지푸라기 한 올이라도 움켜줘야 하는 상황이었다.

그런데 아까 타고 왔던 란차와 모양은 대동소이했지만 얘는 또 완행이다. 조금 전에 탔던 란차라면 1시간이면 충분할 거리를 이 배는 결국 2시간을 넘게 달려 깔레도니아에 도착했다. 주위가 조금씩 어둑어둑해져 가는 오후 6시 무렵, 쓰러져 가는 움막들 사이로 섬마을 주민들이 모두 나와 미어캣 모드로 누가 왔는지, 무엇이 도착했는지 머리 위로 물음표를 켜고 우리를 쳐다보고 있다. 이제껏 들렀던 섬들 중 제일 낙후된 섬이라는 게 직감적으로 느껴졌다. 변변한 선착장도 하나 없었다. 아는 사람 하나 없는 낯선 곳에서 악조건의 섬과 마주하며 하루를 버텨 내야 하는 상황. 하지만 다행히 내 옆에는 든든한 라시드가 있잖은가.

짐을 꺼내 들고 내리려는데 란차 운전사가 우리를 쳐다보며, 바로 옆에 있는 배가 지금 뿌에르또 오발디아로 간다며 빨리 타란다. 옆을 쳐다봤더니 한국의 바닷가에 가면 흔히 볼 수 있는 허름한 통나무배에 노 대신 엔진만 하나 덜렁 얹어 놓은 초라한

쓰러져가는 움막들 사이로
란차를 마중 나온 깔레도니아 섬마을의 주민들

어둠이 몰려오고 있는데도
뿌에르또 오발디아로 간다는 말만 믿고 탄
허름한 란차.

배 한 척이 시야에 잡혔다. 안전장치라곤 눈을 씻고 봐도 보이질 않는다. 설상가상으로 구명조끼조차 없다. 큰 파도라도 만난다면 어떤 일이 벌어질지 상상하기조차 싫어졌다.

게다가 곧 어둠이 내릴 것만 같은 상황, 라시드가 나를 쳐다본다. 순간 마음이 흔들렸지만 도 아니면 모라는 생각에 고개를 끄덕였다. 신속하게 라시드가 1인당 30달러에 합의하고는, 빈자리를 찾아 나는 제일 뒤쪽에, 라시드는 제일 앞쪽에 자리를 잡았다. 옆에 앉아 있는 사람들에게 손짓 발짓을 다 동원해 물었더니 오후 8시 30분엔 도착한단다. 이 고비만 무사히 넘기면 따뜻한 물에 샤워도 하고 제대로 된 침대에서 두 다리 뻗고 잘 수 있다는 장밋빛 희망이 불안과 함께 마음속에서 동거를 시작했다.

오후 7시를 넘어서자 사람의 윤곽만 겨우 인식되더니 이윽고 그마저도 보이질 않는다. 한국 같으면 먼바다에 원양어선이라도 떠 있을 텐데 이곳엔 칠흑 같은 어둠만이 존재할 뿐이다. 배가 좌초된다면 어떻게 될까? 뉴스에서만 접하던 실종이란 게 바로 이런 것이 아닐까? 하는 생각이 뇌리를 지배하자 공포감은 더욱 배가 되어 밤바다로부터 짙게 전해져 왔다. 하지만 절묘한 타이밍에 라시드의 목소리가 들렸다. "토미, 괜찮아? 오늘은 내 옆에 있는 쁘락세데스 집에 가서 자기로 했어. 이제 얼마 남지 않았어. 힘내!" 라시드의 힘찬 목소리가 내 마음을 장악해 들어가고 있던 공포감을 일순간에 몰아냈다.

다시 뿌에르또 오발디아에서의 소소한 일상의 행복만을 떠올리며 애써 마음을 가다듬는다. 시간은 더디 갔지만 칠흑 같은 어둠이 깊어갈수록 밤바다에 투영된 은하수 물결은 더욱 눈부시게 빛났다.

이윽고 기다리고 기다리던 '8시 30분'이 다가왔다. 하지만 그 어디에서도 불빛 하나 찾아볼 수가 없다. 출입국 관리소가 있는 곳이라면 적어도 건물다운 건물이 있고, 그 사이로 스며 나오는 불빛들이 시야에 잡혀야 하는데 말이다. 잠시 후, 한 줄기 빛이 번쩍였다. 하지만 그건 뿌에르또 오발디아에서 흘러나온 게 아니라 우리가 탄 통나무배를 운전하던 친구가 비춘 손전등이었다. 그런데 그 빛과 동시에 반대편에서 기다렸다는 듯 촘촘한 불빛들이 춤을 추기 시작했다. 뿌에르또 오발디아라고 하기에는 뭔가 이상해서 옆 사람에게 여기가 뿌에르또 오발디아냐고 다시 물었더니 더 가야한단다. 지금 이 상황에서 나름의 합리적 추론을 한다면, 여기서 누군가를 내려 주고 다시 뿌에르또 오발디아로 향하는 것이다. 하지만 직감적으로 무엇인가 틀어졌다는 게 느껴졌다.

배가 육지에 도착하자 사람들이 모래사장 위로 배를 끄집어당긴다. 어찌할 바를 몰라 순간 당황해 하고 있는 내게 라시드가 다가왔다. 일단 여기서 내려 하룻밤 자고 내일 오전 7시에 출발하는 뿌에르또 오발디아 행 란차를 다시 타야 한단다. 라시드가

원시성이 묻어나는 뿐따 까레또.
야자수와 원주민 가옥이 만들어 내는
조화가 편안함을 선사한다.

뿐따 까레또에서 묵은 숙소.
새벽까지 떠들어대는 고성방가 탓에
제대로 감도 길 수 없었다.

소개시켜 준 쁘락세데스와 인사를 나눈 후, 흐릿한 달빛에 비친 그의 발만을 따라 걸으며 대나무와 볏짚으로 만든 움막으로 들어섰다.

생각보다 꽤 넓은 움막 안에는 해먹 3개가 길게 쳐져 있었고 모래바닥엔 힘센 바나나들이 널브러져 있다. 갑자기 잠자던 허기가 몰려왔다. 쁘락세데스에게 바나나를 먹어도 되냐고 조심스럽게 물었더니 마음껏 먹으라며 호탕하게 대답한다. 그러고는 감춰 두었던 위스키 한 병을 품에서 슬그머니 꺼내더니, 행복이 모락모락 피어나는 얼굴로 생각 있으면 같이 나가잖다.

오매불망 그리던 뿌에르또 오발디아는 아직 요원한데 몸과 마음은 지칠 대로 지친 상황, 쁘락세데스의 호의를 정중하게 거절하고는 바나나 몇 개를 순식간에 흡입하고 나자 이번에는 긴장감이 풀리면서 잠이 몰려왔다. 오늘 하루는 온종일 오답으로 가득 채워졌고, 소소한 일상의 행복을 누릴 특권은 하루 더 미뤄졌다. 하지만 한편으론 여기까지 무사히 올 수 있었다는 것만으로도 오늘 하루치 감사의 조건은 충분했다.

그런데 정말 여긴 어딜까? 복잡한 실타래 속에 깊숙이 감춰져 있는 뿌에르또 오발디아에 내일은 닿을 수 있을까?

뿐따 까레또Punta Carreto, 본의 아니게 하루를 묵게 된 이곳의 지명이다. 부락민의 수는 약 600명이라고 한다. 어제가 재의 수요일이었는데도 이곳 뿐따 까레또에서의 축제는 오늘 새벽까지 이어졌다. 애네들의 고성방가로 인해 잠시 잠을 깼을 때가 새벽 4시쯤이었는데 그때까지도 쁘라세데스는 들어오질 않았다. 그런데 이른 아침에 다시 눈을 뜨자 옆 해먹에서 정신없이 자고 있는 쁘락세데스가 보인다.

전기가 들어오지 않는 마을인데도 쁘락세데스의 움막에는 냉장고가 버젓이 자리를 차지하고 있다. 살며시 열어 봤더니 수납장의 용도로 사용되고 있었다. 이 무거운 걸 어디서 어떻게 가져왔을까? 수없이 봐 온 피라미드보다 이 냉장고의 내력이 더 궁금했지만 오늘 오전 7시에 출발하는 뿌에르또 오발디아 행 란차를 맞이하기 위해 들뜬 마음으로 짐을 챙겨 조용히 바닷가로 향했다.

지금 시각 오전 6시 20분, 라시드에게 잠시 양해를 구하고 뿐따 까레또 마을을 한 바퀴 둘러본다. 높다란 야자수에 의지해 소담스레 똬리를 틀고 있는 움막들과 이들을 병풍처럼 둘러싸고 있는 나지막한 산들이 태고의 숨결을 품어 내고 있다. 아마도 저 산들은 파나마와 콜롬비아의 경계인 다리엔 정글과 맞닿아 있는 듯했다. 반대 방향으로는 청명한 아침을 물들이고 있는 따뜻한

뿌에르또 오발디아로 가기 위해 모터를 어깨에 지고 나오는 란차 운전수. 한마디로 음주운전이다.

뿌에르또 오발디아로
가기 위해 나온 뿐따 까레또
마을 사람들.

햇살이 저 멀리서 빨래를 하고 있는 이들을 끌어당긴다. 원시적인 삶의 양식과 자연풍광이 잠시나마 시간을 거슬러 올라간 듯한 착각을 불러일으켰다. 하지만 그것도 잠시, 머릿속은 온통 뿌에르또 오발디아로 가득 차 있어 지금 이 순간과 온전히 공명할수 있는 모든 통로를 차단해 버린다.

그런데 란차가 오긴 오는 것일까? 벌써 약속 시간을 한 시간이나 훌쩍 넘겨 버렸다. 기다리다 못해 라시드가 쁘락세데스를 깨우러 들어갔다. 십여 분이 지나자 잠에 취한 쁘락세데스와 함께어젯밤 란차를 운전했던 친구가 모터를 어깨에 지고 나온다. 그들 뒤로 몇몇 사람들이 가방을 들고 뒤따라 나왔다. 이들 모두가콜롬비아로 넘어가는 사람들이란다.

그들 중에는 이곳에 공중보건진료소를 짓기 위해 몇 달간 와있다는 콜롬비아 출신의 건축가도 있었다. 모두가 그를 아르끼,

아르끼라고 불러 그의 이름인 줄 알았는데, 알고 보니 스페인어로 건축가가 아르끼떽또arquitecto여서 아르끼라고 불리는 친구다. 고향에 가는 거냐고 물었더니 그냥 일상이 따분해서 기분 전환 겸 잠시 콜롬비아에 들렀다 올 예정이란다. 그런데 라시드와 나만 빼고 모두가 단체로 컬러 렌즈라도 한 듯 눈이 뻘겋다. 쁘락세데스를 포함해 몇몇은 코까지 빨갛다. 란차를 운전해야 하는 친구도 예외는 아니었다. 그러고 보니 이들 모두가 어젯밤에 있었던 고성방가의 주인공들이었던 것이다.

어젯밤에 타고 왔던 배에 짐을 싣고 오르자 쁘락세데스가 옆자리에 앉는다. 어디 가냐고 물었더니 그냥 따라간단다. 외모만 봐선 나이를 가늠하기 힘든 쁘락세데스에게, 그렇게 놀지만 말고 열심히 일해서 결혼도 하고 자녀도 낳아 행복한 미래를 일구어야 한다고 강변하고 싶은 충동이 스쳐 지나갔다. 하지만 쁘락세데스의 해맑은 웃음이 자본주의 사고방식에 찌들어 있는 나에게 행복이 뭐냐고 반문하는 듯했다.

이윽고 배의 시동 소리가 그 어느 때보다 우렁차게 들려왔다. 어젯밤보다 파도는 조금 높았고 란차 운전사는 술이 덜 깬 상태였지만 이제 곧 꿈에 그리던 뿌에르또 오발디아에 도착한다는 이유 하나만으로 기대감은 한없이 부풀어 올랐다. 산블라스 군도에서 맞는 바닷바람이 처음으로 달콤하게 느껴지는 아침, 인천공항에서 예기치 못한 비행기 지연으로 시작된 나의 중미여행

이 이곳 산블라스에서의 좌충우돌과 함께 드디어 콜롬비아와 국
경을 마주한 뿌에르또 오발디아에서 쉼표를 찍는다.

　아디오스(안녕) 산블라스, 아디오스 Adiós 중미~!

　하지만 나의 여행에 에필로그란 없다.

파나마의 출입국 관리소가 있는 뿌에르또 오발디아 선착장.

중남미의 유구한 문명

꼬리스또발 꼴론 이전부터 아메리카 대륙에는 남미에서 꽃을 피운 안데스 문명과 중미에서 발전한 메소아메리카 문명이 존재했다는 사실을 앞에서 언급하였다. 우리에게는 발음조차 생경하겠지만, 중미의 메소아메리카 문명은 그 모태라고 할 수 있는 올메까(Olmeca)에서 시작해서 마야(Maya), 떼오띠우아깐(Teotihuacán), 똘떼까(Tolteca), 그리고 메히까(Mexica)로 이어져 왔다. 남미의 안데스 문명 또한 차빈(Chavín), 모치까(Mochica), 나스까(Nazca), 띠아우아나꼬(Tiahuanaco), 치무(Chimú), 잉까(Inca)로 이어져 왔는데 이들 모두는 각기 독립적으로 존재했다기보다 상호 밀접하게 연결되어 발전하면서 중남미 문명을 형성하였다.

이를 다시 시대사적으로 간략히 살펴보면, 기원전 문명으로는 중미의 올메까와 남미의 차빈이 대표적이고, 기원후에는 중미의 떼오띠우아깐과 마야, 남미의 나스까와 띠아우아나꼬를 들 수 있다. 그리고 기원후 1000년이 넘어서면, 중미에서는 쇠퇴기에 접어든 마야와 함께 메히까가 존재했고 남미에서는 잉까가 그 세력을 떨쳤다. 하지만 이들을 '발견'한 유럽인들은 아메리카 원주민이 인간인지 아닌지의 여부를 놓고 열띤 신학적 토론을 벌였다. '다행히' 1512년 교황 훌리오 Ⅱ세(Julio Ⅱ, 1443~1513)가 이들을 아담의 후예로 공식 인정하면서부터 원주민은 비로소 '인간'이 될 수 있었다. 유럽에 의해서 말이다.

여기서 하나 더 짚고 넘어가야 할 것은 우리에게 친숙한 마야, 메히까, 잉까가 중남미를 대표하는 '3대 문명'이 아니라 유럽이 아메리카를 침략할 당시 중남미 대륙에 존재했던 주요 문명들이었다는 사실이다. 하지만 오늘날 많은 사람들이 중미의 문명을 마야와 메히까로, 남미의 문명을 잉까로 일반화시키는 경향이 없지 않다.

그렇다면 남미에서 발굴된 모든 유물들이 모두 다 잉까의 유물들일까? 기록을 따져 보면 잉까가 역사에 당당히 등장한 시기는 1438년이다. 물론 잉까가 지금의 뻬루(República del Perú, 이하 페루), 볼리비아, 에꽈도르, 콜롬비아 남부, 아르헨티나 북서부, 칠레 북부에 걸쳐 광활한 영토를 형성했다고는 하지만 1532년 프란씨스꼬 삐사로(Francisco Pizarro, 1495~1541)가 거느린 소수의 스페인 군대에게 멸망됐으니 잉까의 역사는 100년이 채 되지 못한다. 그럼에도 불구하고 특히 한국에서는 '잉까 황금유물'이 마치 남미의 모든 유물인 양 생각하는 경향이 다분하다. 사실 그 잉까 황금유물이란 것도 상당 부분, 잉까 이전의 시대에 만들어진 것들이다.

분명한 것은 메히까, 마야, 잉까 외에도 중남미 대륙에는 다른 많은 문명들이 존재했다는 사실이다. 오늘날 멕시코 지역만 하더라도 200개가 넘는 언어 사용 집단이 존재하고 있다. 따라서 이제부터라도 중남미의 고대 문명에 대해 언급할 때에는 메소아메리카 문명과 안데스 문명으로 표현하는 것이 적합하다. 적어도 몇 천 년의 역사를 지닌 이들의 문명을 유럽이 아메리카 대륙을 침략할 당시 존재했던 특정 문명의 이름으로 대신하는 것은 역사에 대한 몰이해를 반증하는 것밖에 되지 않기 때문이다.

찬란했던 문명 vs 석기시대

유럽이 중남미 사회를 침략할 당시, 이미 마야 문명은 천문, 역법, 건축, 20진법, 0의 개념 등을 통해 고도의 문명을 누리고 있었다. 메히까의 수도였던 떼노츠띠뜰란(Tenochtitlán, 지금의 멕시코시티)은 인구, 규모, 도시계획 면에서 유럽의 어느 도시와도 비교할 수 없는 그 웅장함으로 인해 스페인 군대를 압도하였다고 한다. 또한 잉까의 발달된 도로망과 뛰어난 행정 조직력, 특히 돌을 다루는 그들의 석조 건축 기술은 지금도 풀리지 않는 수수께끼로 남아 있다.

분명한 것은 이들 문명이 당시 유럽과 비교해서 결코 뒤처지지 않았을 뿐만 아니라 천문학, 건축 등의 특정 분야에서는 당대의 유럽은 물론이거니와 심지어 중국을 넘어서기도 하였다는 것이다. 하지만 이들은 여타 다른 문명들과 달리 수레, 도르래, 철기를 사용하지 않았다. 더 의아스러운 것은 이렇게 찬란한 문명에도 불구하고 스페인 군대와의 전쟁 시, 이들은 돌로 만든 무기를 사용했다는 사실이다.

역사의 발전 단계를 도구 제작에 기초해, 구석기와 신석기를 거쳐 청동기와 철기시대로 이어지면서 중앙집권적 왕국이 등장한다고 믿었던 유럽의 패러다임에서 이를 어떻게 받아들여야 할까? 유럽에 의해 고안된 기존의 역사 발전 단계를 근거로, 16세기 중남미 사회를 원시성을 벗어나지 못한 석기시대로 치부해야 하는 것일까?

아메리카 대륙에서 발전한 이들의 문명을 우리가 진정성을 갖고 대면하고자 한다면 인류의 모든 문명이 유럽에 의해 규정된 패러다임대로 발전해 오지 않았다는 사실을 시인해야 한다. 이는 곧 중남미 사회가 석기를 사용하면서도 다른 형태로 훌륭한 문명을 건설하였다는 것을 인정하는 것이기도 하다.

비단 이런 예는 여기에만 국한되지 않는다. 우리는 제도권 교육을 통해, 인류의 문명은 강이 만들어 주는 비옥한 환경을 바탕으로 발전되어 왔다고 배웠다. 하지만 중남미에서 발전한 메소아메리카 문명과 안데스 문명은 강 하나 존재하지 않는 광활한 대평원 위에서, 인간이 가장 살기 힘들다는 열대밀림 속에서, 그리고 3000m가 넘는 고산지대에서 자연과 더불어 살아가는 법을 통해 자신들만의 문명을 발전시켰다.

물론 인간에게 있어 물은 공기와 마찬가지로 없어서는 안 될 필요 요소이다. 물 없이 어떻게 인간이 생존할 수 있겠는가? 하지만 인류는 자신들이 처한 환경 속에서 다양한 방법으로 물을 끌어들였다. 따라서 기존의 '4대 문명' 발상지가 하천을 중심으로 발전했다고 해서 모든 문명이 다 그럴 것이라고 예단하는 것은 성급한 일반화의 오류이다.

어쨌든 이토록 찬란했던 중남미의 문명은 1492년 유럽에 의한 '신대륙'의 발견과 침략, 식민통치로 이어지면서 기존의 가치와 문화는 유럽의 잣대에 의해 철저하게 부정당하거나 사라지게 되는 아픔을 겪게 된다. 하지만 겉으로 드러난 중남미 사회의 서구화와는 달리, 중남미의 문명과 유럽의 전통은 이들의 삶 속에서 어우러져 중남미만의 특유한 가치와 문화로 되살아나게 된다.

참조하면 좋은 책들

● 송영복, 2007, 『라틴아메리카 강의 노트』, 상지사 ● 송기도, 2008, 『콜럼버스에서 룰라까지』, 개마고원 ● 곽재성 외, 2010, 『라틴아메리카를 찾아서』, 민음사 ● 임상래 외, 2011, 『라틴아메리카의 어제와 오늘』, 이담

● Eduardo Galeano, 1997(1971), Open Veins of Latin America, Monthly rewive Press. ● 엔리케 두셀, 2013, 『1492년 타자의 은폐: '근대성 신화'의 기원을 찾아서』, 그린비 ● 월터 D. 마뇰로, 2015, 『라틴아메리카, 만들어진 대륙』, 그린비

여행, 길을 잃어도 괜찮아

초판 1쇄 발행 | 2019년 3월 15일

지은이 | 강순규
발행인 | 승영란, 김태진
편집주간 | 김태정
마케팅 | 함송이
경영지원 | 이보혜
디자인 | 여상우
출력 | 블루엔
인쇄 | 애드플러스
제본 | 경문제책사
펴낸 곳 | 에디터
주소 | 서울특별시 마포구 마포대로 14가길 6 정화빌딩 3층
전화 | 02-753-2700, 2778 팩스 | 02-753-2779
출판등록 | 1991년 6월 18일 제313-1991-74호

값 18,000원
ISBN 978-89-6744-202-6 03940